Le grand guide
Marabout de la
DÉCO

Le grand guide Marabout de la DÉCO

Conseillers éditoriaux

NICHOLAS SPRINGMAN

JANE CHAPMAN

Auteurs des techniques
étapes par étapes

JULIAN CASSELL

PETER PARHAM

ANN CLOTHIER

ÉDITIONS FRANCE LOISIRS

Réalisation de la version française :
CHRISTIAN PESSEY/LES COURS – CAEN, avec la
participation de Alain Bories (traduction),
Anne Laurence, Catherine Lucchesi (correction),
Florence Genet, Virginie Lehodey (PAO).

A MARSHALL EDITION
© 2001 MARSHALL EDITIONS DEVELOPMENTS LIMITED
All rights reserved.

© 2002 Marabout/Hachette Livre
pour l'adaptation et la traduction française

Imprimé en Espagne
ISBN : 2-7441-6598-0
N° éditeur : 38813
Dépôt légal : août 2003

Édition du Club France Loisirs, Paris
Avec l'autorisation de Marabout/Hachette Livre

Édition France Loisirs,
123, boulevard de Grenelle, Paris
www.franceloisirs.com

AVANT-PROPOS

I l est facile de s'enthousiasmer en feuilletant une belle revue de décoration intérieure mais, concrètement, par où commencer ? L'ouvrage que vous avez en main est une mine précieuse d'idées, de trucs et d'astuces pour mener à bien votre projet : retapisser la salle de séjour, carreler la salle de bains ou revoir complètement l'ensemble du volume des pièces à vivre.

Ce livre se compose de quatre chapitres interdépendants. Le premier décrit les différents styles. Des exemples choisis, pris dans de nombreux pays, vous aideront à choisir l'atmosphère convenant le mieux à votre habitation, en fonction de vos habitudes et de votre style de vie.

Les deux chapitres suivants vous permettront de concrétiser votre projet ; tous les aspects importants de la conception sont traités, du choix des couleurs à la disposition des volumes de rangement. Conseils avisés, solutions de décoration essayées et testées, photographies et schémas détaillés vous permettront d'adapter chaque pièce à vos besoins et à vos goûts. Vous apprendrez également à tirer le meilleur parti des matières et des volumes, vous jouerez sur l'éclairage, les proportions et l'échelle.

Le dernier chapitre est le plus technique : il est consacré à la peinture, à la tapisserie, à la pose des revêtements de sol, au travail du bois et aux tissus d'ameublement. Des fiches techniques vous donneront la liste des outils, une estimation des délais et une appréciation du niveau de difficulté.

Le grand guide Marabout de la maison n'est donc pas qu'une source d'inspiration : c'est une somme de références techniques qui, mises ensemble, vous aideront à faire de votre domicile la maison de vos rêves.

SOMMAIRE

LE CHOIX DU STYLE

CHOISIR SON STYLE est passionnant mais cela prend du temps. Réfléchissez à vos besoins, à l'effet que vous recherchez et surtout à ce qui vous convient vraiment. Puis demandez-vous comment atteindre le résultat désiré en vous servant de tissus, de couleurs et de meubles. Les pages qui suivent fourmillent de photographies prises dans le monde entier, représentant un large choix d'options à votre disposition ; vous y trouverez les éléments les mieux adaptés à votre style de vie, à votre personnalité et au type de maison que vous habitez.

Certains choisiront un style jusque dans ses moindres détails, d'autres n'en retiendront que quelques éléments : par exemple, les murs bleu pâle d'un intérieur suédois ou les riches étoffes d'inspiration orientale. Ne vous sentez jamais prisonnier d'un style : le traditionnel, le contemporain, l'exotique et le dépouillé peuvent se panacher de toutes les manières pour donner à votre intérieur une touche d'élégance originale.

LE STYLE TRADITIONNEL

La maison en granit tapie sur la lande bretonne, l'hôtel particulier occitan au détour d'une rue pavée à Figeac et l'immeuble signé Haussmann dans le XVIᵉ arrondissement de Paris nous rappellent chacun à leur façon nos liens avec le passé : vieilles briques, granit moussu, poutres apparentes et murs blanchis à la chaux, feu crépitant dans la cheminée et vieilles tentures passées, autant d'éléments qui évoquent telle ou telle époque de l'histoire. Opter pour la tradition ne signifie pas sombrer dans la nostalgie ; nombreux sont les matériaux anciens – les tomettes dans la cuisine ou le secrétaire Empire – dont la beauté intemporelle s'accorde sans jurer avec les accessoires les plus modernes de notre vie quotidienne.

▲ Les murs vert émeraude de cette salle à manger XVIIIᵉ font ressortir la table en chêne et les chaises de salle à manger avec accoudoirs. Le linteau de la fenêtre est toujours à sa place, nul rideau n'arrête le regard. La nuit, les bougies sur la table et à l'intérieur de la lampe vénitienne suspendue se reflèteront dans les vitres pour doubler l'éclairage.

◄ Les tomettes en terre cuite, la table et les chaises rustiques, les poutres apparentes ainsi que la porte en bois blanc ouvrant sur l'arrière-cuisine, font tout le cachet de cette cuisine de fermette. Le placard suspendu de style gothique anglais, décapé de sa vieille peinture, abrite une collection de faïences de Cornouaille et de porcelaines de Limoges. Remarquez la table à découper sur roulettes en bois de bout.

◀ Les murs d'un superbe rose fuchsia servent d'écrin à la profusion de motifs de la tête de lit, de la courtepointe et du tapis ; l'élégance du rocking-chair à dossier en échelle est mise en valeur par l'éclairage naturel, tandis que les bagages en cuir de style ancien servent de volumes de rangement.

▲ L'imposante cheminée domine cet élégant salon provençal où s'harmonisent le bois clair, le sol dallé, les tapis, les hautes fenêtres et l'armoire traditionnelle.

SALLES DE SÉJOUR

La tradition inspirera aussi bien
l'amateur de style rustique que
celui qui préfère une atmosphère
plus citadine. Les styles de l'Ancien
Régime appellent la douceur d'un
plancher et, pour les murs, le rose,
le bleu marine, le vert vif ou l'ocre
clair. On disposera les meubles avec
un souci d'équilibre. Le brocart,
le coton damassé et la toile
de Jouy complèteront le décor.
Pour un style plus campagnard,
les poutres apparentes, la cheminée
ouverte, les murs blanchis à
la chaux ou de couleurs pastel
voisineront agréablement avec
un sol peint ou teint couvert
de tapis ou de kilims, parmi
les meubles sculptés ou peints.

▲ La symétrie
s'impose dans cette
double salle de
réception ; l'une
des cheminées dont
on a supprimé le
foyer, sert de réserve
à bois. Les tapis
de couleur pâle
soulignent
le contraste entre
le bois sombre
du plancher et la
lumière des murs
de couleur claire,
comme les housses
de fauteuil. La taille
des miroirs rappelle
la vaste porte de
communication
et donne une
impression d'espace.

◄ Poutres
apparentes, lourdes
dalles de pierre et
sièges confortables
font la beauté de
cette fermette
sans prétention.
Remarquez la vieille
meule de rémouleur
et la lampe à
pétrole.

CUISINES

Le principal élément de la cuisine
était autrefois la cheminée ou le
poêle ; on y faisait bouillir l'eau,
cuire les aliments, chauffer les
plats… et les doigts gourds. Les
plats en cuivre et autres ustensiles
étaient à portée de main, salaisons
et aromates étaient suspendus pour
être séchés. La table en bois blanc
servait à la fois de surface de travail
et pour les repas. Les cuisines
modernes ont conservé certains
éléments provenant du passé. L'évier
à l'ancienne, plus profond que ses
homologues contemporains, a un
charme indémodable. Les matériaux
traditionnels – terre cuite, marbre
et granit – sont appréciés pour leurs
qualités esthétiques et pratiques.

◀ Dans cette cuisine
traditionnelle, on a mis
en valeur les paillasses
en bois, l'égouttoir et
la huche à pain, tandis
que les appareils
électroménagers
sont cachés dans les
placards. Remarquez
les crochets pour
suspendre fleurs ou
aromates au-dessus de
la table de cuisson et le
meuble de rangement
des casseroles, à portée
de main.

▲ Cette cuisine
rustique grecque
s'enorgueillit d'un
authentique four à
pain. Les fenêtres à
volets intérieurs et
les lourds murs
blanchis à la chaux
contribuent, avec les
carrelages blancs, à
conserver la fraîcheur
l'été. Notez l'équilibre
des couleurs entre les
peintures vertes et
bleues et les pots
en terre cuite.

PRÉSENTOIRS

● Présentez assiettes, plats
et objets décoratifs en poterie
dans un dressoir en pin.

● Décorez votre cuisine à
l'ancienne avec de vieux ustensiles :
plats en cuivre, bassines à
confiture, écumoires, balance de
Roberval.

● Les jolies tasses, cruches
et brocs peuvent être suspendus
à des crochets sous les étagères.

SALLES DE BAINS

Les beaux matériaux des salles de bains anciennes – tomettes, carreaux de céramique à motifs – n'ont pas vieilli. Américains et Australiens recourent volontiers au lambris assemblé à fausse languette, soit pour le sol, soit pour le plafond, soit comme lambris d'appui, le haut du mur étant en simple plâtre apparent ou en papier peint.

Pour compléter l'atmosphère, une élégante baignoire émaillée à gorge ronde et pieds à griffes s'accommode de tous les décors. On peut également opter pour une baignoire encastrée entre des panneaux de bois ou de contreplaqué, ou pour une antique baignoire sabot en cuivre ou en zinc.

◄ Harmonie en rose et blanc pour cette jolie salle de bains aménagée dans ce qui fut une chambre ; la pièce maîtresse est le lavabo en marbre ; les placards d'origine se reflètent dans le vaste miroir à dorures et abritent désormais un chauffe-eau et des étagères... où les serviettes sont au chaud.

◄ Dans cette salle de bains campagnarde trône une élégante baignoire à gorge ronde, d'où l'on profite du paysage. Le dessous de la baignoire est peint du même vert que les lambris, tandis que les robinets en laiton rappellent les murs jaune d'or. La descente de bain est en toile imperméabilisée, tandis que la commode a été récupérée dans une sacristie.

CHAMBRES À COUCHER

Le meuble vedette d'une chambre à coucher à l'ancienne est un lit imposant en laiton ou en fer forgé, à moins qu'il ne s'agisse d'un lit à baldaquin, d'un lit de style Empire ou d'un lit américain à ciel en voûte. Dans beaucoup de régions d'Europe, les fermes avaient des alcôves pour le lit des maîtres de maison, souvent près du feu et généralement isolées par des tentures.

La literie à dentelle est souvent en lin, la courtepointe surpiquée, ou en patchwork ancien. La tête de lit joue également un rôle important : elle est tantôt peinte, tantôt sculptée, ou encore constituée d'un simple morceau d'étoffe suspendu à une tringle.

▲ Dans les maisons anciennes, la taille des fenêtres dénote la richesse et le statut du premier propriétaire. Dans la chambre ci-dessus, on a supprimé le plafond d'origine afin de faire place à un lit à baldaquin aux proportions imposantes, initialement conçu pour une demeure plus majestueuse. La charpente a été peinte en blanc pour donner une impression de volume.

◄ Cette pièce faisait autrefois partie d'une école Quaker ; on a abattu une cloison pour installer une spacieuse chambre à coucher. Le vieux bureau d'instituteur rappelle l'origine des lieux. Une tête de lit de style florentin et une moustiquaire ornent le lit.

LE STYLE CONTEMPORAIN

Volumes généreux, mobilier dépouillé, lignes simples et couleurs nettes font de l'habitat contemporain un lieu d'ordre et de calme. Le volume est l'élément clef. Les meubles ne sont pas les uns sur les autres, on leur laisse la place de respirer afin de mieux admirer leurs formes et leurs silhouettes. Les matières sont à l'honneur : bois, osier, jonc de mer et lin écru sont choisis pour leurs qualités esthétiques mais aussi pour leurs textures contrastées. Quant aux fenêtres, elles passeraient presque inaperçues. La simplicité du concept ne dispense pas d'une étude approfondie de la décoration. Tapis et coussins bariolés apportent leurs touches de couleur dans les pièces monochromes, tandis que les murs de couleur neutre se prêtent à la mise en valeur de toiles modernes.

▲ Le camaïeu de bleus des murs et tissus d'ameublement répond à la géométrie des surfaces pour un effet spectaculaire sans être écrasant. Les courbes sensuelles du canapé font ressortir la silhouette anguleuse de la cheminée en marbre et des panneaux des murs.

▼ La cheminée est parfois aussi importante dans un intérieur moderne que dans une demeure traditionnelle. Cette pièce contemporaine est mise en valeur par ses tons neutres. Les fleurs exotiques et le lit de repos bleu pâle apportent leurs touches de couleur.

▶ Le volume important des lofts pose au décorateur un défi particulier. Ci-contre, les briques nues des murs et le bois des poutres apparentes apportent la chaleur de leur texture brute. Les couleurs des tapis et tissus d'ameublement donnent une ambiance de détente sans prétention.

▶ Dans cette pièce cubique, le contraste ne se joue pas entre les couleurs mais entre le doux et le rêche. La lumière entre à flots du sol au plafond, soulignant l'impression d'aération et de volume. Les rondeurs du sofa et des vases en terre cuite rappellent celles de la table basse aux courbes irrégulières.

▼ La taille majestueuse de cette table en hêtre convient parfaitement à une vaste salle à manger haute de plafond, et évite que les invités ne s'y sentent perdus. La simplicité des stores vénitiens renforce le look dépouillé des chaises de style industriel, tandis que la lumière projette ses rayures selon l'heure du jour.

SALLES DE SÉJOUR

Reposante et douce à l'œil, la salle de séjour contemporaine s'oppose à tous égards au style surchargé des décennies précédentes. La souplesse des formes curvilignes, les surfaces dures et les tissus sensuels contribuent à adoucir l'atmosphère et à absorber les sons.

    Les revêtements de sol en bois, en pierre ou en béton peint sont appréciés pour la netteté de leurs lignes. L'œil est attiré par un tapis aux motifs géométriques vigoureux. Pour plus de douceur, on choisira la fibre naturelle – sisal, jonc de mer ou coco –, dont les qualités tactiles et les teintes douces complètent agréablement les tons neutres des murs et du mobilier. Le tapis de laine constitue une option chaleureuse, à condition d'opter pour une nuance sable ou beige, et de renoncer à l'exubérance orientale.

    L'éclairage joue lui aussi un rôle important dans la salle de séjour contemporaine, tant pour focaliser l'attention sur un point particulier que pour modifier l'atmosphère.

▶ Combinaison audacieuse de deux couleurs vives : l'atmosphère moderne est soulignée par les jantes alu de la table roulante, tandis que le vert-jaune des rideaux, du mur et des coussins fait ressortir le violet des sièges.

▼ Formes brutes et couleurs neutres soulignent les proportions classiques de cet appartement français. La haute fenêtre nue, fermée d'un store discret, fait du paysage extérieur le prolongement naturel de la pièce. Les peintures et les fleurs accrochent le regard.

▲ Chaleur d'une harmonie brique, beige et jaune, tempérée par des taches bleu marine dans cette pièce de forme inhabituelle. Les petites ouvertures carrées ont été percées dans la cloison incurvée pour alléger l'espace et soulager les claustrophobes.

FENÊTRES

● Pour donner une impression d'espace, les rideaux en matières naturelles – calicot écru, mousseline, toile à sac – descendront jusqu'au plancher.

● La tringle à rideaux, discrète, sera en bois, en fer forgé, en acier ou en bambou (voir aussi page 88).

● Discrets, les stores, fenêtres et volets le sont par leurs lignes pures dans un cadre contemporain. Si la fenêtre est large, prévoir deux ou trois stores séparés, qui permettront de mieux réguler la lumière qui entre dans la pièce.

CUISINES

Aujourd'hui, le cuisinier n'est plus seul à régner sur cette pièce. C'est le cœur de la maison : la famille s'y réunit, les invités y sont reçus, on y exécute de multiples tâches. Pour des rôles si divers, la cuisine moderne doit être aussi rationnelle qu'accueillante. Chaque recoin est mis à profit, tout en laissant des surfaces de travail importantes et faciles d'entretien. Une ergonomie étudiée permettra d'utiliser en toute sécurité la cuisinière, l'évier et le réfrigérateur.

L'éclairage des différents plans de travail doit être soigneusement étudié. Les chariots à desserte et les tables roulantes constituent un complément intéressant et bien pratique.

On s'inspirera volontiers des solutions retenues par les traiteurs professionnels en adoptant comme eux des matériaux durs et brillants : meubles en acier, appareils ménagers en Inox, étagères en verre, carrelages lisses, sols en ardoise et accessoires chromés.

▲ La fraîcheur du bleu, des gris et du métal brillant met en valeur la blondeur du mobilier et des surfaces de travail. La table au centre de la pièce est utilisée comme plan de travail et pour prendre un repas rapide. Les grands plats se rangent dans de profonds tiroirs sous le plan de cuisson.

◀ Une cloison a été abattue pour créer une pièce spacieuse, séparée en deux par un simple plan de travail au-dessus de placards s'ouvrant des deux côtés. Quelle facilité pour mettre et débarrasser la table, quel agrément pour le cuisinier, qui n'est jamais séparé de ses hôtes ! La table ronde se prête à des repas détendus et atténue le caractère anguleux de la pièce. Les spots judicieusement encastrés au plafond garantissent une répartition parfaite de l'éclairage.

CHAMBRES
À COUCHER

La chambre à coucher moderne dégage une impression de calme et de confort. Les meubles, par leurs silhouettes nettes et fonctionnelles, n'encombrent pas l'espace. Les tissus offrent un toucher rassurant : choisissez des draps de lin empesés, des coussins de velours, des couvertures en tweed, un jeté de lit en imitation fourrure et des voilages aériens. Cherchez la sérénité grâce à une palette neutre de blanc, crème ou beige, voire des nuances pastel lilas ou gris clair ; les couleurs primaires des tapis et des tableaux mettront en valeur cette ambiance.

▲ Autrefois, les lits étaient haut perchés à cause des courants d'air qui traînaient au ras du sol. Le lit moderne en revanche est proche du sol et d'une simplicité presque monacale dans une atmosphère zen. Les taches noires équilibrent la pureté des murs et de la literie blanche.

◄ De subtiles taches de couleur, avec le jeu des matières, apportent à cette pièce haute de plafond une atmosphère cocoon très chaleureuse. Les tables de nuit, bien que dépareillées, contribuent à l'équilibre, tandis que les tableaux, suspendus à bonne distance du plafond, participent à l'intimité de cette chambre.

SALLES DE BAINS

Autrefois pièce la plus petite de la maison, la salle de bains voit continuellement son rôle s'étendre. La salle de bains contemporaine, propre et fonctionnelle, donne une impression d'hygiène tout en restant chaude et accueillante : c'est la pièce où l'on se dorlote, où l'on recharge ses batteries. Nous voulons des douches aux jets puissants pour nous masser sous des torrents d'eau, des baignoires longues et profondes pour nous étendre complètement, des lavabos à la bonne hauteur, un éclairage concentré et force rangements pour nos lotions et crèmes de beauté. Aujourd'hui,

les installations de salle de bains concilient une sobre élégance et une efficacité sans faille. Les jolis lavabos en faïence, en verre ou en aluminium, surmontés de mélangeurs simples, sont moins encombrants que leurs ancêtres à colonne. Les bidets et sièges de W.-C. fixés au mur facilitent le nettoyage et dégagent de la surface au sol. Les accessoires chromés, les miroirs et les étagères en verre améliorent la luminosité. Les couleurs vives des meubles, en vogue naguère, sont remplacées par un blanc virginal. Les murs carrelés contribuent eux aussi au dépouillement du style.

▲ Le carrelage constitue une bonne solution sur le plan décoratif aussi bien que fonctionnel. Ci-dessus, le motif en damier est d'une fraîcheur très contemporaine. Les carreaux du sol sont moins lisses que ceux des murs, ce qui les rend moins glissants, une fois mouillés. Le caillebotis apporte une sécurité supplémentaire.

◄ Formes géométriques, surfaces brillantes et lignes pures dominent dans cette salle de bains dépouillée dont le désordre disparaît dans les placards. Remarquez l'esthétique du simple vase de fleurs et du lavabo sculptural. Les spots encastrés au plafond et les vastes miroirs contribuent à un look très glamour, renforcé par la vue spectaculaire sur la ville au crépuscule.

LE STYLE EXOTIQUE

Les couleurs, motifs, meubles et textiles décoratifs qui foisonnent dans le reste du monde peuvent se découvrir lors d'un voyage à l'étranger ou s'entrevoir dans des livres ou des revues ; dans les deux cas, ils représentent une riche source d'inspiration esthétique. Le style exotique consiste à interpréter et adapter des éléments provenant d'autres civilisations pour les intégrer d'une façon qui nous plaise. Un ou deux éléments bien choisis – des poteries non vernies, un siège primitif africain, des masques indonésiens sculptés à la main – peuvent former le point d'accroche d'un ensemble original et séduisant. Puisez dans la palette des couleurs exotiques : les nuances de la sauce mexicaine, les teintes épicées de la terre de Sienne, de la cannelle et de la terre cuite d'Afrique du Nord.

▶ L'atmosphère de cette salle de bains, en pleine campagne anglaise, doit son caractère mauresque à la fenêtre voûtée, au carrelage peint et au motif appliqué au pochoir sur les murs.

◀ Dans ce hall d'entrée reposant, le contraste entre le bois apparent et les murs vert pâle facilite le passage de l'extérieur vers l'intérieur de la maison. La musique de l'air bruissant dans les feuillages caresse l'oreille, prolongeant le lien naturel avec le monde extérieur.

▶ Sous les climats chauds, la couleur brique est très utilisée pour les murs. Ci-contre, le crépi de couleur brique est incrusté de jolis carreaux en majolique à dominante jaune et bleu sur fond blanc pour former l'encadrement d'une cheminée.

TEINTURES VÉGÉTALES

De mémoire d'homme, on a toujours utilisé des pigments d'origine végétale pour teindre les tissus et y tracer des motifs intéressants, tant sur le plan du dessin que sur celui de la couleur.

● En faisant des nœuds avant l'immersion, on protège certaines parties du tissu de la couleur.

● Le batik indonésien est une autre technique pour protéger de la teinture certaines parties du tissu : on les recouvre de cire au moment de l'immersion. Ensuite, on retire la cire des parties soumises à l'action du réservage.

● La technique de l'ikat consiste à teindre séparément les fils de chaîne et de trame avant le tissage.

▲ Les chaudes couleurs ocre du sol et des murs font vivement ressortir le bleu des chaises dans ce patio méditerranéen. Dans les régions plus fraîches de l'hémisphère Nord, les tons ocre jaune, rose pêche ou brique vieillie sont plus doux à l'œil que le blanc brillant, qui peut paraître facilement gris et ennuyeux.

◀ Siège et table en pierre sont installés dans le coin ombragé d'une terrasse, pour les repas en plein air. Le bleu estompé des murs conforte l'atmosphère de fraîcheur tranquille.

SALLES DE SÉJOUR

Le style exotique possède un charme et une simplicité intrinsèques qui conviennent aux pièces destinées à la détente. Choisissez des matières naturelles (pierre, terre cuite, bois sombre) pour apporter chaleur et contraste dans des tons neutres. Posez des nattes en fibre de coco, en sisal ou en jonc de mer, suspendez des mousselines vaporeuses, des saris chatoyants ou des persiennes devant vos fenêtres. Jetez quelques coussins en ikat de couleurs vives sur un sofa uni ou une chaise en rotin ; jonchez le sol de kilims ou de dhurries multicolores. Renforcez l'impression d'opulence orientale avec quelques taches or – cadre, luminaire ou élément de mobilier. Disposez des bambous, des plantes séchées ou des palmiers dans des jarres en terre cuite ou des urnes crétoises. Inspirez-vous des couleurs, des formes et des textures de la poterie exotique : un vase africain ou une sculpture raku ajouteront une touche originale à votre ensemble décoratif.

◄ L'Orient et l'Occident se rencontrent dans cette pièce, le repose-pieds ottoman complétant le fauteuil français du XVIIIᵉ, plus formel. Les étagères dans l'alcôve réunissent un choix éclectique de souvenirs précieux rapportés de voyages à l'étranger.

► Les stores en bois filtrent la lumière du soleil et projettent des zébrures sur les murs blanchis à la chaux ; le palmier majestueux impose une atmosphère typiquement coloniale, alors qu'en guise de table, on a recyclé un très beau palanquin — litière orientale autrefois portée à bras d'hommes.

◄ De simples coussins en batik apportent de subtiles touches de couleur pour faire le lien entre le sol en terre cuite et le vieux lit javanais. En guise de lustre, un chandelier en fer forgé ; la superbe cheminée constitue l'élément vedette de la pièce.

▼ Cette cheminée d'angle dont la forme rappelle celle des cabanes en torchis, trône au sommet de quelques marches, ce qui permet de mieux répandre sa chaleur.

CHAMBRES À COUCHER

Créez un havre de luxe grâce à la sensualité des tissus du monde entier. Drapez votre lit de douces couvertures en alpaga du Pérou, recouvrez-les d'un jeté de lit indien ou d'un couvre-lit exotique en soie de Chine. Recréez le calme dépouillé d'une chambre japonaise avec des draps de coton blanc et un lit bas en bois ou un futon. Un paravent en bambou et un tatami compléteront l'atmosphère. Pour une ambiance plus somptueuse, suspendez à un baldaquin des tissus de couleurs vives. Un ciel de lit en mousseline ou une moustiquaire ajouteront une touche exotique, tandis que des lanternes chinoises constitueront de jolis abat-jour.

▲ Dans les pays chauds, la décoration des fenêtres est plus simple : inutile de s'encombrer de lourdes draperies dont les riches couleurs pâliraient vite au soleil. Ici, la mousseline diaphane se marie volontiers avec le plancher blanchi à la chaux pour donner une atmosphère de sérénité orientale à cette chambre à coucher d'époque victorienne.

◄ Cette imposante tête de lit n'est autre qu'un tissu imprimé africain suspendu à une tringle ; d'autres références à l'art primitif se retrouvent au niveau des tapis, des vases et des statues entièrement sculptées à la main.

SALLES DE BAINS

Les bleus électriques et les blancs aveuglants de Méditerranée et d'Afrique du Nord apportent fraîcheur et vitalité à la salle de bains la plus sinistre. De l'audace, que diable ! Peignez les murs d'indigo ou de bleu ciel, ou utilisez ces couleurs par petites touches sur les serviettes et les meubles peints. Pour une atmosphère marocaine chaleureuse, faites appel à des camaïeux de mosaïques bleues, autour du lavabo, sur les murs, par terre et autour de la baignoire encastrée. Pour les murs, vous pouvez aussi opter pour le carrelage, ou encore le plâtre peint en blanc ou en vieux rose, avec un sol en tomettes, en pierre, en ardoise naturelle.

◄ Les mosaïques utilisées pour couvrir le sol ont aussi été appliquées autour de la baignoire ronde. Les mêmes petits carreaux bleu et blanc encadrent le vaste miroir mural, tandis que le ton neutre des murs évite un aspect trop chargé. L'influence exotique se retrouve dans la table et la chaise basse en bois sculpté ainsi que dans la plante et son pot.

MURS ET SOLS

● Pour les sols, choisissez la brique, la pierre, les dalles brutes ou le vieux bois nu, dont les irrégularités naturelles ne manquent pas de charme. Pour une finition plus soignée, optez pour les carreaux de céramique, le marbre ou la mosaïque.

● Les peintures à l'eau traditionnelles comme la détrempe et le badigeon, s'appliquent sur le plâtre nu en vue d'obtenir un aspect granité mat. Ces peintures laissent respirer les murs et se mélangent avec de nombreux pigments pour obtenir un effet crayeux, cadre parfait pour des meubles exotiques.

◄ La pierre constitue un excellent choix esthétique pour cette charmante salle de bains rustique. On a suspendu aux poutres du plafond deux lanternes encadrant le miroir de style mauresque : parfaitement dans le ton, elles éclairent à merveille les deux côtés du visage.

LES STYLES MIXTES

Il faut éviter d'adhérer uniquement à un style, sauf à faire de
son logis un musée peu accueillant. L'important, c'est l'équilibre
entre l'ancien et le moderne, l'exotique et le dépouillé, afin d'obtenir
un effet qui reflète au mieux les goûts et le style de vie de chacun.
Dans un appartement ultra-moderne, les meubles de style auront l'air
anachronique ; inversement, une cuisine tout Inox semblera déplacée
dans une fermette à poutres apparentes. En revanche, un contraste
soigneusement dosé peut aboutir à l'effet le plus heureux. Par
exemple, les hauts murs blancs d'un loft feront un cadre idéal
pour un ou deux beaux meubles anciens ou une collection
de bibelots exotiques.

◄ Choix éclectique de meubles de style, de peintures modernes et de tapis orientaux qui voisinent harmonieusement dans cette haute pièce blanchie à la chaux aux poutres apparentes. Les pièces hautes de plafond exigent la présence de quelques éléments longilignes — ici, la pendule, la cheminée du poêle, les longs rideaux au tomber élégant.

▲ La présence d'un ou deux objets bien choisis suffit à évoquer un style particulier. Dans cette pièce très dépouillée, où le lit occupe une place centrale, le tapis suspendu au mur et la statue évoquent la sérénité de l'inspiration orientale.

◄ Juxtaposition inspirée de notes modernes et exotiques pour compenser, dans cette salle de séjour citadine, la forme carrée et les proportions modestes de la pièce. La table roulante en verre occupe moins de place qu'un meuble dont le matériau ne serait pas transparent.

▲ Choix audacieux de planches à recouvrement pour séparer la cuisine de la salle de séjour ; dans celle-ci, les lambris rappellent l'ambiance des intérieurs scandinaves ou des cabanes de rondins nord-américaines. Cette omniprésence du bois donne une touche traditionnelle à un intérieur par ailleurs contemporain. La juxtaposition du gris clair et du jaune d'or souligne l'atmosphère rustique et détendue de la pièce.

HARMONIE ET CONTRASTES

La juxtaposition de plusieurs styles aide à définir et à personnaliser une pièce. On peut faire voisiner des meubles anciens et modernes, des surfaces lisses et brillantes avec des matières rugueuses et patinées, des œuvres d'art moderne avec des objets d'artisanat achetés à l'étranger.

● Dans une cuisine traditionnelle où domine le bois, des surfaces métalliques brillantes, en chrome ou en aluminium apporteront une touche de légèreté. À droite, un évier moderne fait ressortir la patine du vieux bois.

● Les tons neutres d'une salle de séjour contemporaine mettent en valeur les couleurs vives de tissus exotiques, par exemple un tapis en kilim ou des coussins en ikat. Couvrez

un canapé ancien avec du daim ou du coton plutôt qu'avec du brocart ou du damassé. La beauté intemporelle d'une chaise Lloyd Loom a sa place jusque dans un espace moderne dépouillé.

● Pour la salle à manger, des chaises Landi autour d'une table de réfectoire en bois massif donnent une impression de détente. Ou encore, de simples chaises en bois blanc ou un assortiment de toiles et dessins de différentes couleurs cohabiteront sans façons avec une table moderne en verre. Pour la vaisselle, mêlez la fine porcelaine blanche avec la terre cuite rustique, le cristal avec les verres trapus.

● Dans la salle de bains, la baignoire et le lavabo anciens trouveront une nouvelle jeunesse grâce à des robinets high-tech.

◄ Sculptures et tableaux ethniques donnent du caractère à cette chambre à coucher moderne. La commode ancienne, le fauteuil en cuir et le dessus-de-lit en imitation fourrure introduisent une agréable variété de tons et de textures.

► Nette et bien conçue, avec des équipements modernes comme le plan de cuisson à six feux, cette cuisine de faibles dimensions est réchauffée par la chaise ancienne, la corbeille en osier et les tableaux encadrés. Les rangements en hauteur tirent le meilleur parti d'un volume réduit. La silhouette des abat-jour répond à celle de la hotte aspirante.

◀ Cette salle de séjour au premier étage d'une maison anglaise d'époque victorienne attendait des meubles traditionnels ; ses propriétaires ont opté pour la modernité. Les fauteuils capitonnés à roulettes ont été recouverts de housses en coton ; ils voisinent avec une sculpture moderne, des chaises de salle à manger Arne Jacobsen et une chaise ultra-moderne en zigzag à la silhouette géométrique. L'absence de rideaux renforce la sensation de lumière et d'espace.

▲ Les meubles traditionnels valorisent les objets d'art contemporain dans cette spacieuse salle de séjour ; un mur en verre cathédrale éclaire l'entrée derrière. Les gros cactus en pot créent un style hacienda très caractéristique.

LES BASES DE LA DÉCORATION INTÉRIEURE

DANS LE DOMAINE DE L'ARCHITECTURE D'INTÉRIEUR, les modes se font et se défont à un rythme étourdissant ; les palettes de peinture, les contrastes de couleurs et le foisonnement des tissus d'ameublement plongent chacun dans l'embarras au moment du choix. Un moment tenté par un jaune acidulé vanté dans une revue ou par les nuances crème et café admirées dans un restaurant, on hésite à les adopter chez soi, craignant que l'effet ne soit pas celui escompté. Le chapitre qui va suivre encouragera le lecteur à prendre ses décisions en lui montrant l'importance des éléments clefs – lumière, couleur, texture et motifs – et leurs interactions réciproques ainsi que leurs effets sur nos sens.

Grâce à la technique des images de synthèse, le lecteur pourra comparer la même salle de séjour dans quatre palettes de coloris différentes : un monde de changements ! Quelles sont les astuces permettant de créer une impression de lumière et d'espace ? Comment avoir accès à tel recoin exigu, ou mettre en valeur un plafond trop bas ? Enfin, nous verrons comment obtenir une finition soignée grâce à des touches subtiles de couleur, à des textures et à des motifs qui feront l'unité d'une pièce autour de quelques détails élégants.

LA THÉORIE DES COULEURS

TERMINOLOGIE

- **Couleurs primaires** – Le rouge, le bleu et le jaune purs sont les couleurs primaires à partir desquelles sont composées toutes les autres, et les seules qui ne peuvent s'obtenir par mélange d'autres couleurs.
- **Couleurs secondaires** – Elles sont composées en quantités égales de deux couleurs primaires. Le bleu et le jaune donnent le vert ; le jaune et le rouge, l'orange ; le rouge et le bleu, le violet.
- **Couleurs tertiaires** – Elles s'obtiennent en mélangeant en quantités égales une couleur primaire et une couleur secondaire voisine. L'écarlate est un mélange de rouge et d'orange ; le jaune d'or, d'orange et de jaune ; le vert chartreuse, de jaune et de vert ; le turquoise, de bleu et de vert ; l'indigo, de bleu et de violet ; le pourpre, de rouge et de violet.
- **Couleurs neutres** – Le noir, le blanc, le gris et le marron sont des couleurs neutres qui servent à éclaircir ou à foncer les autres, ou s'utilisent seules pour rendre plus neutre une palette de couleurs.
- **Chromatisme** – Des millions d'autres couleurs s'obtiennent en mélangeant des couleurs adjacentes.
- **Teinte** – C'est la propriété d'une couleur qui la rend différente d'une autre.
- **Luminosité** – La valeur d'un ton mesure à quel point une couleur est claire ou foncée.
- **Ton dégradé** – C'est une couleur à laquelle on a ajouté du blanc, ce qui l'éclaircit.
- **Ton rabattu** – C'est une couleur à laquelle on a mélangé du noir, ce qui la fonce.
- **Couleur pure** – C'est une couleur intense à laquelle on n'a ajouté aucune couleur neutre.
- **Saturation** – Une couleur saturée est dite vive ; à l'inverse, elle est lavée.

La couleur est la façon la plus efficace et la moins coûteuse de transformer une pièce. Avec ce principe en tête, on peut donner une plus ou moins grande impression d'espace, ou créer le type d'atmosphère ou d'ambiance que l'on recherche. Avec un bon éclairage, l'œil de l'homme fait la différence entre une dizaine de millions de couleurs, dont chacune a une relation précise avec les autres. Afin de faire le meilleur choix de couleurs, il faut comprendre la relation que celles-ci ont entre elles et comment elles s'influencent réciproquement. Toutes les couleurs se composent de rouge, de bleu et de jaune, les couleurs primaires. La luminosité de ces couleurs va en fonçant si l'on y ajoute du noir (tons rabattus) et vers le clair avec du blanc (tons dégradés).

LE NUANCIER DE BASE

Le disque ci-dessous présente douze couleurs pures, les trois primaires, les trois secondaires et les six tertiaires ; chacune est disposée en fonction de ses relations avec ses voisines. Les trois couleurs primaires sont disposées à égale distance les unes des autres, les trois secondaires sont chacune entre deux primaires tandis que chaque couleur tertiaire se situe entre la couleur primaire et la couleur secondaire qui la composent.

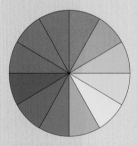

Le nuancier de base
Ce nuancier contient douze couleurs, c'est-à-dire toutes les couleurs primaires, secondaires et tertiaires.

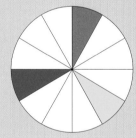

Les couleurs primaires
Le rouge, le bleu et le jaune sont les trois seules couleurs que l'on n'obtient pas par mélange d'autres couleurs.

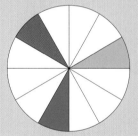

Les couleurs secondaires
Le violet, le vert et l'orange sont les trois couleurs secondaires composées en quantités égales de deux couleurs primaires.

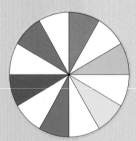

Les couleurs tertiaires
Ces six couleurs s'obtiennent en mélangeant une couleur primaire avec la couleur secondaire voisine.

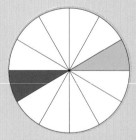

Les couleurs complémentaires
Deux couleurs à 180 degrés l'une de l'autre sont réputées complémentaires.

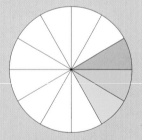

Les couleurs en dégradé
Trois couleurs adjacentes de même teinte et d'intensités différentes forment un dégradé.

Teinte, luminosité et saturation

Quand on choisit une couleur, il faut prendre en compte trois caractéristiques majeures. La teinte définit la place des couleurs dans le spectre en fonction des proportions des couleurs de base que l'on a mêlées pour l'obtenir. La luminosité définit le caractère plus ou moins clair de cette couleur. Enfin, la saturation en mesure l'intensité. Quand on mélange une couleur, elle perd de son intensité ; le gris s'obtient en mélangeant les trois couleurs primaires. Le nuancier ci-dessous montre comment ces caractéristiques se combinent.

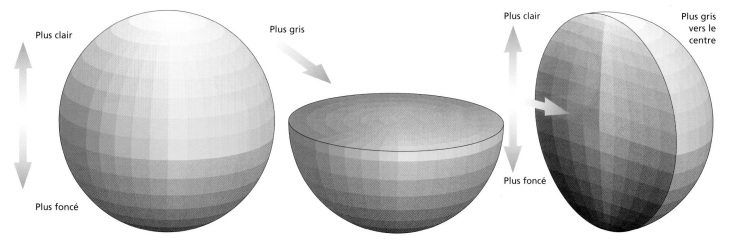

Surface extérieure du nuancier sphérique
La surface extérieure montre les couleurs le long de l'équateur, tandis que les tons dégradés et rabattus occupent les méridiens.

Coupe horizontale du nuancier sphérique
Cette coupe montre que les teintes intenses proches de la surface s'atténuent jusqu'au cœur, qui est tout gris.

Coupe verticale du nuancier sphérique
Cette coupe montre la façon dont les tons dégradés et rabattus s'atténuent peu à peu en se rapprochant du centre de la sphère.

Le nuancier circulaire

La plupart des nuanciers en forme de disque ne se limitent pas à douze couleurs, ils offrent un choix plus vaste de teintes. Le principal avantage d'un nuancier, c'est de montrer au premier coup d'œil quelles couleurs sont en harmonie, lesquelles sont complémentaires, lesquelles sont chaudes ou froides. Les couleurs chaudes, situées dans la partie gauche du disque, ont une longueur d'onde importante qui donne l'impression qu'elles se rapprochent : par exemple, le rouge et l'orange. Les couleurs froides, situées à droite du disque, ont des longueurs d'onde plus courtes qui donnent l'impression qu'elles s'éloignent : par exemple, le bleu et le vert. La disposition des teintes permet à l'utilisateur de visualiser la relation entre les deux parties du disque et de choisir rapidement les couleurs qui lui conviennent pour obtenir l'effet recherché.

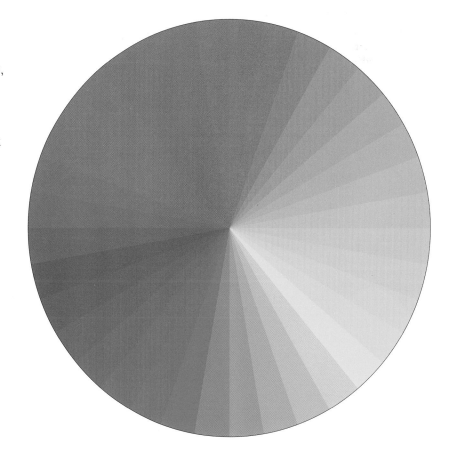

CONTRASTE ET LUMINOSITÉ

P eindre et meubler une pièce avec une seule couleur sans nuance de luminosité est une grossière erreur : on remédie à la monotonie en juxtaposant deux couleurs ou davantage afin de provoquer un contraste de teintes, ou en jouant sur l'échelle des luminosités afin de donner un relief chromatique. Voyons les différentes façons de combiner les couleurs.

COULEURS ET PROPORTIONS

LES SYSTÈMES TRICHROMATIQUES

La palette trichromatique se compose de trois couleurs espacées à intervalles égaux (120 degrés) sur le nuancier circulaire. En général, des couleurs en fort contraste se concurrencent de façon discordante si on les utilise sur des surfaces égales. Pour davantage d'équilibre, il est conseillé de les atténuer avec du gris ou du blanc ; il faut laisser une couleur dominer, les deux autres l'équilibrant avec des surfaces moindres.

LES COULEURS COMPLÉMENTAIRES

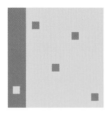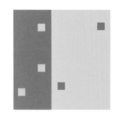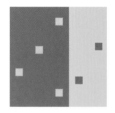

Pour atteindre la variété sans discordance, les palettes de couleurs complémentaires se composent de deux couleurs directement à l'opposé l'une de l'autre sur le nuancier circulaire. Comme elles n'ont aucun élément commun, elles risquent de se concurrencer de façon discordante si elles occupent une surface égale. Par conséquent, mieux vaut en laisser une dominer. Ici, l'indigo et le jaune d'or se combinent dans différentes proportions.

LES COULEURS EN HARMONIE

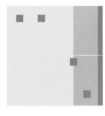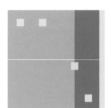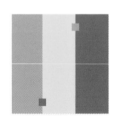

Les couleurs en harmonie sont voisines sur le nuancier circulaire, leur juxtaposition procure de subtiles variations de teintes. Comme ces couleurs ont des bases communes, le contraste est peu marqué. Par conséquent, les couleurs en harmonie ne se concurrencent pas si elles occupent la même surface ; en revanche, celles qui occupent la plus faible surface tendent à passer inaperçues. Ici, différentes proportions de jaune, de vert et de vert chartreuse.

L'ÉCLAIRAGE NATUREL

On peut créer une palette décorative remarquable à partir du spectre chromatique d'une seule couleur. Dans ces camaïeux, la diversité provient du contraste entre les tons dégradés, les tons rabattus et les tons moyens. La luminosité joue aussi un rôle important dans les camaïeux : on peut mélanger les couleurs avec du blanc et du noir pour atténuer la vivacité de couleurs agressives qui, sous leur forme pure, constitueraient un contraste trop violent. D'une façon générale, si l'on juxtapose des couleurs vives et contrastées sur des surfaces égales, il faut rétrécir l'éventail des luminosités. Dans un camaïeu en revanche, ou avec des couleurs neutres ou en harmonie, la variété exige que l'on fasse appel à tout l'éventail des luminosités.

▶ Toutes les couleurs ont un spectre chromatique qui va du blanc au noir. Chaque couleur pure peut être modifiée en lui ajoutant du blanc pour obtenir des dégradés de plus en plus clairs, ou du noir pour obtenir des tons rabattus de plus en plus foncés. À chaque augmentation de blanc ou de noir, le contraste avec les autres couleurs diminue.

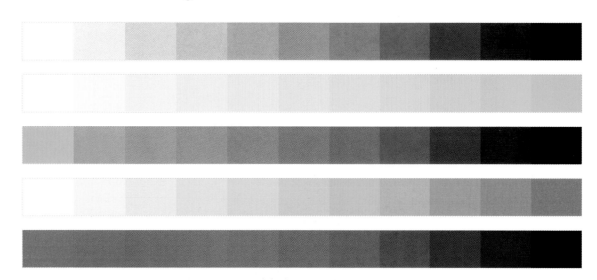

◀ Cette suite se compose d'une chambre à coucher et d'une salle de bains attenante ; le camaïeu de bleus couvrant les murs, le sol et le plafond donne une impression d'ensemble reposante. L'uniformité des couleurs réunit de façon intelligente les deux volumes communicants. Le contraste est fourni par le jaune des rideaux du baldaquin, de la bavette autour du lit et des rideaux de l'armoire, et par le blanc des sanitaires dans la salle de bains.

◀ Présentation du camaïeu de bleus, à côté du jaune pour le contraste.

LE CHOIX DES COULEURS

Quand on décide de refaire une pièce, il faut en déterminer le rôle, aménager le volume en conséquence et choisir l'effet que l'on souhaite obtenir : il ne suffit pas de badigeonner partout une couleur plaisante. La taille et les proportions de la pièce, la lumière du jour qui y pénètre et la place des principaux meubles ont une influence décisive sur le choix de couleurs. Une fois le plan d'ensemble arrêté, choisissez la couleur qui rendra le mieux l'effet désiré : fraîcheur, espace, chaleur, intimité. Choisissez ensuite les autres couleurs qui feront ressortir la couleur dominante et l'équilibreront. Avant le premier coup de pinceau, confectionnez une palette d'échantillons afin de tester votre choix de couleurs (voir ci-contre).

◀ ▼ Les différences de luminosité s'apprécient plus facilement sur une photo en noir et blanc que sur une photo en couleurs. Dans cette cuisine, les placards moutarde sont plus clairs que les murs, le plancher et la paillasse. Le contraste apparaît nettement sur la photo en noir et blanc, où les placards sont gris clair tandis que les autres éléments sont gris plus foncé. Le chrome des ustensiles et du four constitue un vif contraste.

L'UTILITÉ D'UNE PALETTE D'ÉCHANTILLONS

La réussite d'un choix de décoration ne dépend exclusivement ni des couleurs, ni de l'importance relative des surfaces occupées par chacune ; il faut que s'accordent les motifs, les styles et les textures présents dans la pièce. Avant de refaire un espace, un vrai décorateur confectionne une palette d'échantillons afin de vérifier la façon dont s'harmonisent couleurs, tissus et motifs.

Une palette d'échantillons, c'est avant tout un morceau de carton ou de mousse sur lequel on trouve des couleurs peintes et des échantillons de moquette, de papier peint et de tissu d'ameublement. Une palette d'échantillons est facile à confectionner, et peut éviter

de coûteuses erreurs : quand on a acheté des matériaux qui jurent entre eux, qu'en faire ? La palette permet également de mesurer l'impact de l'ajout d'un élément ou du retrait d'un autre ; enfin, la palette est un moyen efficace de déterminer votre propre style et vos préférences en matière de couleurs.

Pour confectionner une palette d'échantillons, il est plus judicieux de respecter le rapport des surfaces de la pièce réelle. Les revêtements muraux par exemple occuperont la plus grande surface de votre palette d'échantillons, tandis que le tissu des coussins et des autres éléments décoratifs ne prendra que peu de place.

▶ La couleur du fond de la palette d'échantillons doit être celle choisie pour les murs : ceux-ci représentent en effet la surface la plus importante de la pièce. On fixe donc d'abord un morceau de papier peint (ou on enduit la palette elle-même) en lui attribuant le numéro correspondant de la légende. Tracez vos traits à l'envers de chaque échantillon, et coupez suivant la ligne. Découpez les tissus avec des ciseaux à cranter pour éviter qu'ils ne s'effilochent.

Essayez de placer les échantillons à l'endroit qu'ils occuperont effectivement dans la pièce. Effectuez des recouvrements pour voir comment les couleurs, les motifs et les textures se marient. Par exemple, le tissu d'une cantonnière doit être superposé à celui du rideau. De même pour un coussin sur un canapé.

Le papier peint occupe la plus grande surface sur la palette. Sa couleur neutre mais chaleureuse donne l'atmosphère de toute la pièce.

Trois tons rabattus ont été retenus pour la peinture. Le plus foncé est celui de la plinthe qui lie la moquette avec le reste de la palette.

Un ton dégradé doux a été retenu pour le plafond plutôt qu'un blanc pharmaceutique qui jurerait avec les murs.

Un cachemire un peu passé comportant des taches vertes (couleur complémentaire) a été retenu pour les rideaux et un ou deux coussins : ce seront les seules taches de couleurs vives de la pièce. Le tissu naturel du store offre un contraste par sa texture et sa couleur.

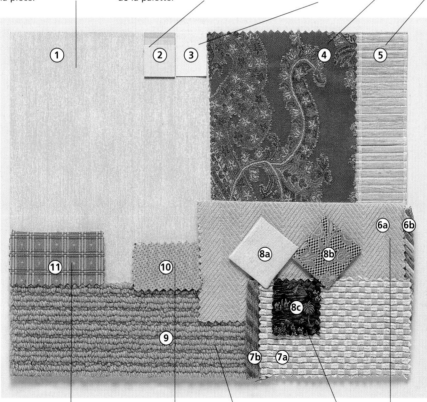

LÉGENDE

1 Papier peint
2 Peinture des boiseries
3 Peinture du plafond
4 Tissu des rideaux et coussins
5 Store enrouleur
6a Tissu du canapé
6b Passepoil du canapé
7a Tissu des fauteuils
7b Passepoil des fauteuils
8a Coussins
8b Coussins
8c Coussins
9 Moquette
10 Tissu du fauteuil de bureau
11 Tissu des chaises

Un tissu écossais de couleurs vives est un bon choix pour les chaises de salle à manger, la couleur ressortant sur le bois du cadre.

Un tissu de chenille a été sélectionné pour le fauteuil de bureau rappelant la couleur du canapé et des fauteuils de salon.

La moquette côtelée dans un ton rabattu à la fois neutre et chaleureux, stabilise la palette et offre un contraste de textures.

Dans toute pièce, il faut une tache noire : ici, le tissu d'un coussin.

Le tissu du canapé, avec ses gaufrures en chevrons, fait ressortir les coussins. Le passepoil choisi pour le tissu reprend le ton des rideaux et des chaises de salle à manger.

L'IMPACT DES COULEURS

CARACTÉRISTIQUES DES COULEURS

● **Rouge** – Le rouge est la couleur chaude par excellence ; pure, elle est souvent associée au danger et à l'excitation. Le rose et les nuances claires du rouge sont moins agressifs. Quant au bordeaux et aux nuances plus sombres, leur côté somptueux évoque la richesse.

● **Bleu** – Saturée, cette couleur est la plus froide ; elle a un effet opposé à celui du rouge : elle calme. Les tons dégradés du bleu évoquent fraîcheur et propreté, tandis que les tons rabattus évoquent dignité et fiabilité.

● **Jaune** – Dans toute son intensité, le jaune est une couleur choc, joyeuse. Ses tons dégradés sont lumineux et frais, tandis que ses tons rabattus, terreux, sont plus discrets.

● **Violet** – Mélange de bleu et de rouge, le violet est une couleur délicate. Ses tons dégradés comme le pourpre ont longtemps été l'apanage de la monarchie, tandis que ses tons rabattus ont quelque chose de nostalgique.

● **Orange** – Mélange brûlant de rouge et de jaune, l'orange est une couleur chaude et chaleureuse. Mélangé au noir, il tire vers l'ocre, tandis que mélangé au blanc, il reste gai et relaxant.

● **Vert** – Mélange apaisant de bleu et de jaune, le vert est nettement associé à la nature. Ses tons rabattus ont quelque chose de discret et de traditionnel, tandis que ses tons dégradés sont gais, voire enjoués.

● **Gris** – Couleur neutre et sans éclat, le gris peut s'utiliser pour tempérer des couleurs voisines trop tapageuses.

La couleur ne change pas seulement l'ambiance d'une pièce, elle en modifie les propriétés optiques. Les couleurs chaudes comme le rouge, dont la longueur d'onde est importante, ou sombres qui ne réfléchissent qu'une petite partie de la lumière semblent avancer vers l'œil et, de ce fait, rapetissent la pièce. À l'opposé, les couleurs froides comme le bleu doivent à leur longueur d'onde plus petite de donner une impression d'éloignement, qui grandit la pièce. Les couleurs de différentes teintes et luminosités peuvent modifier les proportions optiques d'un volume. L'éclairage a lui aussi une influence majeure sur l'aspect d'une pièce : les pièces ensoleillées ont l'air plus grandes que les pièces obscures qui ne reçoivent jamais la lumière du soleil.

L'EFFET DE LA LUMIÈRE

La lumière du jour se compose de sept couleurs : le rouge, l'orange, le jaune, le vert, le bleu, l'indigo et le violet ; mais la couleur n'est pas la même suivant l'heure. La lumière du matin est chaude, celle de midi est neutre et la journée s'achève dans le bleu. L'éclairage artificiel a lui aussi ses couleurs : les ampoules à incandescence sont jaunes, les fluorescentes sont bleues et les halogènes sont d'un blanc violent.

◄ Le type et l'intensité de la lumière changent la couleur des peintures et des tissus. Dans cette pièce directement exposée au soleil de midi, les couleurs gardent leurs teintes d'origine mais avec des gradations subtiles. Les ombres portées et leurs reflets produisent un joli résultat.

◄ Une pièce éclairée avec des ampoules à incandescence baigne dans le jaune. Les couleurs neutres et pâles sont plus chaudes, offrant une atmosphère intime. Les ampoules fluorescentes ou à halogène rehaussent les couleurs fortes, mais elles peuvent étouffer les couleurs neutres.

DES COULEURS POUR CRÉER L'ILLUSION

Les transformations les plus spectaculaires dans l'aspect visuel d'une pièce s'obtiennent en modifiant l'équilibre chromatique. Toutes les couleurs pâles, même les plus chaudes, agrandissent une pièce. Inversement, les couleurs sombres – même les froides – rapetissent. Ci-dessous, on observe l'effet de différents dosages entre une couleur sombre et une couleur claire sur notre perception du volume de la même pièce.

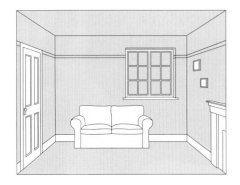

Une peinture strictement monochrome respecte les proportions de la pièce, mais une couleur claire donnera une plus grande impression d'espace qu'une couleur sombre.

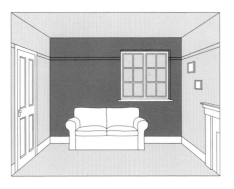

Un seul mur peint en sombre donne l'impression que le mur est proche : c'est une façon de raccourcir une pièce trop longue, trop étroite ou un couloir.

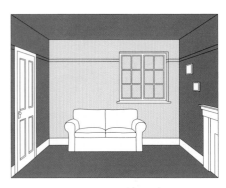

Une seule paroi peinte de couleur claire et celle-ci donne l'impression de s'éloigner. Cet artifice permet d'aérer une pièce cubique, qui devient alors parallélépipédique.

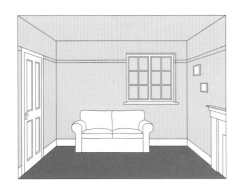

Un sol sombre rétrécit, un sol clair élargit. Une petite pièce à sol sombre aura l'air encombrée même si les murs sont clairs.

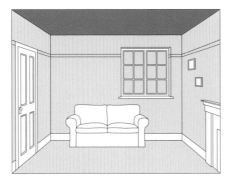

Pour faire apparaître un plafond moins haut, il suffit de le peindre d'une couleur plus sombre que celle des murs. À retenir pour les petites pièces trop hautes de plafond.

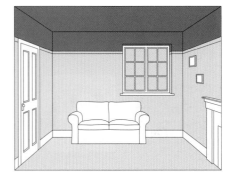

Pour réduire davantage la hauteur d'une pièce, descendre la limite de la couleur sombre jusqu'à la cimaise. Si les murs sous la cimaise sont plus clairs, la pièce aura l'air plus large.

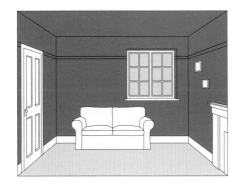

Dans une pièce où le plafond et les murs sont sombres, un sol clair diminue l'impression d'encombrement et de claustrophobie.

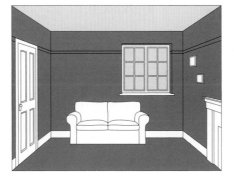

Une pièce basse de plafond gagnera en hauteur si le plafond est plus clair que les murs. Mais attention : des murs sombres rapetissent une pièce.

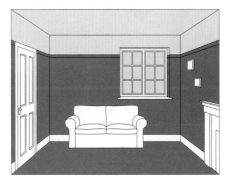

L'impression de hauteur obtenue par la couleur claire du plafond est atténuée si cette couleur descend jusqu'au niveau de la cimaise.

LES COULEURS FORTES

À présent que vous en savez assez sur les couleurs pour surmonter vos frayeurs, c'est le moment de mettre à profit les formidables ressources des teintes et des intensités dans toute leur variété. Ce n'est pas toujours évident d'opter pour des couleurs fortes, riches et profondes, mais celles-ci font souvent une impression marquante sur de vastes surfaces. Elles peuvent transformer une pièce mal conçue et sans attrait en un volume irrésistiblement accueillant. Les couleurs fortes absorbent davantage de lumière que les tons dégradés pâles : la pièce aura l'air plus sombre et plus petite. Les grandes réussites aboutissent souvent à une impression de confort, d'intimité et de sécurité, plutôt qu'à un effet grandiose et éclatant.

◀ Les couleurs brûlantes de cette salle de séjour lui donnent une personnalité forte, non seulement chaude mais extrêmement reposante. Remarquez la teinte corail douce de la plinthe et des boiseries de l'encadrement de porte : cette option audacieuse — qui se démarque fortement du blanc ou du crème attendus — renforce l'atmosphère exotique des lieux.

LA PALETTE DE CETTE PAGE

Les couleurs intenses s'intègrent mieux dans certaines palettes que dans d'autres. Si vous rêvez de vivre dans des teintes éclatantes, inspirez-vous de contrées tropicales, orientales, mauresques ou mexicaines, bref de régions chaudes au climat ensoleillé aux couleurs telles que le rose vif, le bleu outremer, le jaune safran, le vert intense et les nuances rouges de la sauce mexicaine. Reconstituez un intérieur provençal avec ses ocres et bruns argileux, ses jaunes tournesol, le vert de ses arbres et de ses collines et le bleu rappelant l'intensité profonde de ses ciels. Ou bien envisagez le look rétro flamboyant des années 1960 et 1970. Inspirez-vous des tissus, des meubles, des céramiques et œuvres d'art qui étaient à la mode à cette époque.

◀ De riches tons rabattus brique et vert émeraude dominent cette palette vigoureuse et équilibrée. Une telle harmonie est en partie due au fait que les teintes de base, le rouge et le vert, sont opposées sur le nuancier circulaire ; d'ailleurs, les deux couleurs ont été choisies afin de constituer un équilibre véritable en termes de perspective et d'intensité. Au final, aucune des deux n'écrase l'autre. Heureusement, la simplicité des formes et la couleur neutre du sol permettent aux deux couleurs dominantes de régner sans partage.

◀ Prenez vos repas dans une atmosphère estivale : il suffit de quelques pots de peinture bleu ciel et de rideaux ensoleillés évoquant la plage.

▶ Les sculptures de la tête de lit d'un blanc neigeux font ressortir la profondeur veloutée des murs et du plafond bleu marine. Quelques coussins jaune-vert assurent la liaison entre les deux premières couleurs.

LES COULEURS PASTEL

Calmes, reposantes et douces à l'œil, les teintes pastel sont les plus utilisées dans les habitations. En termes de décoration, leur principale qualité est d'aller bien ensemble, car elles sont toutes également pâles. Pour cette raison, il ne faut jamais se fier aux étiquettes des produits (« rose pastel » peut être un blanc cassé avec une fine pointe de rouge aussi bien qu'un rose bonbon assez criard). Exercez plutôt votre regard pour réunir une palette de teintes crayeuses qui se mêlent sans effort quelles que soient les proportions et mettent en valeur les matières naturelles comme l'osier, la pierre et le bois clair ou normal ; le vieux bois sombre, en revanche, risque d'écraser les délicates teintes pastel.

◀ De vastes surfaces d'un vert d'eau très doux promettent une ambiance fraîche et lumineuse. Dans cette vaste salle de bains familiale, la palette est simple et traditionnelle, avec le blanc très classique des sanitaires, des serviettes et des huisseries. L'aspect patiné du plancher en bois naturel ajoute une touche de chaleur à cette palette tendre de tons bleus et blancs.

LA PALETTE DE CETTE PAGE

Si vous optez pour la beauté paisible des pastels, les sources d'inspiration ne manquent pas : dans une fermette, par exemple, les teintes passées se marient volontiers avec des murs aux couleurs estompées, des textiles artisanaux teints avec des produits végétaux et de jolis motifs floraux ; pour un style ancien, les palettes s'inspireront du rococo à la mode à la fin du XVIIIe et au début du XIXe siècle, qui harmonise des tons féminins comme le rose, le bleu tendre et le crème ; pour plus de modernité on utilisera des teintes pistache, vert Nil, lilas et jaune pâle. Les tons pastel sont rafraîchissants en présence de blanc. Votre palette peut se composer de deux pastel et d'un blanc, ou de plusieurs pastel pour davantage de variété. Conservez des valeurs de tons identiques pour une harmonie parfaite.

◀ Les couleurs pastel sont d'une souplesse illimitée. La séduisante teinte bleu pastel qui transforme cette pièce crée une ambiance fraîche et dynamisante. Le moindre soupçon de froideur est dissipé par l'opulence laineuse du tapis et du tissu des canapés, ainsi que par les touches subtiles de jaune tendre et de mauve.

◀ L'or du mur jaune entre la paillasse et le plafond n'écrase pas le reste de la pièce, mais atténue le caractère anguleux de cette cuisine moderne.

▶ Jouez sur les pastels pour enrichir une palette monochrome. Dans cette chambre à coucher rustique, le bleu des murs sert d'intermédiaire entre les tons dégradés les plus clairs et les plus foncés.

LES COULEURS NEUTRES

Pour obtenir le meilleur des teintes neutres, il faut les choisir avec le même soin que les autres couleurs. Considérées comme des solutions sûres, les couleurs neutres peuvent vite devenir ternes et ennuyeuses. Par exemple, jetez ensemble un gris-brun tirant sur le vert, un crème jaunâtre et un beige rosâtre : le résultat ne sera pas forcément magique du seul fait qu'il s'agit de trois couleurs vaguement définies comme « neutres ». Pour être sûr du résultat, optez pour une version de base de chaque couleur neutre que vous utilisez (par exemple, le brun avec le jaune au lieu d'un rouge ou d'un bleu) et changez de luminosité, de motif et de texture pour chaque surface.

◀ Beaucoup se replient sur des couleurs neutres par manque d'inspiration et aboutissent à un ensemble terne et ennuyeux. En revanche, les mêmes couleurs maniées avec talent constituent le fin du fin pour obtenir une fraîcheur dans le raffinement qui ne manque pas de naturel. Ici, l'attention est retenue par les meubles et la cheminée, aux textures riches. Le coussin large renforce l'impression de confort de cette pièce.

LA PALETTE DE CETTE PAGE

Les teintes neutres sont représentées dans plusieurs courants de la mode contemporaine : le modernisme international, l'ambiance architecturale classique (murs blancs, textures et matériaux naturels, surfaces brillantes en chrome et en verre), le souci écologique (tissus tissés à la main, poteries artisanales, bois cirés et pierres naturelles, le tout dans des murs peints à la détrempe) ; également le style minimaliste, mode austère et intransigeante dont sont bannis tous détails, ornements et couleurs superflus. La palette neutre se caractérise par ses effets calmants, en dépit de styles variés reposant sur des couleurs contrastées. Le contraste le plus violent s'obtient avec du noir, qui crée un style dur, chic et urbain.

◀ Choisis avec soin pour leur chaleur, ces délicieux tons café, crème et chocolat évitent à la pièce une atmosphère vaseuse ou terne. Le ton de la cheminée possède une aptitude particulièrement séduisante à changer subtilement de nuance selon l'éclairage. Les tons ocre de la palette du décorateur sont mis en valeur par le plancher en bois naturel.

◀ Pour bien des personnes, une chambre à coucher blanche représente le calme et la pureté, source de détente et de relaxation. Quelques touches de couleur – ici, un jeté de lit bariolé – évitent le côté froid et clinique.

▶ Les poutres apparentes qui se détachent sur le blanc éblouissant du plâtre dominent le nuancier de ce loft spectaculaire.

LES COMBINAISONS DE COULEURS

Une des façons les moins intimidantes de marier les couleurs est d'aborder le problème en termes de genre ou de caractère, avant de déterminer les nuances précises. Les couleurs peuvent être groupées de différentes façons : celles qui se côtoient dans la nature présentent des affinités évidentes, de même que les familles de couleurs issues des mêmes techniques de teinture chimique. Les teintes les plus pâles se mélangent sans heurts, tout comme les plus sombres ; une fois un type de couleur retenu, il est plus facile d'affiner son choix. Utilisez à fond les échantillons et les nuanciers pour voir comment les couleurs se marient. Certains magasins de bricolage fournissent des nuanciers de combinaisons conseillées.

◀ Ces vastes surfaces de couleurs vives – pêche et lilas légèrement atténués – sont typiques de la mode Art déco reprise dans ce loft fortement inspiré par les années 1930 : formes géométriques, fenêtre dépouillée, siège en cuir lisse et meuble de rangement bas.

LA PALETTE DE CETTE PAGE

Si vous ne savez pas par où commencer pour créer votre palette, tâchez d'identifier d'abord une famille de couleurs qui vous plaise particulièrement. Pensez aux vives couleurs des agrumes – orange, citron vert et citron jaune ; aux couleurs d'automne – or, brun et feuille morte ; aux couleurs de crèmes glacées – rose, banane et vert amande ; aux couleurs intenses des pierres précieuses – rubis, topaze, saphir et améthyste. Pour une ambiance sobre et contemporaine, apportez quelques touches de couleurs fortes : un turquoise éclatant, un rose fuchsia, ou les couleurs primaires dans une palette noir et blanc. Pour plus de douceur, introduisez des nuances discrètes, par exemple de jolis roses et ors dans une palette neutre de tons crème et café.

◀ De vives couleurs tropicales peuvent se marier judicieusement pour créer une palette fraîche et exotique. Ici, l'outremer profond et le vert intense voisinent avec le bleu lavande, ainsi qu'avec des touches chaleureuses de jaune safran et de cramoisi, pour aboutir à une ambiance stimulante, sans être écrasante. Les teintes neutres du plafond et du sol rétablissent l'équilibre en fournissant un contraste bien nécessaire.

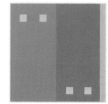

◀ Dans cet espace ouvert et aéré, les murs aux couleurs de bonbons définissent des zones d'activités différentes. Mais toute mièvrerie est bannie grâce à la sobriété des œuvres d'art et du mobilier.

▶ Cette exquise palette est inspirée d'un jardin à l'ancienne : les couleurs dominantes sont le rosé, le jaune safran et le bleu glycine, avec quelques pavés de vert feuille bien placés.

JOUER AVEC LES MOTIFS

Au même titre que les couleurs, les motifs peuvent modifier la perception visuelle d'une pièce, marquer l'ambiance de façon significative et contribuer à représenter tout un éventail d'époques et de styles. Les pimpants motifs en damier évoquent la campagne, tandis que les riches volutes de cachemire rappellent le règne de la reine Victoria. Dans le choix des motifs, l'équilibre est délicat entre la fidélité obsessionnelle et stérile à des tissus et papiers peints surannés et le chaos d'une profusion de motifs peu compatibles couvrant des surfaces trop importantes. Le débutant doit garder en mémoire que, en commençant avec des murs et un sol unis, il pourra se faire la main sur les autres éléments de décoration, réduisant ainsi le risque d'erreurs coûteuses. Ne pas oublier non plus que la plupart des pièces abritent de vastes surfaces de motifs cachés, trop faciles à ignorer au moment de réunir les échantillons : par exemple, les lignes parallèles d'une pile d'étagères ou le dessin compliqué d'un plancher en bois.

▲ Des motifs simples noir et blanc suffisent à donner à cette salle de séjour suédoise un cachet 1950. Remarquez avec quel à-propos la taille de chaque motif a été adaptée à son utilisation : petits motifs sur les coussins éparpillés, gros motifs circulaires pour l'étonnant tapis jaune d'or.

▶ Presque toute la surface de cette chambre accueillante est couverte de douces rayures gris-bleu : les murs, la fenêtre, le haut paravent et l'étroite descente de lit. La couleur discrète du plancher renforce le thème des rayures tout en fournissant une surface accueillante de couleur unie.

LES MURS

Les motifs peuvent modifier les proportions apparentes d'une pièce ou cacher tel ou tel détail embarrassant. Vérité incontournable en décoration : des rayures verticales augmentent la hauteur apparente d'une pièce. Mais n'oubliez pas que des lignes horizontales augmentent sa largeur apparente. Le papier peint n'est pas la seule façon d'introduire des rayures : si vos surfaces ne sont pas parfaitement planes, la géométrie stricte des rayures imprimées fait ressortir les défauts de façon impitoyable. Pour plus de souplesse ou un aspect moins formel, utilisez des lignes peintes ou même des lambris. Pour cacher un plafond en pente ou effacer des angles saillants, faites de votre pièce une bonbonnière en la tapissant d'un papier peint à petits motifs.

◀ Salle de bains d'inspiration mauresque : le carrelage à dominante bleue évoque subtilement une atmosphère sous-marine. Le carrelage offre maintes façons de créer des motifs, du blanc uni avec un jointoiement de même teinte aux dessins complexes à base de carreaux peints à la main.

▶ Cette cloison unie a été élégamment décorée de quelques motifs simples : pour cela, il suffit d'avoir quelques petits pots de peinture et la main sûre. Les lignes verticales ont été dessinées au fil à plomb puis peintes. Les rectangles ont été tracés au crayon, délimités avec du papier collant et peints.

LES SOLS

Dans la plupart des projets de décoration intérieure, ce sont les sols qui entament la majorité du budget. Les sols à motifs sont plus délicats à réussir que les sols unis : le débutant s'en tiendra à la solution la plus simple. Si vous tenez à avoir des motifs, prenez-en pour des raisons esthétiques et pas seulement comme cache-misère : il faut savoir que de petits motifs réguliers rendent les taches plus évidentes au lieu de les cacher. Il y a deux façons de choisir un seul motif :

● soit celui-ci couvre l'ensemble de la surface du sol ;

● soit on limite le motif à une surface particulière qui peut être au centre, dans les angles ou sur les bords.

▲ Les carreaux de pierre qui couvrent le sol et les murs de cette salle de bains attirent le regard et les guident vers de charmants éléments en mosaïque.

◀ Ces carreaux de vinyle, donnent un style rétro éclatant, parfait pour cette cuisine op-art, qui explose dans les couleurs vives et les lignes audacieuses du mobilier.

JUXTAPOSER LES MOTIFS

La vraie réussite en décoration, c'est de juxtaposer des motifs qui se complètent harmonieusement et s'intègrent dans leur cadre. Il faut du temps pour parvenir à une véritable maîtrise mais, si vous limitez votre choix à des motifs comportant le même type de couleur, vous êtes à l'abri de grossières erreurs. Par exemple, le rose printanier, le vert feuille, le jaune jonquille et le bleu bleuet sont autant de teintes fraîches et limpides ; en revanche, le brun écorce, le feu et le roux sont des couleurs d'automne. Le rose vif, l'orange et le jaune sont des teintes vives et modernes, alors que le fauve, le bleu lavande, le gris et le vert

argenté sont des nuances voilées. Il est également important que les motifs combinés soient proches. Par exemple, des rayures simples de style toile à matelas n'ont rien de commun avec des rayures classiques : ne les rapprochez pas. Il n'est pas nécessaire d'avoir des dessins identiques. Par exemple, des damiers simples ou des rayures se marient volontiers avec des tissus imprimés de motifs floraux. En changeant l'échelle du motif, on introduira une variété intéressante à condition de ne pas aller trop loin : juxtaposer de petits motifs délicats avec des dessins géants risque davantage de conduire à la catastrophe qu'à la réussite.

◄ La fidélité exclusive aux tons pastel et aux dessins linéaires aboutit à une douce harmonie dans cette pièce aux motifs variés. Le thème géométrique dominant est celui de la peinture appliquée au mur, répété sur les tableaux encadrés et affirmé par le tapis et le volume de rangement cubique.

▲ Au premier regard, seul le store portant un texte en arabe est décoré par des motifs. Mais le kaléidoscope d'ombres et de lumières projetées par la suspension ajourée joue sur le lierre rampant, les supports en volute de l'étagère en verre et ses bouteilles décoratives.

COMBINAISONS GAGNANTES

Les trois exemples ci-dessous montrent qu'on peut réunir des motifs non coordonnés à condition qu'ils fassent partie des mêmes familles de couleurs, sans entrer dans le détail des teintes précises ; il faut en outre qu'ils aient en commun des caractéristiques générales : les rayures par exemple, avec leurs couleurs passées, évoquent davantage une salle de séjour distinguée qu'un chapiteau de cirque ou un auvent en bord de mer.

Rayures
raffinées

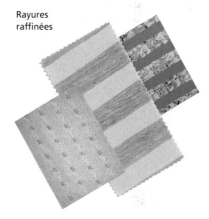

▲ Les tissus habillant ce lit en laiton ont en commun leurs riches coloris et leurs motifs floraux stylisés. Derrière la tête de lit, un précieux tapis persan en soie ; sur le lit, des coussins de style oriental viennent compléter le volume des oreillers traditionnels.

Fleurs
champêtres

◀ Cette chambre d'enfant est un véritable conte de fées, dont la décoration est dominée par des tissus d'ameublement de couleurs vives. Intéressants aussi : le petit damier jaune des draps et de l'ourlet des rideaux, ainsi que le motif mural. On a d'ailleurs reproduit sur les murs les pots de fleurs des rideaux.

Carreaux
vifs

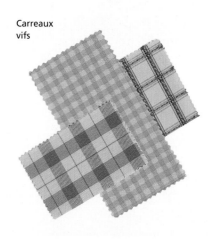

JOUER SUR LA TEXTURE

L'effet matière d'un ou deux éléments de décoration amène une perception nouvelle de l'espace à travers le toucher. Des matériaux tels que la pierre, la brique, le plâtre, le sisal ou le lin écru possèdent d'agréables défauts naturels aux effets de relief rassurants. Un plancher lisse apporte couleur et chaleur à une pièce neutre, tandis que de doux coussins en velours, un superbe jeté de lit en chenille, un tapis noueux, une jarre en terre cuite ou un bois flotté tortueux constituent autant de centres d'intérêt sur le plan de la texture.

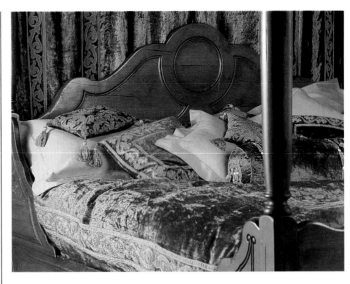

LES TISSUS

Innombrables sont les tissus au toucher intéressant : la soie, le satin, le taffetas, le jute, le feutre, le tweed… À l'achat d'un nouveau tissu, tenez compte de ceux qui sont déjà présents dans la pièce. De même que certaines couleurs cohabitent aisément, des textures différentes doivent s'apprivoiser. Ainsi, la soie livre tout son éclat avec des textures rugueuses, mais aussi des matériaux lisses tels que le bois sombre ou le chrome.

▲ Il faut toujours prévoir la façon dont différentes textures vont cohabiter. Dans la chambre ci-dessus, la tête de lit et le baldaquin en bois font ressortir l'opulence du dessus-de-lit, des coussins et des rideaux.

▲ Notre réaction aux textures n'est pas aussi immédiate qu'aux couleurs et aux motifs, mais nos sens enregistrent d'instinct le toucher et l'aspect des différentes matières – chaud ou froid, rugueux ou lisse, fine ou grossier. Dans la palette neutre ci-dessus, le tissu des fauteuils, rideaux et celui de la nappe trouvent leur équilibre avec la poterie, les sculptures, galets et cadres en bois, dans une recherche d'harmonie intéressante et chaleureuse.

▶ Le jeu des textures est particulièrement important dans une pièce monochrome. Dans la chambre blanche ci-contre, on joue subtilement sur le contraste entre la mousseline vaporeuse de la fenêtre et les draps aussi blancs que raides. Intéressantes également : la texture de la table basse en osier et celle du bouquet de plantes séchées.

LES MURS

Les murs représentent une part importante d'un intérieur : ne négligez pas leur décoration. Ils servent parfois d'arrière-plan neutre pour les effets de couleurs et de textures du reste de la pièce, mais ils peuvent également constituer l'élément moteur de l'atmosphère recherchée grâce à des rideaux, des lambris, des papiers peints ou des peintures à effet matière. On peut aussi soigner la décoration murale en posant une cimaise.

▼ L'espèce de grotte ci-dessous est en réalité un entrepôt transformé en loft ; les briques apparentes de la paroi sont mieux mises en valeur de cette façon que si on les avait recouvertes d'un enduit bien lisse. Le côté rugueux du mur contraste avec la surface bien lisse de la mezzanine.

◀ Le bois possède des qualités tactiles intrinsèques : on a envie de le toucher. Dans cette salle à manger, le jaune vif des murs met en valeur les veines du plancher et des meubles en pin.

LES SOLS

Les sols constituent une vaste surface invitant à toutes sortes d'expériences avec le bois, l'ardoise, la pierre ou le plastique. Le choix doit être guidé par les aspects aussi bien fonctionnels qu'esthétiques. Il faut réfléchir à l'utilisation et à l'agrément présenté par certaines textures. Par exemple, les tomettes offrent une bonne résistance à l'usure mais, dans une salle de bains, certains n'aiment guère avoir froid aux pieds.

▼ Dans cette salle de séjour meublée avec sobriété, il reste beaucoup de place pour la moquette aiguilletée, à laquelle le regard revient sans cesse. Pourtant, d'autres effets tactiles sont fournis par la cheminée et les jarres.

▼ Le plancher ci-dessous, rappelant celui des fermes scandinaves, constitue un sol bon marché facile d'entretien et compatible avec des meubles aussi bien anciens que contemporains. La présence du tapis ajoute chaleur et confort sous les pas, et offre aussi une variation de texture.

LES CONTRASTES DE TEXTURE

Dur ou mou, lisse ou rugueux, brillant ou mat ? Les variations de texture ont une influence sur l'atmosphère d'une pièce, surtout dans une palette de couleurs neutres pauvre en motifs ou lorsque les éléments décoratifs sont peu nombreux. Les matières naturelles telles que le bois brut, l'osier, le jonc de mer, la terre cuite, le liège ou la laine sont chaleureuses et facilitent la répartition des taches de couleur. Les surfaces dures et brillantes – verre, marbre, céramique, Inox – renvoient la lumière et rendent la pièce plus lumineuse et plus fraîche.

MURS À EFFET MATIÈRE

Les murs se prêtent à merveille aux variations de texture, du plâtre brut aux peintures lisses et satinées. Une nouvelle génération de peintures à effet matière présente des aspects métalliques, crayeux ou sablés qui mettent le mur en valeur et reflètent la lumière naturelle. Ces peintures à effet matière peuvent occuper des cloisons entières ou cohabiter sur le même mur avec des peintures traditionnelles offrant un contraste intéressant.

▲ Cette salle de séjour accueillante et sans prétention offre à foison des contrastes de matière : cuir, marbre, bois, pierre, coton et laine.

▶ Un patchwork au mur de carrés de velours couleur de pierres précieuses et les coussins de cette chambre apportent une jolie touche d'opulence.

◄ Dans cette chambre rustique, le tapis mural et le dessus-de-lit complètent les couleurs tièdes du bois, de la terre et de l'osier.

▲ La douceur de teinte d'une vasque en terre cuite répond à la collection de masques africains dans le cadre d'une palette de couleurs neutres.

▶ La robinetterie chromée, le lavabo en verre, le carrelage du mur et le miroir font de ce recoin ingrat une salle de bains fort élégante. Cette pièce sans fenêtre est éclairée par une multitude de surfaces réfléchissantes auxquelles fait pendant l'aspect mat du caillebotis.

TISSUS D'AMEUBLEMENT

● Les tissus brillants comme la soie, le taffetas et la moire réfléchissent la lumière et s'utilisent pour les coussins, les jetés et les rideaux.

● Pour des sols au toucher intéressant, on peut envisager le rêche : jute, sisal, coco et jonc de mer mais aussi certaines moquettes en corde ainsi que des pièces en laine tissée. Pour un aspect plus lisse, on a le choix entre le lino, le caoutchouc et le vinyle.

● Pour introduire les contrastes de texture par petites touches, pensez aux tapis, jetés, kilims, tapis indiens, et aux carpettes de chutes de tissu.

● Parmi les tissus à motifs, on retiendra le tartan, le brocart, le damassé, le chintz, la broderie, le canevas, la bouclette et la toile.

LES PROPORTIONS

Chaque fois que l'on envisage de refaire une pièce ou d'acheter un meuble, on réfléchit d'abord au style, à la couleur et à la taille. En fait, il ne suffit pas que le fauteuil ou le bahut en question répondent aux critères fixés : leurs proportions doivent en outre être en harmonie avec les objets voisins et avec la pièce proprement dite.

En matière de décoration intérieure, la question des proportions relève autant du bon sens que des règles mathématiques (voir encadré page ci-contre) ; dans une certaine mesure, chaque style a ses propres critères. Les pièces de réception du XIXᵉ siècle sont plus hautes de plafond que celles des immeubles modernes : les premières acceptent donc des meubles imposants qui jureraient dans une villa moderne de dimensions plus modestes.

◀ Les propriétaires de la superbe salle de séjour ci-contre n'ont pas choisi les meubles qui auraient été pressentis : ils ont opté pour une atmosphère orientale et franchement détendue. Le ton est donné avec les lits de repos posés à même le sol, accentuant l'impression de hauteur de la pièce ; ils ont accroché au mur des tableaux énormes, en leur laissant toute la place qu'ils exigeaient. Les murs rouges accentuent l'ambiance exotique et créent un cadre plus intime que ne l'auraient fait des murs blancs ou bleu pâle.

◀ Ce vaste lit moderne est aux dimensions de cet intérieur contemporain haut de plafond. Les appliques murales surélevées tendent à réduire l'impression exagérée de hauteur de la pièce.

▲ Les grands sièges se logent volontiers dans de petits volumes. Une vaste banquette-lit occupe tout le fond de la pièce. Le fauteuil d'enfant et son tabouret contribuent à faire illusion sur les véritables dimensions du volume.

▼ Pour faire place à ce vaste lit richement orné, on a simplement peint de couleurs vives une pièce de dimensions modestes, tout en laissant le plancher dans sa couleur naturelle.

TRUCS ET ASTUCES

● N'éparpillez jamais dans une pièce haute ou vaste de petits meubles grêles, ils n'auront pas l'air à leur place.

● Les meubles de rangement de forte taille (armoire, étagères, penderie, etc.) gagnent à occuper un mur entier ; n'hésitez pas à les peindre de la même couleur que les murs, sauf s'il s'agit d'antiquités de valeur.

● Les meubles bas donnent de la hauteur à une pièce trop basse.

● Pour donner du volume à une petite pièce basse, prévoyez des rideaux allant du plafond au sol et occupant tout le mur au lieu d'encadrer seulement la fenêtre.

● Les pièces hautes de plafond exigent la présence d'un ou deux meubles de hauteur suffisante.

L'ÉCLAIRAGE

Quel que soit le temps passé ou l'argent dépensé pour décorer votre intérieur, l'échec est assuré si l'éclairage est bâclé. Quand on refait une pièce, l'étude de l'éclairage doit constituer la priorité numéro un. D'abord, étudiez le volume sous différents angles à chaque heure du jour. La pièce la mieux éclairée aura toujours besoin d'un petit supplément les mauvais jours. Demandez-vous à quoi vous servira cette pièce et à quelle heure ; choisissez les éléments décoratifs ou les meubles que vous souhaitez mettre le plus en valeur. Demandez-vous également de quelle façon la lumière affecte les proportions de la pièce et la perception que l'on a de ses volumes. Une pièce haute de plafond semblera plus intime et moins intimidante si la lumière est dirigée vers le bas ; une pièce basse gagnera en revanche à ce que les lumières soient dirigées vers le haut. Placez des bougies devant les miroirs, cela créera de la profondeur.

▲ Quelques simples veilleuses sur un lit de pierre ponce constituent un dispositif d'éclairage original, mis à profit par les deux jarres en terre cuite.

▶ La lumière directe du soleil doit être maîtrisée. Ici, les rideaux presque opaques descendent jusqu'au sol : ils filtrent les rayons du soleil sans plonger la pièce dans l'obscurité. Des stores vénitiens, disponibles dans toutes sortes de matières et de couleurs, auraient eu leur place dans cet intérieur moderne : ils permettent de régler la lumière, et projettent des rayures du plus heureux effet. Remarquer les deux lampadaires à halogène pour la nuit et, au plafond, une vaste claire-voie vitrée.

▲ La lumière du jour est un élément décoratif de première importance. Dans ce loft haut de plafond, les ombres portées sur les murs blancs sont pleines de charme.

► Dans cette salle de bains moderne sans éclairage naturel, des spots encastrés dans le faux plafond fournissent la quantité de lumière nécessaire sans imposer une ambiance froide. Le verre, le métal et l'émail augmentent la luminosité en réfléchissant la lumière. Tout éclairage de salle de bains doit être à l'épreuve de la condensation, et doit impérativement être manipulé grâce à un cordon ; s'il y a un variateur, il doit être à l'extérieur de la pièce.

LA LUMIÈRE DU JOUR

La lumière du soleil change au fil des heures et des saisons. Le trajet de l'astre solaire affecte l'ambiance et la couleur des pièces, et doit être pris en compte quand on s'occupe de décoration. Autant que possible, il faut attribuer à chaque pièce un rôle correspondant à la lumière qu'elle reçoit à chaque heure du jour. Dans les pièces privées d'éclairage naturel, on peut envisager de percer une claire-voie ou une fenêtre ; on y installera de préférence des matériaux réfléchissants, par exemple des étagères en verre ou en Plexiglas, on multipliera les miroirs et les objets en chrome ou en bois clair, on optera pour des peintures à l'huile brillantes : tout cela contribuera à éclairer la pièce.

▲ La fenêtre voûtée en anse de panier est typique des salles de séjour au premier étage des maisons bruxelloises. L'ambiance lumineuse et aérée est renforcée par la couleur des peintures, le plancher en bois et le vaste miroir au-dessus de la cheminée. La présence de volets extérieurs dispense de rideaux à l'intérieur. L'éclairage provient des luminaires Art déco.

◄ Ce vaste grenier tout blanc est d'une fraîcheur dynamisante car inondé de soleil pratiquement du matin au soir. Dans une pièce moins bien exposée, on optera pour des murs vieux rose ou jaune pâle.

L'ÉCLAIRAGE ARTIFICIEL

Rares sont les pièces que l'on peut se contenter d'éclairer avec une ampoule suspendue au plafond ; ce type d'éclairage est d'ailleurs aussi peu flatteur pour la pièce que pour ses occupants. L'idéal est de jouer sur les trois principaux types d'éclairage. L'éclairage d'ambiance est assuré par des suspensions ou des luminaires dirigés vers le haut ou le bas. L'éclairage des plans de travail est confié à des lampes de bureau ou à des spots à halogène qui concentrent la lumière sur telle ou telle activité ; cet éclairage peut être réglable et permet d'orienter la lumière. L'éclairage dirigé met en relief les éléments les plus intéressants, par exemple les tableaux. Il est assuré par des spots, des néons ou des réflecteurs spécialisés.

◄ Dans cette entrée dépouillée, des réflecteurs orientés vers le bas tiennent lieu de motif et de variation de couleurs. Des spots cachés éclairent vivement les premières marches de l'escalier, ce qui est un impératif sur le plan de la sécurité.

▲ Dans cette entrée à l'ancienne, l'abat-jour rouge de la lampe de table traditionnelle adoucit l'éclairage de l'escalier et des poutres, tandis qu'une applique met en valeur les assiettes présentées sur les étagères.

AMPOULES

● Les ampoules au tungstène donnent une douce lumière jaune, qui fait ressortir les couleurs.

● Les ampoules fluorescentes durent longtemps et chauffent peu, mais leur dure lumière bleue, peu flatteuse pour le teint, est fatigante pour l'œil.

● Les ampoules halogènes sont nettement plus petites et émettent une vive lumière blanche sans tonalité particulière.

LE MOBILIER

Un meuble doit être agréable à regarder et à utiliser, qu'il soit antique ou moderne, hérité d'ancêtres augustes ou déniché dans une brocante. Avant de refaire une pièce, il faut faire le bilan des meubles dont on dispose ou que l'on envisage d'acquérir et voir comment leur silhouette, leur style et leur valeur historique ou sentimentale s'intègrent dans le cadre. Une jolie coiffeuse Art déco peut être le point de départ d'une chambre à coucher d'époque, ou un jeu de chaises 1950 l'inspiration pour créer une cuisine rétro. Évaluez la taille de vos meubles par rapport à celle de la pièce : entre deux fauteuils, entre deux chaises même, les différences d'échelle peuvent être considérables. Enfin, n'oubliez pas qu'il suffit parfois de changer les meubles de place pour redonner vie à une pièce.

▲ Choisissez des meubles en harmonie avec le rôle principal de la pièce. Il suffit d'un grand sofa à trois places, chargé de coussins moelleux, devant une ottomane à roulettes pour donner une sensation de confort et de détente.

◀ Le canapé, les fauteuils et l'ottomane ont été tapissés de tissus neutres et reposants, en harmonie avec le reste de cette salle de séjour.

▶ Dispersez tables et chaises en groupes ordonnés dans différents coins de la pièce au lieu de les agglutiner au milieu : cela rendra la pièce - surtout si elle est très haute de plafond - plus intime et moins imposante. Ici, deux élégantes chaises de salle à manger de style Gustave III contribuent à mettre en valeur la haute fenêtre.

▶ Les meubles anciens ont un charme indémodable, contrairement à beaucoup de pièces contemporaines. Ici, un ciel de lit à quatre quenouilles orné d'un dais donne une touche d'élégance à cette chambre à coucher XVIIIe.

TRUCS ET ASTUCES

● Déplacer les meubles de temps en temps suffit à donner un souffle nouveau à une pièce. Cela peut se faire aux changements de saison, les sièges étant par exemple autour de la cheminée en hiver et face aux fenêtres en été.

● Achetez le meilleur lit que vous trouverez, sans oublier qu'il doit normalement mesurer 15 cm de plus que la personne la plus grande susceptible d'y dormir. Le matelas doit être ferme, et sa housse en tissu naturel. N'omettez jamais de vous coucher sur un lit pour l'essayer avant de l'acheter.

● Vérifiez que la table de la salle à manger peut – éventuellement avec ses rallonges – asseoir un nombre de convives suffisant.

● Quand vous achetez un meuble, munissez-vous sans faute d'un plan coté de la pièce et vérifiez que les voies d'accès permettront de l'introduire.

● Il faut laisser des passages autour de chaque meuble afin de ne pas entraver le passage.

LE DÉTAIL QUI CHANGE TOUT

C'est souvent un détail qui donne vie, chaleur et unité à la décoration d'une pièce ; donc, au moment de préciser votre projet, réfléchissez à la façon dont vous allez intégrer vos meubles préférés et quelques détails originaux. Tel vase hérité d'une aïeule et un ou deux coussins bien choisis réussiront peut-être à créer ce lien visuel entre vos murs, vos meubles et vos tissus d'ameublement. Repérez les couleurs d'un tableau et voyez comment les reprendre ailleurs : simple tache de couleur sur tel coussin ou tel tapis, ou en surface plus importante sur les murs ou le sol. Certains détails d'architecture, comme une cheminée ornée d'un dessin complexe en mosaïque ou une corniche sculptée, peuvent constituer le point de départ de la décoration de toute une pièce.

▲ Dans cette chambre typiquement asiatique, le vase couleur d'ambre fait chanter les doux tons de la tête de lit en bois et de la table de chevet ronde, équipée d'une lampe de lecture intégrée.

▼ Pourquoi des iris ? À cause de l'audacieux pourpre du sofa ; les tableaux ont été soigneusement choisis pour faire écho aux autres couleurs de la pièce tout en soulignant la symétrie. Remarquez comme la silhouette des vases en verre aide à définir la forme sculpturale du divan.

▶ Calme et dépouillé, cet intérieur se contente d'un fagot de brindilles pour donner une impression d'espace et de liberté. Couleurs et textures se retrouvent dans le plancher, la table en bois et les fauteuils en osier.

▶ La décoration de cette pièce repose entièrement sur le petit oiseau jaune du tableau en haut à gauche, tableau dont le bleu électrique se retrouve sur le sofa de style Régence. Quant à l'or de l'oiseau, on le retrouve dans les coussins et les rideaux de la fenêtre.

▲ Le cadre de la table en bois a été peint à la main : les motifs au pochoir constituent le point de départ de l'ensemble de la décoration de la pièce. Assorti aux teintes blanches et vert d'eau que l'on retrouve ailleurs, le motif répétitif du poisson et la disposition faussement négligée des galets et des coquillages évoquent une ambiance résolument maritime. Les deux grands tableaux accrochés au mur n'ont pas été superposés par hasard : côte à côte, ils auraient l'air petits. Remarquer combien un simple saladier d'oranges ajoute une heureuse touche de couleur vive.

TRUCS ET ASTUCES

Face à un défi inédit, le décorateur amateur doit éviter deux attitudes : d'une part la politique de l'autruche, d'autre part les travaux inutiles et coûteux. Souvent, un coup de pinceau, une utilisation différente ou tout bonnement un nouveau regard suffisent à transformer un recoin perdu et ingrat en détail élégant qui embellit votre intérieur.

LA MOSAÏQUE

La mosaïque constitue une des formes les plus anciennes de décoration, appréciée pour ses couleurs, ses motifs et sa texture sur les murs, les sols, les meubles et les surfaces de travail. De nos jours, les dessins les plus complexes sont vendus collés sur des feuilles de papier ou sur du tissu lâche, ce qui en facilite la pose ; on trouve aussi des carreaux en vrac permettant de créer ses propres motifs et de choisir ses couleurs pour obtenir toutes sortes d'effets et de dessins abstraits.

La mosaïque coûte cher, surtout sur des surfaces importantes ; elle s'avère rentable dans de petites pièces comme les salles de bains, ou pour les finitions d'un détail d'architecture ou d'un meuble sans relief, par exemple une table (voir pages 162 à 163). Si vous êtes attiré par la mosaïque, récupérez des morceaux de faïence ou de porcelaine cassés : vous pourrez créer des effets surprenants de motifs sur motifs ; toutefois, cette solution ne convient ni aux sols ni aux surfaces de travail.

◀ Intégrez votre cheminée traditionnelle dans un style plus moderne en la peignant de la couleur des murs (ne peignez le foyer que si le conduit est obturé). La mosaïque parfait la finition.

▼ Ce charmant sol en mosaïque agrandit une salle de bains pourtant exiguë ; les murs de couleur claire contribuent aussi à cet effet.

▲ Si la vue extérieure manque de charme, suspendez un store ou un rideau translucide qui protégera votre intimité et laissera passer la lumière.

Trois panneaux de mousseline blanche dont celui du centre est décoré de capitules rouges : voilà un effet inattendu.

SOUS L'ESCALIER

Que votre escalier occupe l'entrée ou une pièce du rez-de-chaussée, il prend une place dont il est difficile de tirer profit. Le manque de lumière et de hauteur font du volume inférieur une sorte de grotte où l'on a tendance à oublier les objets trop encombrants pour être rangés ailleurs.

Afin de rentabiliser au mieux cet espace, organisez la pièce en fonction de cette ressource : par exemple, installez-y des sièges, une table, une surface de travail ; ou confectionnez des rangements sur mesure, dont on puisse voir et atteindre le contenu sans fourrager dans de tortueux nids à poussière.

Le système le plus simple et le plus pratique comportera une rangée de crochets parallèle au sol ou à l'escalier, où vous suspendrez vos vestes et manteaux. Vous pourrez aussi y accrocher de jolis sacs : dans ceux-ci, placez les objets gagnant à être cachés. Pour les affaires plus encombrantes, prévoyez un vaste coffre en bois, en métal ou en osier qui meublera joliment cet espace. D'autre part, un placard sur mesure comportant des étagères de différentes hauteurs sera certainement très utile pour abriter les autres articles de la vie quotidienne, comme des chaussures.

▲ Dans cette vaste salle de séjour, un coin sous l'escalier accueille avec bonheur la petite table de salle à manger en verre, dont les trois pieds sont presque invisibles. Le spot encastré dans le plafond illumine de façon flatteuse couverts et plats.

▶ Ingénieuses, les étagères sur mesure coulissant sous l'escalier ! Voici un grand espace de rangement pour les chaussures, draps et autres articles domestiques. Des trous circulaires remplacent les poignées habituelles.

SOLUTIONS DE RANGEMENT

Pensez aux possibilités de rangement dans vos recoins inutilisés.

● Dans un couloir ou au fond d'une pièce, installez une étagère à hauteur de cimaise où vous placerez archives, correspondances… Cachez ces éléments peu décoratifs dans des boîtes, des paniers ou des classeurs.

● Dans une minuscule salle de bains, installez une étagère haute occupant tout un mur pour les articles de toilette et médicaments ; glissez un petit tabouret sous le lavabo pour un accès plus facile à l'étagère.

● Besoin d'un lit neuf ? Choisissez un lit-bateau ou montez le matelas sur un plateau à charnières donnant accès au volume sous le sommier.

● Posez des étagères supplémentaires dans vos placards de cuisine pour utiliser le volume perdu au-dessus de vos brocs, cruches et bocaux divers.

PLACE PERDUE

Si vous n'avez pas d'espace perdu à aménager en rangement, il vous faut mordre sur le volume utile. En vous y prenant bien, cela ne se verra (presque) pas ; et le volume de rangement obtenu cachera peut-être tous les objets que vous voulez garder sans savoir où les mettre.

Voici un exemple spectaculaire de cette méthode : couvrez un mur entier de rangements sur mesure (étagères, glissières, crochets, casiers, paniers, etc.), du sol au plafond. Ce volume spacieux peut se dissimuler derrière de vastes portes (ouvrantes ou coulissantes),

un simple store, un rideau en calicot, en drap ou en toile. Ce type de rangement s'adapte aisément à tous les styles et permettra à celui qui ne jette jamais rien de vivre toutefois dans un espace ordonné !

À plus petite échelle, on peut envisager d'encadrer une porte de profondes étagères sur lesquelles ranger vaisselle et produits d'épicerie dans la cuisine, jeux et jouets dans une chambre d'enfant ou une partie de la bibliothèque dans la salle de séjour.

◀ Cette étagère à bordure d'encadrement et plinthe surélevée comporte une imitation originale de clef de voûte qui s'intègre dans la structure traditionnelle de la pièce.

▲ Un mur de cette cuisine a été consacré au rangement ; les élégantes portes coulissantes ne prennent pas de place et l'éclairage intérieur permet de voir tout le contenu d'un coup d'œil.

ÉTAGÈRES FUTÉES

Inutile de vous ruiner en meubles coûteux si vous conservez de frêles étagères pliant sous le poids des livres : cela gâche tout !

● Assurez-vous que toutes vos étagères (particulièrement celles chargées de livres) sont montées sur des équerres solides et en nombre suffisant. Pour la pose de tous les types d'étagères, reportez-vous aux pages 166 à 175.

● Recyclez les grosses pièces de bois et planches de récupération – traverses de chemin de fer par exemple : elles font de magnifiques étagères. Ajoutez une bande décorative sur la tranche de chaque étagère afin d'améliorer le coup d'œil (voir les étagères ci-contre à gauche).

ASTUCES DE CAMOUFLAGE

Un des talents de l'architecte
d'intérieur, c'est de cacher de
façon élégante les détails peu
décoratifs quoique indispensables.
Apprenez à vous servir des
cloisons en accordéon, des
tableaux en trompe-l'œil, des
panneaux de tissu, des stores
et rideaux, des meubles placés
au bon endroit et des travaux
de menuiserie sur mesure
afin d'utiliser au mieux
le volume et les ressources dont
vous disposez. Attention : veillez
à conserver l'accès aux réseaux
de plomberie et d'électricité.

▶ Un studio
d'un seul tenant
évite d'encombrer
le volume avec
des cloisons inutiles,
mais il faut ne rien
avoir à cacher.
Ici, une cloison
de contreplaqué
en forme de demi-
cercle sert à
isoler deux
zones d'activité
principales : côté
cuisine, on peut
désormais entasser
la vaisselle sale
sur un vaste
plan de travail
sans horrifier
les invités
confortablement
installés côté
séjour.

◀ Si vos radiateurs
gagnent à être
cachés, faites-les
disparaître. À
gauche, un appareil
de chauffage peu
esthétique est
dissimulé derrière
un panneau dans
lequel on a pratiqué
quelques découpes
pour laisser circuler
l'air.

▲ Les placards
encastrés constituent
une excellente
solution de
rangement ; le risque,
dans cette chambre
minuscule, était qu'ils
n'écrasent le reste de
la pièce. Pour les
rendre quasiment
invisibles, on les a
couverts du même
papier peint que
les murs, munis de
poignées discrètes et
décorés de peintures
florales juxtaposées.

LA PRATIQUE DE LA DÉCORATION

ENFIN VOUS SAVEZ quel résultat vous désirez obtenir ! Vous avez les idées claires quant au jeu des textures et des couleurs : à présent, il faut concrétiser votre projet. Ce troisième chapitre va vous guider pièce par pièce, que vous transformiez votre logis de la cave au grenier ou que vous vous contentiez de quelques retouches de décoration. Des photographies choisies – dont certaines prises avant et après les travaux – et des plans à l'échelle montrent ce qui peut être réalisé, souvent avec un minimum de temps, d'efforts et de moyens. Des encadrés fort utiles développent de manière simple les solutions éprouvées aux problèmes les plus courants. Sécurité, ergonomie, choix des bons sols, des bons meubles et des bons papiers peints : vous apprendrez en outre comment améliorer l'éclairage et les méthodes de rangement, même dans la cuisine et dans la salle de bains. À l'aide de ces conseils judicieux, vous pourrez même installer une pièce de rangement et un bureau chez vous : quelle amélioration de votre qualité de vie !

TRACER LE PLAN D'UNE PIÈCE

Avant de vous fixer sur une solution définitive, vous essaierez probablement plusieurs dispositions de meubles ; pour éviter achats inutiles et déménagements intempestifs, prenez le temps de faire un plan de la pièce pour envisager toutes les possibilités et éliminer d'emblée celles qui sont inexploitables.

Pour ce faire, tracez un plan coté de la pièce sur une grande feuille de papier millimétré ; vous y porterez non seulement toutes les mesures utiles, y compris celles des meubles encastrés, des radiateurs, des cheminées, mais aussi les prises électriques et téléphoniques, les tuyaux de plomberie si nécessaire et la place à laisser aux portes et fenêtres ouvrant sur la pièce.

PLACER LES MEUBLES

Une fois que vous aurez tracé un plan simple de la pièce à aménager, découpez dans du papier millimétré un plan de chaque meuble à la même échelle que vous pourrez déplacer à votre guise, et essayez différents emplacements jusqu'à trouver une disposition d'ensemble qui vous plaise vraiment.

◄ N'encombrez pas votre plan de détails inutiles, mais mesurez les saillies et les renfoncements si vous comptez y encastrer des meubles. Afin de constater l'encombrement des meubles que vous voulez installer, tracez les différentes diagonales par rapport au point le plus éloigné de la pièce.

▲ Sur les plans en élévation, portez les éléments fixes et notez toutes les mensurations (hauteur et largeur) importantes : radiateurs, ouvertures…

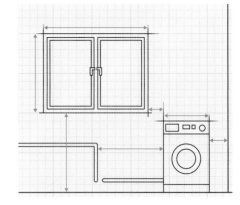

▲ Les éléments complexes tels que les arrivées d'eau, les évacuations et les appareils domestiques doivent être localisés de façon précise par rapport à la plomberie et aux ouvertures.

◀ L'erreur coûte cher. Dans cette cuisine mal conçue, la cuisinière chauffe le réfrigérateur et les tiroirs empêchent l'ouverture du four. Quant aux ustensiles de cuisine, ils sont dangereusement suspendus au-dessus des feux.

ÉTUDE DES VOLUMES

▲ Une réflexion poussée permet d'utiliser le moindre recoin. Pour libérer la salle de bains familiale, installez des toilettes d'appoint sous l'escalier. La cuvette des W.-C. n'a pas besoin d'une grande hauteur sous plafond, un simple lave-mains prend moins de place qu'un lavabo.

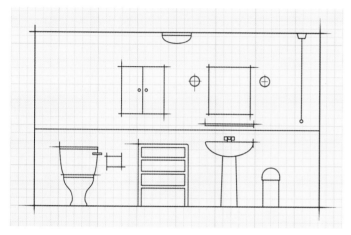

▲ Dans un espace très utilisé comme la salle de bains, un plan en élévation facilitera la localisation de tout ce qui est accroché au mur (armoire, porte-serviettes) par rapport aux éléments fixes comme la cuvette des toilettes et le lavabo (voir page 101).

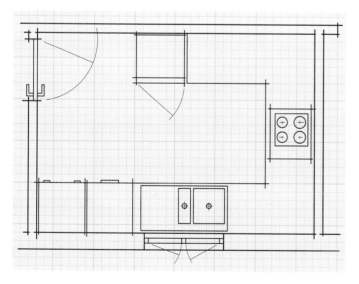

▲ Le plan doit comporter les éléments meublants et les appareils ménagers les plus importants. Ci-dessus, une cuisine ergonomique : le triangle de travail entre le réfrigérateur, la cuisinière et l'évier mesure moins de 4 m. L'ouverture des portes et fenêtres a été reportée (voir page 77).

▲ La porte pliante permet d'utiliser tout le volume de rangement à côté du lave-mains ; les panneaux en verre cathédrale translucides garantissent l'intimité tout en laissant passer un peu de lumière.

Les plans de cuisines

Liste à vérifier

● Quelle est la taille de votre cuisine ? Est-elle un espace à vivre ou seulement un endroit où cuisiner ? Combien de temps y passez-vous ?

● Combien de personnes feront en même temps les repas et la vaisselle, serviront et desserviront ?

● Avez-vous des enfants ? Avez-vous besoin d'une chaise haute ?

● Pouvez-vous mettre ailleurs votre machine à laver, votre congélateur ?

● Avez-vous vraiment besoin d'un lave-vaisselle ? Avez-vous la place de tout ranger sans contorsions particulières ?

● L'éclairage est-il suffisant ? Vos plans de travail sont-ils bien éclairés ?

● Aimez-vous regarder à l'extérieur en faisant la cuisine ou la vaisselle ?

● Avez-vous besoin d'un évier simple ou double ? Avez-vous la place d'empiler et d'égoutter la vaisselle ?

● Les réseaux de plomberie et d'électricité sont-ils suffisants et à la bonne place ?

● Avez-vous assez de rangements ? Y a-t-il des coins perdus inutilisés ? Vos tiroirs sont-ils accessibles ?

● Recevez-vous beaucoup ? Aimez-vous avoir vos invités à côté de vous pendant que vous cuisinez ?

La cuisine est sans doute la pièce la plus importante de la maison : que vous ayez un simple coin cuisine ou une vaste pièce faisant office de salle à manger, il faut que votre cuisine soit bien agencée pour que vous profitiez au mieux de votre logis. D'abord, comment vivez-vous ? Quel genre de cuisine vous faut-il ? En fonction du volume disponible, choisissez les meubles, les rangements et l'équipement ménager qui conviendront le mieux. Modifiez si besoin la plomberie, l'éclairage, l'aération et le réseau électrique. Avec un peu de soin, vous en ferez un endroit fonctionnel, agréable et sûr.

UNE PETITE CUISINE À L'AMÉRICAINE
Aménagée dans un coin donnant sur un salon/salle à manger, cette cuisine ouverte très fonctionnelle s'intègre bien au reste de la pièce. Le meuble de rangement central sur roulettes est muni de portes des deux côtés et d'un plan de travail sur le dessus. On peut l'utiliser pour préparer et servir les repas. Il sépare la zone de travail sans isoler le cuisinier. La différence de sols sert également à marquer la différence de fonctions. On appréciera la présence de rangements ouverts et fermés : tiroirs, placards, étagères. Les armoires murales sur mesure exploitent le volume disponible à différentes hauteurs. Le réfrigérateur, l'évier et la cuisinière sont bien disposés les uns par rapport aux autres, et les prises de courant ne manquent pas.

ORGANISER SA CUISINE

En traçant le plan de votre cuisine, respectez deux
principes importants : le triangle de travail dont les
sommets sont l'évier, la cuisinière et le réfrigérateur
doit être dégagé et mesurer moins de quatre mètres ;
ensuite, il faut garantir la continuité des opérations d'un
repas : ranger, préparer, cuire, laver, servir, sortir.
Prévoyez les rangements, surfaces de travail et appareils
ménagers en conséquence. Il y a de nombreuses façons
de gagner de la place : pensez par exemple à placer votre
évier dans un angle, c'est une solution intéressante
surtout si vous ne disposez que d'un espace restreint.

◀ ▼ Pour
moderniser cette
cuisine, on a
conservé les placards
en leur donnant un
coup de peinture
et de nouvelles
poignées. On a
dégagé du volume
en remplaçant une
armoire murale par
une simple grille, et
on a éclairé la pièce
grâce à l'étagère, à
la surface de travail
et à la protection
murale en verre.

UN PLAN DE CUISINE

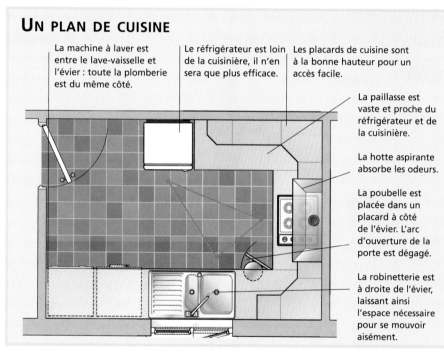

La machine à laver est
entre le lave-vaisselle et
l'évier : toute la plomberie
est du même côté.

Le réfrigérateur est loin
de la cuisinière, il n'en
sera que plus efficace.

Les placards de cuisine sont
à la bonne hauteur pour un
accès facile.

La paillasse est
vaste et proche du
réfrigérateur et de
la cuisinière.

La hotte aspirante
absorbe les odeurs.

La poubelle est
placée dans un
placard à côté
de l'évier. L'arc
d'ouverture de la
porte est dégagé.

La robinetterie est
à droite de l'évier,
laissant ainsi
l'espace nécessaire
pour se mouvoir
aisément.

PLANS DE CUISINES

Pour optimiser
l'ergonomie de votre
cuisine, réfléchissez à
ce que vous y ferez et
à l'ordre dans lequel
vous le ferez.

Suspendez vos armoires
murales à la bonne hauteur.

**Cuisine
en long**
Tous les
appareils sont
le long du
même mur ;
vérifiez l'ordre
des opérations
citées plus
haut.

**Cuisine
en large**
Si vous avez
la place de
mettre des
appareils le
long de deux
murs, vérifiez
la règle du
triangle.

Cuisine en L
Le triangle est
sauf. Cette
solution peut
jouxter une
salle à manger
placée de
l'autre côté
d'une branche
du L.

Cuisine en U
Le triangle est
équilatéral,
l'ergonomie
est optimale.

**Cuisine
centrale**
Cette solution
convient aux
pièces de très
grande taille,
qui peuvent
également
servir au
rangement
et comme salle
à manger.

Les styles de cuisines

REVÊTEMENT DES SURFACES DE TRAVAIL

Choisissez le revêtement qui vous convient en termes de longévité et d'entretien.

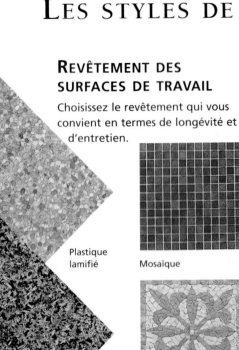

Plastique lamifié

Mosaïque

Granit

Mosaïque à motifs

Imitation pierre

Carrelage octogonal

Marbre

Carrelage à motifs

Bois

Carrelage artistique

Une fois déterminés vos besoins et l'emplacement des principaux meubles et équipements, envisagez la question du style et décidez les détails. Déjà, vous avez votre cuisine en tête, vous entrevoyez un style ; par exemple, si votre cuisine est de petite taille, vous choisirez des couleurs claires qui agrandissent la pièce ou un style moderne et sobre, bourré de gadgets high-tech qui vous permettront de gagner de la place. Posez-vous toujours la question de savoir qui s'en servira, même quand vous étudiez l'esthétique. L'ergonomie doit rester votre priorité : pour un confort maximum, calculez soigneusement la hauteur des surfaces de travail, celle de l'évier, de la cuisinière, du four, des éléments de rangement et du lave-vaisselle.

▲ Cette immense cuisine/salle à manger cherche à rappeler l'Amérique des années 1950, avec son « bar » central à évier intégré, les tabourets drapés de tissu rayé, l'abat-jour de la suspension, les vastes surfaces en bois et les accessoires kitsch. Le second bloc au milieu de la pièce dispose d'une superbe surface de travail au-dessus de plusieurs tiroirs de rangement.

▶ Cette cuisine ouverte, située au sous-sol, reçoit fort peu de lumière naturelle. On a donc souligné l'imposant volume peu encombré avec de grandes surfaces en Inox lumineux. La fraîcheur du bleu agrandit encore le volume. Au plafond, des spots encastrés assurent l'éclairage de l'ensemble.

◀ Cette élégante cuisine-salle à manger moderne a l'air spacieux grâce à ses murs vivement éclairés et au bleu de ses placards. Lumière et légèreté avec le bois naturel de la table à roulettes, les portes en verre des placards, les chaises modernes en acier et le four de traiteur.

▲ Dans cette cuisine campagnarde au charme rétro, le contraste du vert et du jaune donne un décor chaleureux renforcé par le tissu vichy, l'évier traditionnel, l'égouttoir et la paillasse en bois naturel, la cuisinière bleu et blanc sans prétention.

LES RANGEMENTS

Une cuisine fonctionnelle doit avoir suffisamment de rangements d'accès facile. Pour une plus grande souplesse d'utilisation, vous pouvez opter pour une combinaison de meubles encastrés ou sur pied, certains ouverts et d'autres fermés. Les meubles sur roulettes – par exemple la planche à découper de boucher – sont toujours utiles, voire indispensables. Demandez-vous ce que vous pouvez entreposer et ce que vous devez garder à portée de main. Il n'y a pas que l'épicerie et les ustensiles de cuisine : n'oubliez pas l'appareillage électroménager, les produits d'entretien et autre encombrante table à repasser.

Si vous ne désirez pas modifier les rangements de votre cuisine mais que vous voulez en changer l'atmosphère, il vous suffira de repeindre les anciennes portes et d'en changer les poignées. Vous pouvez aussi vous décider pour de nouvelles portes, surtout si vous désirez cacher aux regards un élément encombrant comme un lave-vaisselle ou une machine à laver.

◄ Le cuisinier surmené apprécie toujours les rangements ouverts. Ici, cette élégante table centrale possède à la fois une surface de travail intéressante et des rangements importants à proximité immédiate de la hotte intégrale.

▲ Cet étroit placard à porte coulissante va du sol au plafond ; d'une capacité importante, il abrite tout un attirail qu'il vaut mieux ranger. Les étagères supérieures permettent d'entreposer des objets dont on ne se sert pas quotidiennement.

SOLUTIONS

● Choisissez des placards équipés de plateaux, casiers et tiroirs coulissants ; certains ont des plateaux tournants pour mieux utiliser les coins. Les portes à claire-voie améliorent l'aération, ce qui est intéressant pour l'épicerie.

● Équipez-vous de nombreux placards et étagères de différentes hauteurs pour ranger des objets de tailles différentes.

● Des étagères étroites permettant de placer des objets sur une seule rangée occupent utilement les pans de mur vides.

● Le bon vieux casier est une solution éprouvée pour ranger les assiettes au-dessus de l'évier.

● Des éléments fixes au centre de la cuisine peuvent servir à la fois de rangement et de surface de travail.

● Un escabeau mural permet de ranger de grands plats dans un espace autrement perdu.

● Accrochez vos casseroles et ustensiles d'usage fréquent à des crocs de boucher circulant sur une tringle en acier ou en bois.

▲ Au placard d'accès difficile, préférez de grands tiroirs équipés d'éléments de séparation pour faciliter le rangement. Installez-les à proximité de l'évier et du lave-vaisselle. Des tiroirs plus profonds serviront à ranger les objets plus encombrants : casseroles, grands plats et électroménager.

◀ Dans cette grande cuisine familiale, le vaisselier traditionnel en pin et les étagères ouvertes occupant tout le fond de la pièce permettent d'exposer des faïences décoratives, tandis que le reste est enfermé dans des meubles encastrés.

MURS ET SOLS

Un choix approprié des murs et sols d'une cuisine suffit souvent à en modifier complètement l'aspect, mais l'esthétique ne doit jamais céder le pas au fonctionnel. Toutes les surfaces d'une cuisine doivent être faciles à nettoyer, résistantes et insensibles à l'eau, à la vapeur et à la graisse. Pour le sol, votre choix sera guidé par le climat et les personnes vivant chez vous. L'ardoise, la pierre, la mosaïque et le carrelage sont inusables, mais froids sauf en cas de chauffage par le sol.

Si vous avez des enfants, vous préférerez peut-être quelque chose de moins dur, comme le lino ou les dalles de vinyle. Le bois vitrifié est joli et résistant, mais prenez garde à l'étanchéité : si elle n'est pas parfaite, vous risquez des infiltrations bien ennuyeuses.

Pour les murs, choisissez des peintures et papiers peints lavables ou, si vous souhaitez renforcer l'isolation, n'hésitez pas à opter pour le liège, le carrelage, le bois ou le vinyle.

◀ Les murs couleur de lavande font un heureux contrepoint à l'aspect industriel de l'Inox. Dans les pièces peu éclairées, on gagne à utiliser des matériaux réfléchissants comme le verre, le zinc et le chrome.

▲ Si vous avez déjà choisi vos meubles et vos installations, qu'ils vous servent de point de départ pour l'ensemble de la décoration de la pièce. Ci-dessus, le bleu intense des murs contraste avec le jaune vif des éléments de style rétro. Le sol clair fait vivement ressortir la table et les chaises.

▼ Dans cette cuisine à l'américaine bien organisée, on a choisi des couleurs neutres pour le sol et les murs. Malgré l'abondance de l'éclairage naturel, les couleurs claires améliorent l'impression d'espace.

▼▼ Le changement de sol aide à délimiter les volumes respectifs de la cuisine et de la salle à manger ; la haute desserte sans fond sert de rangement et de passe-plats : elle sépare la cuisine sans l'isoler.

TRUCS ET ASTUCES

● Dans la cuisine, attention à l'aération ! Même si vous avez une grande fenêtre, prévoyez une hotte à aspiration forcée pour évacuer les odeurs de cuisson.

● Pour coller le papier peint, préférez une colle fongicide.

● Les radiateurs classiques prennent de la place : pourquoi ne pas installer un chauffage par le sol, les murs ou le plafond ?

LES SALLES À MANGER

DÉCORATION DE LA TABLE

Choisissez vaisselle, verrerie et couverts en fonction de chaque occasion. Assortissez-les avec une nappe, des sets de table et des serviettes de couleurs complémentaires.

Couvert traditionnel plaqué argent

Couvert acier à manche bleu

Couvert acier à manche beige

Verre à vin en cristal

Verre à thé turc

Verre à vin en verre coloré

Service de table uni à liseré décoratif

Service de table à fleurs

Pour faire le plan de votre salle à manger, voyez comment utiliser au mieux le volume disponible. Comptez-vous y prendre chaque jour les repas en famille, ou la réserver à des dîners plus formels ? Avez-vous la place de rallonger la table quand vous recevez davantage de convives ? Prendrez-vous vos repas dans la journée ou surtout à la nuit tombée ? Dans tous les cas, il vous faut un accès facile et sûr à la cuisine.

Le coin repas doit toujours être accueillant et pratique, qu'il occupe une pièce à part ou un simple coin de la salle de séjour. Des chaises confortables et une table solide sont indispensables ; la lumière doit être suffisante sans aveugler ; le soir, une lampe de table ou des bougies donneront une atmosphère plus intime.

▲ Le bois est un matériau décoratif et pratique dans la salle à manger. Ci-dessus, une table simple et des chaises cannées sur un plancher nu créent une atmosphère décontractée. Les objets exposés fournissent des sujets de conversation tout trouvés.

▶ Une version moderne du buffet traditionnel près d'un meuble non encastré permet de ranger commodément le linge de table, la vaisselle et les couverts. Une desserte, une armoire ou une simple commode auraient donné le même résultat.

◄ Ici, la table est au centre de la pièce afin de faciliter l'accès aux sièges. L'avantage, c'est que les convives ne sont pas trop loin de la cheminée quand il fait froid, et que personne n'est assis dos à la fenêtre ni face à la lumière.

▲ Dans cette salle à manger lambrissée, les meubles et tissus d'ameublement donnent à la pièce une atmosphère de confort décontracté.

TRUCS ET ASTUCES

● Les chaises à dossier légèrement incliné sont plus confortables que celles à dossier droit.

● Si vous manquez de place, choisissez une table à rallonges pour l'agrandir quand vous recevez. À défaut, un morceau de contreplaqué sur une paire de tréteaux fera l'affaire ; ou une table basse que l'on peut surélever. Achetez aussi quelques chaises pliantes.

● Pour détendre l'atmosphère, regroupez quelques chaises

dépareillées dont vous aurez repeint le bois et retapissé l'assise (voir pages 238 à 239). Des housses dans le tissu de votre choix suffiront parfois à harmoniser vos chaises (voir pages 240 à 241).

● Allumez des bougies devant un miroir ou une fenêtre sans rideau : quelle jolie façon d'améliorer l'éclairage !

● Attention : la couleur chaude de la lumière des bougies peut nuire aux couleurs froides dans la pièce où l'on dîne.

LES PLANS DE SALLES DE SÉJOUR

LISTE À VÉRIFIER

● Quelle est la taille de la pièce ? Combien de personnes êtes-vous censé recevoir ?

● Qu'attendez-vous de votre salle de séjour : voulez-vous une pièce confortable autour de la télévision ? Une calme retraite où vous retirer en fin de journée ? Une pièce de réception destinée aux invités ?

● D'où vient la lumière naturelle et à quelle heure ? Quel type de lumière artificielle vous faut-il ?

● Souhaitez-vous exposer des livres, des bibelots ? Si vous préférez les cacher, pensez à des placards à étagères dont les portes passent inaperçues.

● Avez-vous assez de meubles ou trop peu ? Vous plaisent-ils toujours ? Comptez-vous en acheter, en tapisser ?

● Quel est le style de votre logement ? Si on a enlevé des éléments décoratifs, voulez-vous les remettre ? Ou en enlever d'autres ? Voulez-vous changer les proportions de certaines pièces à des fins pratiques ou esthétiques ?

● Est-ce que votre maison se prête à votre style favori ? Par exemple, si vous êtes passionné de rococo, qu'allez-vous faire de vos petites pièces basses modernes ?

● Quel est le style qui vous attire dans les revues ou chez vos amis ? Passer d'un extrême à l'autre peut vous coûter cher.

La salle de séjour est une des pièces les plus importantes de la maison ; c'est avant tout un endroit où l'on se détend, seul, en famille ou avec des amis. Le confort y est donc primordial. Avant de vous lancer dans des achats dispendieux ou des travaux de longue haleine, réfléchissez à l'ambiance que vous souhaitez y créer, aux éléments que vous allez y mettre (livres, rangements, bibelots…) et aux personnes qui se serviront de la pièce. Mûrissez bien vos décisions, car les erreurs coûtent cher en temps et en argent. Repeignez un mur « pour voir », cohabitez un moment avec les nouvelles couleurs. Un tapis ou une moquette vous tente ? Demandez un échantillon et emportez-le chez vous. Adaptez la taille de vos meubles à celle de la pièce.

COMMENT GÉRER L'EXCÈS DE PLACE ?

Les pièces trop grandes ou trop hautes sont aussi difficiles à meubler que les pièces trop petites : ci-dessus, les propriétaires de cette salle de séjour tout en hauteur ont su à la fois ménager l'impression d'espace et créer une atmosphère intime. Le principal centre d'intérêt est la cheminée, encadrée par des bibliothèques dont la hauteur ne dépasse pas le niveau de la fenêtre. C'est là que l'œil s'arrête, avant de suivre la diagonale dessinée par la charpente. L'effet est renforcé par l'immense affiche accrochée sur le mur de droite. Le manteau de la cheminée et les étagères divisées en petits compartiments diminuent agréablement la longueur de la pièce.

RENTABILISER L'ESPACE

Un déménagement est souvent l'occasion d'une remise
à neuf. Pesez bien ce qui vous plaît et vous déplaît dans
la structure et la décoration de votre logis. Allez-vous
modifier ce qui existe ou casser pour refaire ? Analysez
chaque élément avec patience, et n'hésitez pas à
échelonner vos travaux, remettant à plus tard l'achat
de quelques meubles ; même alors, l'erreur n'est pas
permise et vous devez avoir une idée précise de ce
que vous voulez avant de commencer. Réfléchissez à
la disposition générale de la pièce : quel en est l'élément
vedette ? Quand vous êtes assis, aimez-vous admirer le
paysage par la fenêtre ? Ou préférez-vous lui tourner
le dos ? Tenez compte de vos préférences avant
d'entreprendre la décoration.

◄ Cette salle de
séjour fait partie
d'un espace ouvert ;
l'ottomane au
premier plan délimite
le coin salon. Les
éléments importants
sont la cheminée
et la haute fenêtre ;
l'absence de rideaux
permet de profiter
du paysage.

▲ Cette salle de
séjour de style
méditerranéen est
un lieu de passage.
Elle ne manque
pourtant ni de
confort ni d'intimité
grâce à la cheminée
dont le manteau
décoré accueille
nombre d'objets
intéressants.

▼ Le vaste tableau
carré évite que
l'on ne se sente
écrasé par la
hauteur du plafond.
Les meubles, à la
fois confortables
et sans façon,
créent une
atmosphère
moderne et
détendue.

LES SOLS

Dans une salle de séjour, le sol est
aussi important que les murs ; en
termes de couleurs, on peut même
dire que le sol est un cinquième mur :
tout sol sombre rapetisse la pièce.
Nombreux sont les architectes
d'intérieur qui préfèrent s'en tenir
aux couleurs de sol que l'on trouve
dans la nature : marron, vert, gris, les
différentes nuances de doré, de cuivre
et d'ocre, sans aller aux rouge et
jaune vifs, trop éclatants. Quel genre
de sol avez-vous ? Pouvez-vous

simplement décaper et vernir ou
peindre le plancher ? Si vous vivez
dans un appartement, pensez que
vos voisins du dessous vont compter
vos pas. La solution, c'est peut-être
un sol en petites lattes de bois collées
à l'époxy sur une feuille de
contreplaqué, mais vérifiez si votre
bail vous y autorise. Choisissez votre
sol en fonction de vos meubles. Et
n'oubliez pas sa texture, sur le plan
de l'aspect, du toucher sous les pieds
et de l'usure qu'il supporte.

LES STYLES DE SALLES DE SÉJOUR

TRINGLES À RIDEAUX

Les tringles remplacent avantageusement les dispositifs « chemin de fer » ; on en trouve dans toutes sortes de matériaux, styles et diamètres.

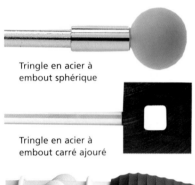

Tringle en acier à embout sphérique

Tringle en acier à embout carré ajouré

Tringle en bois à embout pomme de pin

Tringle en acier à embout moulé à effet stuc

Tringle en fer à embout en crochet

Tringle en fer forgé à embout de style médiéval

Tringle en Inox à embout en forme de houlette

Tringle en acier à embout polyester en forme de corne de bélier

Le style de votre salle de séjour ne dépend en rien de sa taille. Observez attentivement la pièce dans son ensemble : réfléchissez aux facteurs d'unité comme la couleur, les tissus d'ameublement, la silhouette et le style général de vos meubles. Pas de pitié : l'excès de meubles et de bibelots peut tout gâcher, éliminez ce qui ne va pas dans le sens souhaité ! N'hésitez pas à construire des placards pour cacher votre télévision ou votre chaîne hi-fi pendant que vous ne vous en servez pas. N'oubliez pas l'éclairage : la lumière naturelle – ou son absence – doit influer sur vos options de décoration.

▶ Ce séjour semi-décontracté réunit des éléments traditionnels, contemporains et ethniques. Le facteur d'unité est la couleur neutre des murs, qui fait ressortir les objets et les meubles.

▼ Une charmante salle de séjour toute simple, baignée de lumière naturelle ; les damiers (rideaux, coussins du sofa, tapis) opposent leurs motifs à la tonalité beige du salon.

MURS ET FENÊTRES

La façon dont vous décorez vos murs et fenêtres dépend autant de votre goût que de l'espace dont vous disposez. Le style de vos rideaux doit être en harmonie avec les proportions de la pièce : par exemple, les lourds velours et les tissus damassés conviennent à de vastes pièces et à un mobilier chargé. Vérifiez l'impression que donneront vos rideaux ouverts et fermés. Assortissez-les avec la couleur des murs, et choisissez la couleur en fonction des éclairages naturel et artificiel. Si vous n'avez pas besoin d'intimité, supprimez tout rideau.

Prenez le temps de réfléchir à vos murs : en choisissant la couleur de leur peinture, prenez en compte les proportions de la pièce, son éclairage, l'heure à laquelle vous vous en servirez, les couleurs avec lesquelles il faut faire contraste et la façon dont ils mettront en valeur vos meubles. Le papier peint est une bonne solution, mais attention aux motifs chargés. Tenez compte également de ce que vous accrocherez aux murs – photos, étagères, etc. Vous obtiendrez un effet différent en tendant des tissus muraux et en posant un doublage en pierre ou en matériau industriel.

▲ Profusion de lumière dans ce séjour à double exposition, dont la simplicité géométrique est renforcée par l'absence de rideaux aux portes et fenêtres. Les bois naturels et la simplicité du mobilier contemporain créent une ambiance rafraîchissante.

▶ Les volets intérieurs vont du sol au plafond, renforçant le caractère anguleux et moderne de cette salle de séjour. Tous les recoins ont été fermés, y compris des deux panneaux encadrant la cheminée, ce qui ajoute sans conteste à la netteté de l'ensemble.

RIDEAUX FUTÉS

● Élargissez une fenêtre en allongeant le chemin de fer des rideaux.

● Les cantonnières ne doivent pas descendre trop bas. Placez le chemin de fer de telle sorte que le tissu ne soit pas trop près du haut des vitres.

● Multipliez les rideaux devant les voilages afin d'obtenir un effet de scène de théâtre ; choisissez des mousselines et des tissus de saris, et arrêtez la lumière avec des doubles rideaux.

ÉTAGÈRES ET RANGEMENTS

Ce sont les objets de la vie courante qui font la différence entre un foyer chaleureux et des pièces inhabitées. Cependant, le désordre nuit grandement au style d'une pièce et doit être maîtrisé. Les formules de rangement sont innombrables : on peut tout entasser dans une banquette sous une fenêtre, dans des coffres faisant office de table basse, derrière des portes ou des lambris. Vous pouvez aussi créer votre propre style en utilisant les boîtes transparentes empilables, les étagères en verre ou en lattes de parquet récupérées, sans parler des meubles traditionnels : semainier, armoire, commode et autres encoignures. Si vous souhaitez un aspect vraiment rangé, vous pouvez faire encastrer des placards sur mesure : cette solution est particulièrement intéressante pour des alcôves ou des recoins aux formes inhabituelles. Ne perdez pas de vue les accessoires : le meuble le plus quelconque change d'allure dès qu'il est équipé de poignées originales, par exemple. N'oubliez pas les petits détails : un porte-CD donne du chic à une pièce sans pour autant vider votre porte-monnaie.

▲ Solutions mobiles dans cette salle de séjour mansardée : la table à roulettes, les paniers d'osier et les étagères complètement ouvertes en escalier offrent une atmosphère très vivante sans pour autant donner une sensation de lourdeur.

◄ Dans les studios, le rangement peut être un cauchemar. Ici, la cloison située derrière le canapé isole la cuisine tandis que les couleurs claires et l'imposante bibliothèque vitrée à roulettes mettent en valeur l'impression générale de lumière et d'espace.

▼ Les meubles sur mesure permettent d'optimiser les formules de rangement. Ci-dessous, cet élégant aménagement combine les volumes ouverts et les volumes fermés.

▶ Le vaisselier situé dans les boiseries derrière le canapé peut s'ouvrir ou se fermer à volonté : la formule conviendrait aussi bien à un intérieur moderne.

RANGEMENTS

Pour prévoir les rangements dans sa salle de séjour, il faut se montrer à la fois concret et créatif.

● Êtes-vous capable de passer le plumeau sur tous les objets exposés ? Les étagères en verre, par exemple, ne souffrent pas le moindre grain de poussière en dépit de leur aspect fonctionnel.

● Quant aux couleurs et aux matériaux, foncez ! Les parois intérieures de tous vos rangements gagnent à afficher des couleurs plus audacieuses que celles des autres parties de la pièce.

● Rangez chaque objet selon sa fréquence d'utilisation. Placez ceux que vous utilisez le moins dans des boîtes prévues à cet effet.

LES PLANS DE CHAMBRES À COUCHER

LISTE À VÉRIFIER

• Utilisez-vous votre chambre le jour ? Y avez-vous votre bureau ?

• Souffrez-vous du bruit dans votre chambre ? Serait-il possible de la relocaliser ?

• Combien de personnes y dorment ?

• Aimeriez-vous y avoir votre propre douche ou salle de bains ?

• Le lit est-il à changer ? Maintenant ou bientôt ?

• À quelle heure la pièce bénéficie-t-elle du meilleur éclairage ?

• Dans quelles couleurs souhaitez-vous vous éveiller et vous endormir ?

• Préférez-vous vous éveiller dans le noir, dans une lumière tamisée ou dans une lumière crue ? Choisissez vos fenêtres en conséquence.

• Préférez-vous avoir maints bibelots sous la main ou que tout soit rangé ?

• Quel volume de rangement vous faut-il ? Préférez-vous des armoires sur pied ou des placards encastrés ? Pouvez-vous ranger ailleurs vos vêtements hors saison ou vos chaussures ?

• Aimez-vous lire au lit ? Avez-vous une table de nuit et une lampe de chevet ?

Votre qualité de vie dépend en grande partie de la qualité de votre sommeil. Votre chambre constitue le saint des saints de votre intimité ; son aménagement doit donc être propice à la détente et vous protéger des agressions du monde extérieur. Choisissez un éclairage agréable et relaxant pour le soir et organisez vos rangements afin de faciliter votre vie quotidienne. Plus la pièce est petite, mieux il faut l'aménager ; trop de meubles risqueraient de l'encombrer et de donner une impression de désordre : déterminez précisément vos besoins et limitez-les. Si votre chambre vous sert également de bureau, séparez éventuellement les deux parties de la pièce au moyen d'un paravent par exemple, pour mieux définir les zones d'activité.

UNE CHAMBRE BLEUE
Une mansarde au grenier est l'endroit idéal pour aménager une chambre tranquille. Ci-dessus, le toit a été percé d'une lucarne pour ouvrir l'espace et laisser entrer le soleil pendant la journée ; la nuit, le bleu profond des murs et du plafond crée une atmosphère douillette. La peinture monochrome aide à camoufler les formes peu communes de la pièce. Un placard bien utile a été encastré dans le lambris pour dégager le sol. Pour soulager les claustrophobes, on a choisi des meubles légers, des tissus d'ameublement gais et un sol en camaïeu. Le soir, les appliques réglables fournissent des éclairages supplémentaires en abondance.

▲ Quelques étagères aménagées et un bureau suffisent à transformer une alcôve en coin bureau. Le lit de repos occupe toute la largeur de la pièce, tandis que les tissus et la couleur de la chaise rappellent le style campagnard suédois.

CHAMBRES D'ENFANTS

● Sécurité d'abord ! Les meubles doivent répondre aux normes de sécurité, la pièce doit être proche de la chambre des parents. Ne placez jamais un lit ou un siège sous une fenêtre ou des étagères. Les fenêtres doivent posséder des verrous de sécurité, et les prises de courant des caches de sûreté.

● De vastes rangements sont indispensables. Choisissez des éléments modulaires qui grandiront avec l'enfant. Il faut que l'enfant ait ses affaires à sa portée, dans des coffres, des malles ou des étagères. Le rangement en sera facilité. Sous le lit, on glissera des caisses, des boîtes et des tiroirs, pratiques pour ranger les jouets et les vêtements hors saison.

● Certains lits comportent des volumes de rangement et un espace de jeux.

● Pour les murs, préférez des peintures et papiers peints lavables ; évitez les motifs criards, dont l'enfant se lasse vite.

● Jouez avec les couleurs et les motifs. Personnalisez en les peignant les meubles, les murs ou même les sols (ci-dessus).

● Quand deux enfants partagent une chambre, séparez-les par une petite bibliothèque.

● La chambre d'adolescent doit être bien pourvue en prises de courant et en éclairages modulaires, dont une lampe de bureau.

LA ZONE DE CONFORT

Quelques détails suffisent parfois à transformer une chambre ennuyeuse et déprimante en pièce accueillante pleine de personnalité. La chambre présentée à droite avait un potentiel admirable, mais son aménagement antérieur la rendait sinistre ; on l'a repeinte en blanc pour éclairer les murs et le plafond, et pour dissimuler sa forme étrange. On a remplacé les rideaux par un store pour aérer la pièce et l'éclairer. La moquette a cédé la place au plancher, donnant à cette chambre un style actuel plus élégant et chaleureux.

▲ ▶ Grâce à une nouvelle tête de lit et à des draps neufs, le lit est à présent le centre d'intérêt de la pièce. La penderie a été remplacée par un miroir, atténuant la forme bizarre de ce coin de la pièce. Le coffre à couvertures a été supprimé afin de gagner de la place et augmenter l'impression d'espace.

LES STYLES DE CHAMBRES À COUCHER

LAMPES DE CHEVET

Grâce à leurs abat-jour, elles créent le soir une douce ambiance ; l'interrupteur doit être accessible du lit et la lumière assez forte pour permettre la lecture.

Lampe Art déco en verre et acier

Lampe contemporaine

Lampe de style japonais en soie et céramique

Lampe contemporaine

Lampe contemporaine

Lampe de style Tiffany

Lampadaire en fer forgé

L'atmosphère d'une chambre doit toujours être reposante, que vous préfériez le style traditionnel autour d'un édredon hérité de vos aïeux ou une ambiance dépouillée inspirée du Japon traditionnel. Le meuble principal est indéniablement le lit : c'est là que vous passez environ un tiers de votre vie : offrez-vous ce qu'il y a de mieux en fait de sommier et de matelas. C'est évidemment le style du lit qui donne le ton de la pièce, selon que vous avez opté pour un élégant lit à baldaquin en fer forgé ou pour une belle tête de lit peinte. Le rangement est lui aussi un élément important : si votre chambre est en perpétuel désordre parce que vous n'avez pas assez d'espace de rangement, vous aurez du mal à la considérer comme un havre de paix.

▲ Le bleu des murs et le bois du plancher contribuent à une atmosphère douce et reposante ; on remarque tout de suite les jolies lampes de chevet, les descentes de lit et les draps bien blancs.

▲ Le lit ancien à tête imposante tient la vedette de cette chambre XVIᵉ siècle, basse de plafond et dont les murs sont blanchis à la chaux. Les lampes de chevet et le dessus-de-lit coloré dissipent toute trace d'austérité.

◀ Cette chambre dans une maison de banlieue des années 1920 fait appel à des motifs floraux et à des chérubins imprimés pour évoquer l'atmosphère d'un boudoir XVIIIᵉ siècle.

▶ Un charmant papier peint fleuri simplifie les formes de cette mansarde et crée le cadre d'un mobilier et de tissus très féminins.

LES RANGEMENTS

Au lieu d'entasser des affaires
en tas désordonné par terre,
organisez vos rangements et
votre chambre ne s'en trouvera
que mieux. Réfléchissez à ce qu'il
vous faut ranger et au volume dont
vous disposez. Faites votre choix
entre placards encastrés et armoires
sur pied. Pouvez-vous envisager de
ranger ailleurs certains vêtements
hors saison ? Exploitez le potentiel
des recoins inutilisés, par exemple
le dessous du lit où l'on glisse
facilement paniers, boîtes et caisses.
Prévoyez une surface plane, par
exemple une coiffeuse ou une table
de chevet, pour une lampe qui vous
permettra de lire confortablement
installé dans votre lit.

▲ Le coin penderie
est occupé par un
empilement de
caisses coulissantes
qui ne sont autres
que des boîtes
à linge en carton.

◄ Ce meuble
de rangement bas,
exécuté sur mesure,
offre un volume
et une surface
considérables.

▼ L'enfant a besoin
de rangements à
portée de main
qui lui permettent
de retrouver
aisément ses
affaires rangées
facilement
chaque soir.
Ici, des étagères
sont prévues
pour les livres
et les jouets, et
une commode
pour les vêtements.

LE MOBILIER

Pour dormir, le confort passe avant tout, mais, tant qu'à faire, autant que votre lit soit à votre goût. Pensez à coordonner vos meubles suivant leur taille, leurs proportions et leur matériau : par exemple, petite table de nuit à côté d'un lit à une place, forte commode à côté d'un lit à baldaquin. Veillez à garder la place de vous mouvoir et placez vos éléments de rangement dans des endroits facilement accessibles ; tirez le meilleur parti de chaque volume de rangement. Une suggestion simple à réaliser : doublez par exemple la capacité d'une penderie en installant une deuxième tringle à mi-hauteur.

◄ Les murs vert pomme constituent un cadre idéal pour cet étonnant lit gothique en fer forgé. L'absence de tout autre meuble aide à centrer l'attention sur ce lit original ainsi que sur le store bateau et les draps à broderie anglaise.

▼ Dans cette chambre bien proportionnée et très aérée, le hêtre est roi. Remarquez la console utilisée comme coiffeuse, les étagères à roulettes accessibles des deux côtés et la table de chevet également à roulettes.

MURS ET FENÊTRES

Ce qui occupe le plus de surface dans une pièce, ce sont les murs : ils constituent le cadre qui doit mettre en valeur les autres éléments. Pas question de leur donner des teintes criardes (en dépit des modes…) ni des motifs discordants. Profitez au contraire de l'influence profonde qu'ont les couleurs sur l'esprit : fondez votre palette sur des teintes qui procurent sérénité et relaxation : optez pour un vert d'eau plutôt qu'un jaune acide, pour un ton brique passé au lieu d'un orange flamboyant. Une fois déterminée votre palette, explorez toutes les façons possibles de l'interpréter sur vos murs : peinture ordinaire, papier peint imprimé ou à effet matière ou tenture murale.

Les fenêtres doivent d'une part protéger votre intimité et d'autre part renforcer l'ambiance que vous avez choisie : dans une pièce traditionnelle, les rideaux descendront jusqu'au plancher, alors que dans une pièce moderne vous préférerez un store enrouleur ou vénitien.

TENTURES MURALES

Remplacez avantageusement la peinture et le papier peint en tapissant les murs de votre chambre avec du tissu. Vous avez le choix :

● Vissez en haut et en bas de la paroi de minces baguettes en bois, assemblez les lés, tendez le tissu et agrafez-le avec un pistolet. Pour une isolation thermique et phonique maximum, posez d'abord un rembourrage synthétique.

● Un système de montage sur rail vous permettra de retirer facilement le tissu pour le laver ou le remplacer.

● Tendez votre tissu sans forcer entre deux tringles ou fils métalliques situés en haut et en bas, ou suspendez-le uniquement par le haut, ce qui est encore plus simple.

◄ Dans cette chambre si féminine, on a profité de la fenêtre voûtée pour compléter l'effet antique avec un moulage en plein cintre, une colonne en trompe-l'œil, un lit à roulettes et des murs aux couleurs estompées.

► La couleur pâle des murs donne une impression d'espace et de lumière dans cette chambre à coucher ; la porte-fenêtre ouvre sur le jardin, surmontée d'une fenêtre dormante qui permet à la lumière du jour d'entrer.

◄ Les vigoureuses rayures bleues créent une atmosphère de bord de mer et intègrent la partie mansardée du plafond au reste du mur. Le mur en plâtre mal lissé évoque la paroi crayeuse d'une falaise.

► Les volets en bois plein garantissent une obscurité totale sans prendre trop de place ; le vieux rose des murs met bien en valeur les meubles en bois.

▲ Évitez d'accrocher des tableaux sophistiqués et multicolores sur une cloison aux motifs chargés. Ici, quelques gravures encadrées se détachent avec élégance sur un fond gris-vert passé à motif floral subtilement stylisé.

LES PLANS DE SALLES DE BAINS

LISTE À VÉRIFIER

- Est-ce que vous vous servez souvent de votre salle de bains ? À quelle heure ?

- Avez-vous pensé à installer d'autres salles d'eau, par exemple une douche attenante à votre chambre ? Des W.-C. séparés ?

- Est-ce que votre plomberie est suffisante ? Avez-vous assez d'eau chaude, à la bonne pression ?

- Est-ce qu'il serait préférable de déplacer votre salle de bains ?

- De quel volume de rangement avez-vous besoin ?

- Souhaitez-vous acheter un nouveau jeu de sanitaires ?

- Quel type d'éclairage vous faut-il ?

- Avez-vous besoin de nouvelles installations : douche, porte-serviettes chauffant ?

- Êtes-vous satisfait du chauffage et de l'aération ?

- Avez-vous besoin d'une prise pour rasoir électrique ?

- Vous faut-il des aménagements particuliers pour vos enfants ou pour des personnes âgées ?

- Avez-vous besoin d'une salle de bains et d'une salle d'eau séparées ?

- Si votre salle de bains est de taille suffisante, pourquoi ne pas installer la baignoire au milieu, ou même quelques marches autour d'une baignoire encastrée ?

Souvent confinée dans un espace exigu, la salle de bains n'est pas toujours le lieu accueillant et fonctionnel qu'elle devrait être. Que d'erreurs dans l'installation des rangements et de l'éclairage, sans parler de l'aération… La salle de bains est une des pièces de la maison les plus difficiles à réussir.

Pour créer la salle de bains qui vous convient, il faut en repenser tout le volume disponible, reprendre à zéro l'agencement de la pièce, changer si nécessaire les sanitaires et le sol, voire la relocaliser. Pourtant, la modification de quelques détails suffit parfois à donner à cette pièce une vie nouvelle et à en faire un lieu confortable où il fait bon se prélasser. Rénovez les couleurs en repeignant les murs ou ajoutez un joli carrelage au bon endroit (voir pages 154 à 155) ; changez quelques poignées, ajoutez quelques accessoires élégants et soigneusement choisis, et le tour est joué.

CHAQUE CHOSE À SA PLACE

Faire d'un cagibi ingrat et exigu une salle de bains élégante et fonctionnelle, tel est le pari gagné ci-dessus. La baignoire d'angle s'encastre juste devant la fenêtre tandis que le lavabo occupe le centre d'une véritable paillasse, au-dessus d'un grand volume de rangement à tiroirs ; des deux côtés, la surface est importante, détail que l'on omet souvent, même dans des salles de bains plus vastes. On a encastré la chasse d'eau et ses canalisations, ce qui crée une étagère de plus au-dessus. La sobriété des couleurs et la simplicité du store ajoutent à l'ambiance lumineuse et aérée. Les accessoires chromés, l'étagère en verre et le vaste miroir renvoient eux aussi la lumière. Quelques accessoires de couleurs vives donnent une note de détente.

◄ Une paroi de briques en verre cathédrale désenclave un cabinet de toilette privé de lumière naturelle.

► Dans cette ancienne chambre transformée en salle de bains, la baignoire occupe la vedette. Notez l'emplacement du porte-serviettes chauffant à portée de main.

PLANS DE SALLES DE BAINS

Une salle de bains efficace exploite au mieux l'espace au sol et en hauteur. Le moindre recoin suffit à caser une baignoire, une douche et des rangements.

L'éclairage principal est placé dans un encastrement étanche au plafond.

La douche à haute pression se cache derrière une porte en verre incassable : celle-ci ne s'ouvre que vers l'intérieur pour gagner de la place. Les commandes sont à portée de main et la hauteur du pommeau est réglable.

Au-dessus du carrelage de la baignoire, du papier peint en vinyle facile à nettoyer.

Le rangement encastré du sol au plafond comprend une partie fermée en bas, surmontée d'étagères pour les objets d'usage courant.

La baignoire tient facilement entre la douche et le rangement ; elle est équipée d'une solide main courante.

Une petite armoire fixée au mur permet de ranger les produits pharmaceutiques hors de portée des enfants.

Le porte-serviettes chauffant est accessible, que l'on soit dans la baignoire ou devant le lavabo.

En guise d'interrupteur pour le plafonnier, un cordon à côté de la porte.

Le miroir est flanqué d'ampoules éclairant bien le visage.

Le lavabo large et profond, équipé d'un mitigeur, est bien dégagé. L'étagère montée juste au-dessus permet de poser quelques articles de toilette.

ORGANISER L'ESPACE

● Pour fixer un lavabo à la bonne hauteur, réunissez vos mains en coupe devant vous, les bras bien tendus vers le sol et les épaules droites. La distance qui sépare vos mains du sol est la hauteur du trou de vidange.

● Devant une baignoire, laissez un espace libre égal à sa largeur.

● Il faut laisser 20 cm de libre autour du siège des toilettes.

● Les baignoires et lavabos d'angle permettent d'utiliser des recoins difficiles d'accès. Quant aux lavabos et sièges de toilette suspendus, ils permettent de dégager de la surface au sol.

Lavabo
On a besoin de place autour du lavabo pour se laver confortablement.

Les styles de salles de bains

Robinets

Si vous hésitez à casser pour reconstruire, contentez-vous de rénover votre salle de bains en changeant de robinetterie.

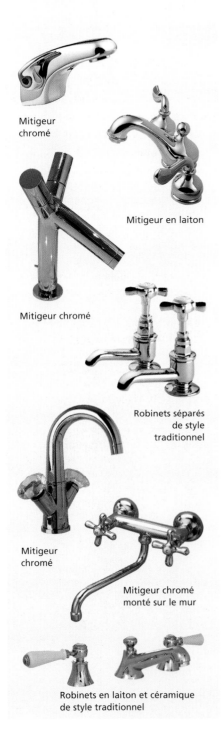

Mitigeur chromé

Mitigeur en laiton

Mitigeur chromé

Robinets séparés de style traditionnel

Mitigeur chromé

Mitigeur chromé monté sur le mur

Robinets en laiton et céramique de style traditionnel

Le souci constant de l'architecte d'intérieur est de soigner l'impression de lumière et de volume. Beaucoup de salles de bains n'ont pas d'ouverture : pensez à ajouter une fenêtre intérieure ou une claire-voie au plafond, ou remplacez un mur non porteur par un mur en verre cathédrale. Pour améliorer la luminosité, choisissez des peintures brillantes ou dans des tons dégradés bleu-vert, vert ou lilas : le cachot le plus lugubre s'en trouvera illuminé. Multipliez miroirs, carrelage, accessoires chromés et surfaces brillantes.

▲ Cette pièce est toute lumineuse de blancheur et de pureté : d'une chambre à coucher on a fait une salle de bains ensoleillée. Quelques meubles simples et élégants et l'on oublie l'ambiance ascétique, qui peut être associée aux salles de bains blanches.

▶ Cette paisible salle de bains méditerranéenne se caractérise par les briques des claustras, l'ardoise, le verre, la terre cuite et le frais coton blanc devant la grande fenêtre ; les géraniums fournissent une tache rouge du plus heureux effet.

MURS ET SOLS

C'est l'aspect fonctionnel qui prime dans le choix des revêtements des murs et sols de la salle de bains. Attention à la chaleur humide qui règne fréquemment dans la pièce. La peinture est la solution la moins coûteuse ; on préférera la peinture laquée brillante qui résiste mieux à la condensation que la peinture mate. Pour les murs, carrelage, verre et mosaïque constituent d'excellentes surfaces étanches, que l'on peut également utiliser au-dessus du lavabo et de la baignoire. Les lambris assemblés à fausse languette représentent une autre solution particulièrement esthétique, surtout peints ou revêtus d'un vernis en polyuréthane. On citera également le plâtre nu rendu lavable au moyen d'un vernis mat : il offre un indéniable charme rustique.

Pour les sols, choisissez des matériaux traités contre l'humidité, par exemple le liège ou les revêtements vinyliques multicouches. Bannissez les moquettes sur support jute, qui révéleront vite des taches d'humidité et finiront par pourrir. Certaines moquettes à dossier mousse sont traitées pour être posées dans des salles de bains, mais assurez-vous que vous pouvez les sécher facilement. Un tapis antidérapant évitera d'avoir froid aux pieds et absorbera les éclaboussures.

▲ Le marbre est un matériau coûteux, mais il est frais, superbe et inusable. Dans cette salle de bains dépouillée, la baignoire et le sol sont tous deux en marbre.

▶ Cette salle de bains bleu et blanc offre une combinaison de couleurs classique : l'effet piscine est dû à la mosaïque du sol et de la paroi au fond de la douche. La pièce n'a pas d'ouverture, mais les spots halogènes encastrés dans le plafond, la vitre transparente de la douche et les nombreuses surfaces réfléchissantes rendent la pièce lumineuse et accueillante.

▲ Le linoléum est un revêtement de sol solide et résistant à l'eau. On le trouve en rouleaux ou en dalles, dans toutes les couleurs et les motifs. Ci-dessus, on a choisi des couleurs qui mettent en valeur la baignoire à l'ancienne.

LES RANGEMENTS

L'agrément et le confort d'une salle de bains tiennent moins à sa taille qu'à la commodité des rangements prévus pour les affaires de toilette. Ce dont on se sert tous les jours doit être à portée de main, sur un plan stable pour éviter d'être renversé (ou cassé !) au moindre mouvement. Un meuble de rangement encastré dans le mur ou sous le lavabo permettra de résoudre le problème du désordre, mais il ne faut pas exclure quelques étagères ouvertes où disposer artistiquement plantes, bibelots, produits de beauté et autres bouteilles décoratives. Une armoire de salle de bains à miroir proche du lavabo est également bien commode. Certaines armoires murales possèdent un éclairage fluorescent intégré et même un petit chauffage derrière le miroir, empêchant la condensation de s'y déposer. Les tiroirs sont eux aussi bien utiles, car on en voit le contenu au premier coup d'œil. Les produits dangereux – médicaments, désinfectants, produits d'entretien – doivent, par mesure de sécurité, être rangés hors de portée des enfants, de préférence sous clef.

◀ Des étagères en verre superposées du sol au plafond occupent de façon efficace un mur de cette salle de bains exiguë. Les autres objets disparaissent dans un placard aux portes miroirs.

▲ Le meuble sur mesure encastré sous le lavabo comporte placards et tiroirs et tire le meilleur parti de l'espace.

QUELQUES BONNES IDÉES

● Trouvez des lavabos encastrés dans un meuble de rangement ; certains ont des tiroirs, un porte-serviettes et une surface bien dégagée par-dessus.

● Certains meubles permettent à la fois de cacher la plomberie et de ranger les affaires.

● Fixez une étagère à la porte de la douche pour ranger vos affaires.

● Une armoire murale à miroir peut cacher une foule de choses.

● Trouvez des meubles servant à la fois de panier à linge sale et de rangement pour les serviettes.

● Fixez à la porte des crochets ou une étagère en treillis.

L'ÉQUIPEMENT

On trouve des équipements de salles de bains dans tous les styles et tous les matériaux, pour tous les goûts et tous les budgets ; bien des inventions géniales ont été conçues pour occuper des recoins inaccessibles ou faire gagner de la place. Si vous prenez votre douche dans la baignoire, il faut que le fond soit plat et non glissant ; l'éventuelle porte vitrée doit être incassable. Il existe une foule de charmants rideaux de douche, faciles à nettoyer et à remplacer. Les porte-serviettes en chrome que l'on fixe au mur sont à la fois élégants et fonctionnels.

▶ Des petits lavabos jumeaux permettent de gagner du temps dans une maisonnée nombreuse. Quant au vaste miroir, il joue un rôle à la fois fonctionnel et esthétique. Les lampes encastrées et actionnées par un cordon doivent être placées des deux côtés du lavabo afin de bien éclairer tout le visage.

◀ Une auguste baignoire à pieds en griffe, un vieux fauteuil et des lambris assemblés à fausse languette font de cette pièce une salle de bains raffinée à l'ancienne. Si la robinetterie d'origine est hors d'usage, remplacez-la par des reproductions contemporaines. La plomberie est cachée derrière les lambris.

▲ Pour un souffle nouveau dans votre salle de bains, il suffit de quelques détails bien choisis. Ci-dessus, les serviettes et quelques accessoires mettent en valeur les couleurs éclatantes du carrelage mural et de la petite armoire.

ENTRÉES ET ESCALIERS

FERRURES DE PORTE

On change le look d'une vieille porte en montant des ferrures traditionnelles ou contemporaines.

Bouton chromé

Poignée et entrée de clef en plastique

Bouton en laiton

Poignée en chrome et aluminium brossé

Bouton en étain

Bouton en étain

Poignée et entrée de clef en laiton à l'ancienne

Bouton et entrée de clef en bois et acier

Poignée moderne en acier et plastique

Poignée en laiton

Poignée en acier et plastique

Platine en laiton à l'ancienne

Poignée en laiton à l'ancienne

L'entrée est le principal lieu de passage d'un logis, et le premier que l'on voit : c'est l'entrée qui donne l'atmosphère du reste de la maison. Étudiez l'impression qui s'en dégage en l'observant sous plusieurs angles – de la porte d'entrée, du haut de l'escalier, etc. – à différentes heures du jour. Est-elle accueillante, chaleureuse ? Ou sinistre ? Son style est-il en rapport avec celui des autres pièces, ou en fait-il un sas étranger au reste de la maison ?

Dans votre entrée, repérez les éléments décoratifs à mettre en valeur : passage voûté, balustrade, lambris, frise, corniche… Ce genre d'élément peut constituer un point d'accroche pour le regard et inspirer l'ensemble de la décoration de la pièce. Si l'entrée débouche directement sur un vaste volume sans cloison, il peut être judicieux qu'elle soit de la même couleur que le reste. En revanche, comme l'entrée est un lieu où l'on ne fait que passer sans s'attarder, il ne faut pas hésiter à y utiliser des couleurs plus vives que dans d'autres parties de la maison.

◀ Le carrelage souligne l'atmosphère victorienne de cette entrée à l'ancienne, mais la moquette rend l'escalier plus sûr et moins bruyant. À mi-étage, le palier constitue une halte agréable devant la fenêtre à guillotine sans rideaux.

▶ Décoration simple et légère pour cette petite entrée sans fenêtre, dont l'escalier en colimaçon est le plus bel élément décoratif. Remarquez les cadres du même bois que la rampe, étagés pour souligner le mouvement de spirale de l'escalier.

◀ Table et chaises, lampes de table, fleurs et tableaux : cette large entrée assure une jolie transition entre le monde extérieur et le cœur de la maison.

▲ Même sol et même couleur de murs créent un lien visuel entre les différentes parties de la maison, évitant tout contraste de mauvais goût. Plusieurs portes ont été enlevées afin de faire de la place : les pièces à vivre sont le prolongement de l'entrée. Le portemanteau rutilant en métal chromé est plus léger et élégant que ses homologues traditionnels en bois.

ESCALIERS

● L'escalier en bois est robuste et d'entretien facile, mais parfois bruyant. Bien ciré, il risque d'être glissant, ce qui le rend dangereux pour les enfants et les personnes âgées.

● La moquette amortit les pas et offre une isolation à la fois thermique et phonique ; dans l'escalier, prenez garde à ne mettre qu'une moquette de haute résistance, solidement fixée. Les couleurs pâles, surtout lorsqu'elles sont unies, sont vite marquées : préférez un motif discret, moins salissant.

● Pour des raisons de sécurité, éclairez bien le haut et le bas de l'escalier.

● Les changements de niveau à une seule marche sont dangereux : prévoyez deux marches. Changez la couleur ou le matériau afin de rendre la différence de niveau plus visible. Chaque fois que trois marches ou davantage sont nécessaires, prévoyez une main courante ou une rampe.

● Une applique est dangereuse dans un escalier ou sur un palier inférieur à cause des risques d'éblouissement.

LES PLANS DE BUREAUX

Dès lors que vous avez fixé vos besoins, il vous faut organiser l'endroit choisi en vue d'un maximum de confort et d'efficacité. Tâchez de choisir un endroit tranquille, suffisamment grand pour installer non seulement un bureau et un siège, mais aussi vos équipements et vos classements. Si vous aménagez une pièce complète, profitez-en pour prévoir un espace de travail supplémentaire. Prévoyez aussi un éclairage naturel généreux, et un éclairage artificiel qui vous permettra de travailler dans de bonnes conditions. Si le bureau est aménagé dans le coin d'une chambre par exemple, séparez les deux parties par un paravent. Tout ce dont vous avez besoin en permanence doit être accessible du bureau, et chaque meuble doit être entouré d'un espace libre suffisant.

UN BUREAU AU GRENIER

Ce bureau ergonomique a été aménagé directement sous l'avant-toit ; la table de travail a été construite sur mesure, avec une bonne largeur et un espace suffisant pour les jambes. De simples boîtes en carton permettent de ranger tous les accessoires de bureau en profitant de la pente du toit. Deux lucarnes ont été percées pour améliorer l'éclairage naturel, tandis que des spots encastrés éclairent suffisamment pour travailler le soir.

ORGANISER L'ESPACE

Une fois déterminées vos priorités, il vous faut concevoir un espace de travail confortable et fonctionnel. Avec de la réflexion et un peu d'astuce, on loge un petit bureau dans le recoin le plus exigu sans dépenser des fortunes. Dessinez votre plan, placez les principaux meubles (voir pages 74 à 75). Notez les éléments d'éclairage, les prises de courant, et indiquez l'emplacement des portes et des fenêtres ainsi que celui des meubles fixes – placards et étagères. Disposez vos rangements de façon à avoir sous la main ce dont vous vous servez le plus, et prévoyez au moins un mètre devant chaque classeur à tiroirs et chaque étagère pour un accès facile.

▲ Dans ce bureau ensoleillé, l'écran de l'ordinateur n'est pas gêné par le reflet de la fenêtre, tandis que la lampe d'architecte constitue un éclairage d'appoint pour les journées sombres. Faute de tiroirs intégrés dans le bureau, les rangements quotidiens se font dans des boîtes portatives posées par terre.

UN BUREAU CHEZ SOI

Il doit répondre à tous les besoins, dont l'efficacité et la sécurité.

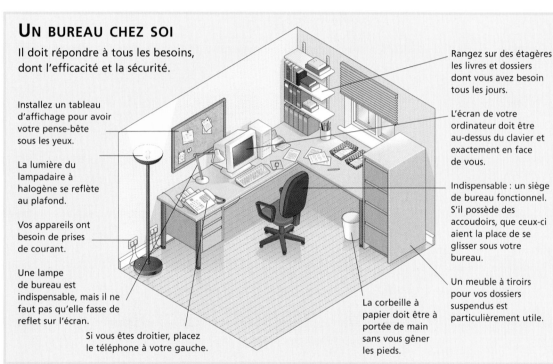

Installez un tableau d'affichage pour avoir votre pense-bête sous les yeux.

La lumière du lampadaire à halogène se reflète au plafond.

Vos appareils ont besoin de prises de courant.

Une lampe de bureau est indispensable, mais il ne faut pas qu'elle fasse de reflet sur l'écran.

Si vous êtes droitier, placez le téléphone à votre gauche.

Rangez sur des étagères les livres et dossiers dont vous avez besoin tous les jours.

L'écran de votre ordinateur doit être au-dessus du clavier et exactement en face de vous.

Indispensable : un siège de bureau fonctionnel. S'il possède des accoudoirs, que ceux-ci aient la place de se glisser sous votre bureau.

Un meuble à tiroirs pour vos dossiers suspendus est particulièrement utile.

La corbeille à papier doit être à portée de main sans vous gêner les pieds.

NOTIONS D'ERGONOMIE

Votre mobilier de travail doit vous garantir confort, santé et productivité.

● Offrez-vous un bon siège réglable qui cale le bas du dos. Les modèles à cinq roulettes sont les plus stables.

● Il faut laisser au moins 1 m entre votre siège et le mur ou mobilier derrière celui-ci pour pouvoir vous lever sans difficulté.

● Le plan de travail doit se trouver à une hauteur comprise entre 58 et 71 cm. Si vous utilisez un ordinateur, veillez à bénéficier d'une largeur suffisante pour le clavier et l'écran.

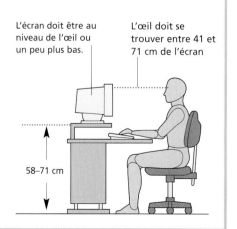

L'écran doit être au niveau de l'œil ou un peu plus bas.

L'œil doit se trouver entre 41 et 71 cm de l'écran

58–71 cm

LES STYLES DE BUREAUX CHEZ SOI

RANGEMENTS

Les fournisseurs d'articles de bureau ont beaucoup de formules de rangement. Si la couleur d'un classeur métallique ne vous plaît pas, changez-la d'un coup de bombe pour carrosserie.

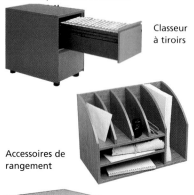

Classeur à tiroirs

Accessoires de rangement

Classeur à tiroirs fermant à clef

Table à roulettes

Armoire à plans

L'atmosphère qui règne dans votre bureau doit être soigneusement pensée afin de conserver l'équilibre entre confort et fonctionnalité : couleurs criardes et mobilier alambiqué ne favorisent pas les longues heures de travail concentré. Ne tombez pas pour autant dans la terne grisaille des locaux d'entreprise. Pour les sols et plafond, les couleurs dégradées, douces à l'œil – gris clair, bleu pâle – se marieront sans heurt avec le mobilier de bureau, moderne ou traditionnel. Au sol, posez quelque chose de simple et d'inusable : parquet ou moquette rase. Personnalisez ensuite votre coin travail avec quelques taches de couleurs vives : un élégant module de rangement, quelques accessoires ou un tapis accrocheur.

◀ Les rangements de ce bureau domestique bien conçu ont fait l'objet d'un certain soin. Les papiers et tout le bric-à-brac de bureau se rangent dans des boîtes qui s'intègrent bien aux couleurs calmes et neutres de la pièce. Les plans tiennent dans une corbeille en aluminium.

▲ Ce placard peu encombrant abrite un mini-bureau complet, avec ordinateur, télécopieur, classeurs, rangements divers et même une corbeille à papiers ! Le soir, quand le travail est fini, on escamote le plateau coulissant sur lequel repose le clavier et on ferme les portes : tout a disparu.

▲ Ce bureau occupe une cabane au fond du jardin : il a été peint de couleurs vives, appréciées par son utilisateur. On sort facilement l'ensemble du mobilier à roulettes pour faire de la place.

◀ Un bureau installé dans une pièce doit être aussi indépendant que possible. L'ordinateur et les étagères où sont rangés les dossiers sont posés sur le bureau, ce qui permet de contenir l'espace consacré au travail dans une partie restreinte de la pièce, autre avantage tout ce dont vous avez besoin reste à portée de main.

LES PIÈCES DE RANGEMENT

RANGEMENTS UTILES

Les astuces de rangement sont innombrables : par exemple des étagères modulaires que vous complétez au fur et à mesure de vos besoins.

Porte-revues
en fer

Étagère à
chaussures
permettant
de suspendre
les bottes

Commode en fer
et jonc de mer

Boîtes en
plastique
empilables

Panier à
linge sale pliant
en pin et toile

Si vous souhaitez une pièce pour vos rangements, cherchez-la à la cave ou dans un appentis. Un garage sec et frais peut être l'endroit idéal pour stocker le vin, les aliments en gros, les vieux cartons et même les vêtements hors saison. Si vous modifiez le plan de votre maison, aménagez la moitié d'une pièce en salle de bains et l'autre en pièce de rangement-buanderie. Si vous êtes à la campagne, un « sas à boue » au rez-de-chaussée est utile pour se déchausser et ranger les vêtements mouillés avant de marcher sur les planchers cirés.

▲ La pièce de rangement partage souvent son volume avec d'autres activités. Ci-dessus, un bureau où l'on repasse. Les grands paniers en osier laissent le linge s'aérer, tandis que la housse en vichy de la table à repasser s'intègre bien dans cette pièce à l'ambiance rustique.

▶ On voit au premier coup d'œil tout ce qui est rangé sur des étagères. Ici, des étagères de type industriel se règlent en hauteur en fonction des objets que l'on souhaite y poser. La planche à repasser est suspendue à des crochets car, en simple appui contre le mur, elle risquerait de basculer.

◀ Si vous avez la chance de disposer d'une buanderie, rangez-y aspirateur, fer à repasser et produits de nettoyage : l'ensemble de la maison n'en sera que plus en ordre. La buanderie ci-contre, fort bien conçue et agréablement éclairée, comporte des rangements spacieux et une grande paillasse pour plier le linge que vous aurez fait sécher sur l'étendoir, commodément placé au-dessus d'un évier double avec mitigeur fixé au mur.

▼ Les machines à laver et à sécher superposées tiennent dans un placard en haut duquel on range serviettes et vêtements. Quand les machines ne tournent pas, on ferme la porte.

SÉCURITÉ

● Surtout, ne touchez jamais à la plomberie ni à l'électricité : faites venir un professionnel.

● Les prises électriques doivent être installées à l'écart des alimentations en eau.

● Les appareils électroménagers ont besoin d'aération : assurez-vous que l'air puisse circuler tout autour d'eux.

● La prise électrique du fer à repasser doit se trouver à hauteur d'appui pour éviter que le fil ne traîne par terre et pour faciliter le débranchement.

● Les machines lourdes – congélateurs, machines à laver – doivent reposer sur un sol plat et solide.

● Les articles dangereux – outils, détergents, etc. – doivent être rangés hors de portée des enfants, sous clef, de préférence dans une pièce elle-même fermée à clef.

OUTILS, TECHNIQUES ET MATÉRIAUX

FORT DE NOUVELLES INSPIRATIONS pour transformer votre logis et fixé sur le style à mettre en place, vous voilà prêt à concrétiser vos idées. Dans le chapitre qui suit, vous apprendrez l'essentiel des techniques de base, comme la peinture, la pose de papier peint et celle du carrelage.

Des photographies claires, des instructions faciles à suivre et des conseils pertinents vous guideront étape par étape d'un bout à l'autre de votre projet : à vous les couleurs estompées et pochées, la pose de dalles de vinyle, la confection de votre store enrouleur ou d'un jeté de canapé. Pour chaque technique, une première double page décrit les objets qu'il vous faudra et vous aide à évaluer la durée et le degré de difficulté de chaque opération.

Toutes les techniques concernant les sols et les murs, le travail du bois et la pose des tissus d'ameublement sont dans ce chapitre pour vous aider à mener à bien vos projets.

LA PEINTURE PROJET PAR PROJET

LA PEINTURE : PRÉPARATION ET ORGANISATION

DIFFICULTÉ : faible
DURÉE : un jour par pièce
OUTILS SPÉCIAUX : ponceuse électrique
VOIR PAGES 120 à 121

Pour obtenir un résultat durable et joli, tout travail de peinture se prépare avec soin. C'est la partie la moins intéressante, mais elle est indispensable : la plupart des échecs sont dus à un défaut d'organisation ou de préparation. Donc, réfléchissez avant de vous lancer. Utilisez les outils qui vous faciliteront le travail, une ponceuse électrique par exemple, pour réduire le temps de préparation.

Attention à ne pas éclabousser les objets ou surfaces que vous n'êtes pas censé peindre. Videz la pièce de ses meubles ou couvrez ces derniers avec des housses. Décollez les moquettes ou couvrez-les avec du papier kraft jusqu'au bord, en fixant celui-ci aux plinthes

avec du ruban adhésif si nécessaire.

Remplissez trous et fentes avec un enduit (le choix est considérable) et lessivez les surfaces à peindre avant et après ponçage : il est indispensable d'enlever toutes les impuretés susceptibles de réagir à la peinture, le résultat final en dépend.

Si vous trouvez des taches résistantes, passez une couche d'apprêt au pinceau ou au pistolet afin d'éviter que la tache ne ressorte à travers la nouvelle peinture.

LA PEINTURE : LES DIFFÉRENTES ÉTAPES

DIFFICULTÉ : faible
DURÉE : un jour
(selon la taille de la pièce)
OUTILS SPÉCIAUX : aucun
VOIR PAGES 122 à 123

Avant de peindre une pièce, il faut préparer les murs (voir pages 120 à 121) puis décider dans quel ordre on va peindre. On gagne du temps et on obtient un meilleur

résultat en peignant les grandes surfaces – plafond puis murs – avant les détails : portes, fenêtres, moulures, tringles décoratives, encadrements et plinthes.

Commencez toujours en haut et progressez vers le bas. En effet, même si vous êtes très soigneux, il y a toujours des gouttes qui se perdent et elles ne tombent jamais vers le haut. En travaillant de haut en bas, vous rattrapez au fur et à mesure coulures et éclaboussures. Il est également plus facile de faire une démarcation bien nette entre les huisseries par exemple et les cloisons si l'on peint les huisseries en dernier.

Il ne suffit pas de suivre le bon ordre pour la pièce dans son ensemble, il faut également progresser avec méthode pour chaque sous-élément – porte, fenêtres, etc. – afin de ne pas oublier un côté lors du passage de chaque couche. Cela aide également à donner une belle apparence aux parties nettement délimitées de la porte ou de la fenêtre.

LA PEINTURE DES ACCÈS DIFFICILES

DIFFICULTÉ : faible à moyenne
DURÉE : dépend de l'importance du travail
OUTILS SPÉCIAUX : manche télescopique, rouleau à radiateur, bâche de protection
VOIR PAGES 124 à 125

Naturellement, il y a dans chaque pièce des endroits moins accessibles que les autres. Pour les peindre, il faut des techniques et des outils différents ; d'abord, tâchez d'en améliorer l'accès et assurez-vous que vous êtes correctement équipé : il vous faut peut-être des outils particuliers prévus pour la peinture de précision.

Un des principaux problèmes d'accès est dû à la hauteur des murs, des plafonds ou des fenêtres ; n'hésitez pas à vous hisser sur une échelle ou un escabeau. Certains outils sont utiles, par exemple un manche télescopique que l'on fixe à celui du rouleau : on peut ainsi peindre le plafond en restant debout sur le plancher.

Pinceaux

Papier cache

Brosse en soies de porc

Pinceau d'artiste

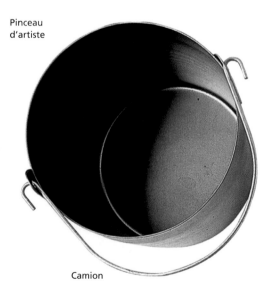

Camion

Si vous ne pouvez pas démonter les radiateurs d'une pièce avant de la peindre, un rouleau pour radiateur convient à merveille pour peindre les parties inaccessibles.

Un accessoire qui vous aidera à faire un travail propre et soigné est un simple morceau de carton, particulièrement utile quand vous peignez le long d'une vitre par exemple ; vous le placez sur la vitre, vous peignez et le bord de votre brosse s'applique sur le carton et non sur la vitre. Vous gagnez ainsi le temps considérable que vous auriez perdu à gratter la peinture sur la vitre.

LA PEINTURE D'UN MEUBLE

DIFFICULTÉ : faible à moyenne
DURÉE : deux heures
OUTILS SPÉCIAUX : tampons
VOIR PAGES 126 à 127

Pour peindre les meubles, on s'y prend de la même façon que pour peindre les murs et boiseries ; ce n'est qu'une question d'échelle. Là aussi, il est important de procéder avec ordre pour être sûr de passer le même nombre de couches partout.

La préparation du meuble est de la plus haute importance afin de toujours travailler sur une surface lisse, véritablement prête à peindre. Souvent il faut retirer les couches de peinture précédentes, ce qui est délicat si le meuble était précédemment ciré ou verni. La couleur de la peinture doit être en harmonie avec celle de la pièce ; repeindre un meuble est le meilleur moyen de l'intégrer au mieux dans la palette de peinture choisie pour la pièce.

On peut se servir de tampons pour créer un effet décoratif supplémentaire. On peut également donner d'emblée un effet vieilli pour éviter la présence trop criarde d'une peinture manifestement neuve. Après peinture, on peut protéger le meuble restauré en le cirant ou en le vernissant.

Pour garder en bon état des meubles soumis à un usage intensif – par exemple en cuisine –, on peut se contenter de repasser de temps en temps une couche de cire ou de vernis.

LA PATINE MÉTALLIQUE

DIFFICULTÉ : faible à moyenne
DURÉE : deux heures, plus séchage
OUTILS SPÉCIAUX : aucun
VOIR PAGE 128

Le progrès dans les peintures dites métallisées ouvre au décorateur un nouvel éventail de techniques. Ces peintures permettent de modifier totalement l'aspect des objets, mais leur coût en limite l'usage à des détails car il serait ruineux d'en couvrir murs et plafonds.

Vous avez le choix entre la peinture métallisée simple et la peinture métallisée d'aspect craquelé, qui donne une apparence vieillie. L'aspect craquelé est d'autant plus marqué que l'on souligne le fendillement en appliquant une couche de terre d'ombre brûlée : il faut ensuite essuyer immédiatement l'objet afin que le colorant ne demeure que dans les fentes.

LA PATINE VERT-DE-GRIS

DIFFICULTÉ : faible à moyenne
DURÉE : quatre heures par pièce en moyenne, plus séchage

OUTILS SPÉCIAUX : brosses pour pochoirs
VOIR PAGE 129

Le vert-de-gris est un effet différent de celui visé par les autres peintures métallisées. On cherche à donner l'impression d'une surface oxydée et vieillie, et non celle du métal poli brillant. L'effet vieilli convient particulièrement à des éléments moulurés fortement en relief, comme des corniches. En utilisant plusieurs couches de vernis appliquées dans le bon ordre, on obtient un effet vert-de-gris qui ressemble à s'y méprendre à la détérioration naturelle du cuivre, du laiton ou du bronze.

Plusieurs fabricants fournissent un jeu complet de peintures correspondantes sous forme de kit. Vous pouvez également faire vos propres mélanges avec du vernis acrylique normal et des colorants classiques. Pour préparer vos mélanges, référez-vous à quelques photos de vrai vert-de-gris pour arriver à une ressemblance satisfaisante des différentes nuances.

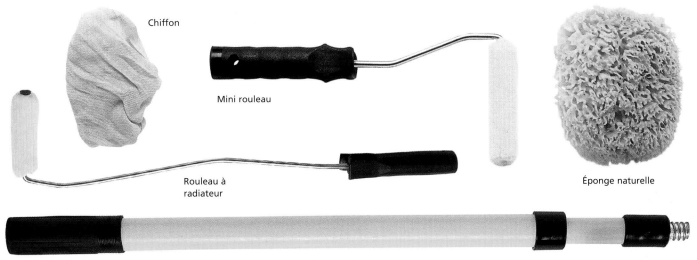

Chiffon

Mini rouleau

Rouleau à radiateur

Éponge naturelle

Manche télescopique

LA PEINTURE DES MURS ET SOLS AU POCHOIR

DIFFICULTÉ : faible à moyenne
DURÉE : un jour par pièce en moyenne
OUTILS SPÉCIAUX : crayon gras, cutter, brosses pour pochoirs
VOIR PAGES 130 à 131

En répétant les mêmes motifs peints au pochoir sur les murs et sur le sol, on obtient un effet décoratif bien intégré. Le grand intérêt des pochoirs, c'est que vous pouvez laisser libre cours à votre sens artistique en les fabriquant vous-même. Il suffit de faire un dessin au crayon gras sur une feuille de plastique transparent puis de découper au cutter.

Les frises au pochoir sont particulièrement élégantes au bas des murs ou le long des périmètres des sols, où elles semblent encadrer les autres éléments décoratifs. Il existe toutes sortes de combinaisons de pochoirs et de motifs utilisables sur les murs et les sols ; on peut se servir d'une ou de plusieurs couleurs. N'hésitez pas à faire des essais sur du vieux papier afin d'être bien sûr de votre choix.

LA PEINTURE D'UN MEUBLE AU POCHOIR

DIFFICULTÉ : faible à moyenne
DURÉE : moins d'un jour
OUTILS SPÉCIAUX : brosses pour pochoirs, pinceaux d'artiste
VOIR PAGES 132 à 133

La peinture d'un meuble au pochoir se prépare comme n'importe quel autre travail de peinture. La surface à peindre doit être préparée avec soin et l'on doit appliquer le nombre convenable de couches avant d'appliquer le pochoir. Plusieurs fabricants vendent des jeux de pochoirs assortis : vous pouvez soit suivre à la lettre les instructions fournies, soit apporter votre touche personnelle en créant vous-même vos pochoirs.

Prenez le temps de bien placer votre pochoir avant de peindre, et accordez votre attention au moindre détail. Le fait d'appliquer une couleur plus intense à tel ou tel endroit – par exemple au bord du pochoir – donne davantage de relief au motif. Servez-vous du pinceau d'artiste pour rechercher des effets particuliers.

LE GLACIS

DIFFICULTÉ : faible
DURÉE : un jour par pièce en moyenne
OUTILS SPÉCIAUX : pinceau en martre ou brosse en soies de porc
VOIR PAGE 134

C'est une technique simple qui permet d'obtenir un effet décoratif plaisant en posant un glacis teinté. C'est la méthode utilisée pour appliquer le glacis qui donne le relief. La rugosité du résultat dépend de la façon dont on estompe la peinture. On commence par passer une couche de peinture de couleur claire qui sert de base au glacis. Cette technique convient à des surfaces irrégulières, car la peinture tend à mieux accrocher dans les anfractuosités. Pour augmenter l'effet, passez plusieurs couches.

L'EFFET CÉRUSÉ

DIFFICULTÉ : faible
DURÉE : un jour par pièce en moyenne
OUTILS SPÉCIAUX : aucun
VOIR PAGE 135

Il s'agit de la même technique que le glacis, mais sur bois. On passe une couche d'une peinture-émulsion diluée ou d'un glacis teinté sur le bois nu : les veines du bois s'imprègnent du pigment contenu dans le glacis. On obtient ainsi un effet de bois teinté qui souligne les veines du bois.

Si vous voulez un effet cérusé sur des éléments décoratifs en bois, par exemple des baguettes ou des plinthes, traitez le bois avant de le fixer au mur, ce sera beaucoup plus facile. Une fois votre baguette cérusée, collez-la au mur afin qu'aucune vis ne vienne gâter l'effet recherché. Le bois cérusé côtoie avec bonheur le glacis : ensemble, ils constituent un effet décoratif harmonieux.

LE FAUX MARBRE

DIFFICULTÉ : moyenne à élevée
DURÉE : un ou deux jours par pièce en moyenne
OUTILS SPÉCIAUX : brosses à lisser et à vernir, brosse en soies de porc, pinceaux d'artiste
VOIR PAGES 136 à 137

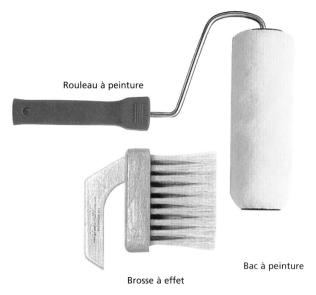

Rouleau à peinture

Brosse à effet

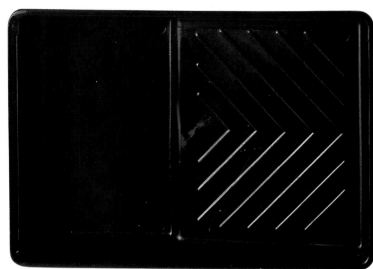

Bac à peinture

La peinture de faux marbre est un art difficile qui nécessite, pour obtenir de beaux résultats, une longue expérience. Mais, quand on le connaît, on peut décorer son logis de la cave au grenier. Si vous êtes débutant, suivez les instructions pas à pas, sans en sauter une étape : autrement, vous n'obtiendrez jamais un véritable effet de marbre. Avant de vous lancer dans la décoration de grandes surfaces, commencez par des projets peu ambitieux.

Mieux vaut travailler à deux car, si par exemple l'enduit sèche avant que vous n'ayez fini, il vous faudra tout recommencer.

Vous allez avoir besoin de nombreux pinceaux pour mener à bien votre tâche. Assurez-vous que vous les avez tous sous la main avant de vous lancer.

La peinture au chiffon

DIFFICULTÉ : faible à moyenne
DURÉE : un jour en moyenne
OUTILS SPÉCIAUX : chiffons en coton
VOIR PAGES 138 à 139

Comme la plupart des effets en peinture, la peinture au chiffon utilise un enduit teinté : on étend celui-ci soit avec des chiffons, soit avec un pinceau, avant de créer des motifs et impressions au chiffon.

Les multiples façons de manier le chiffon permettent d'obtenir des effets très variés. Selon le cas, on obtient tantôt une peinture de finition à effet matière, tantôt un motif nettement directionnel, c'est-à-dire à l'aspect de rayures qui résulte de l'utilisation d'un rouleau de chiffons. Les parties à peindre sont au préalable délimitées avec du ruban faiblement adhésif : voir page 139 un exemple détaillé. Le même principe peut s'appliquer de toutes sortes de façons afin de créer des effets personnalisés très variés.

Les effets de patine

DIFFICULTÉ : faible à moyenne
DURÉE : un jour en moyenne
OUTILS SPÉCIAUX : spalter
VOIR PAGES 140 à 141

La patine est un effet matière qui s'obtient avec un pinceau spécial ou spalter permettant de marquer délicatement une surface couverte d'enduit décoratif. On obtient ainsi un effet matière qui se rapproche du velours. Sur la surface d'un mur, on peut d'ailleurs utiliser plusieurs couleurs et les mélanger lorsqu'on passe de l'une à l'autre.

Cette technique demande de la patience, surtout dans les coins ; dans ce cas, pour vous faciliter les choses, n'hésitez pas à vous servir d'un pinceau de taille plus petite.

Les découpages

DIFFICULTÉ : faible à moyenne
DURÉE : deux à quatre heures en moyenne
OUTILS SPÉCIAUX : aucun
VOIR PAGES 142 à 143

Nous sortons là du cadre strict des techniques de peinture, mais la technique du découpage s'applique en général sur un fond peint qui la met mieux en valeur. Le découpage permet à chacun d'exprimer ses talents artistiques tout en ajoutant à un ensemble décoratif une touche tout à fait personnelle. On commence par fixer le découpage au mur grâce à une colle en aérosol, puis on le recouvre de plusieurs couches de vernis pour le protéger. Une autre technique consiste à fixer le découpage au mur avec une colle ordinaire pour papier peint diluée de façon à obtenir la consistance voulue, la même que pour fixer du papier de doublage.

On parvient ainsi à décorer des murs ou des meubles : c'est une méthode particulièrement intéressante pour créer une harmonie au moyen d'un motif ou d'un dessin que l'on retrouve à la fois sur les murs et sur des meubles, et par conséquent pour souligner l'unité du projet décoratif.

Par exemple, vous pouvez reproduire sur le dessus de la table basse le motif du papier peint collé sur les murs. À cet effet, il peut être utile, voire indispensable, de recouvrir la table basse d'une vitre afin d'assurer la pérennité du découpage. Pensez à biseauter les bords de la vitre afin d'éviter tout risque de vous couper les doigts.

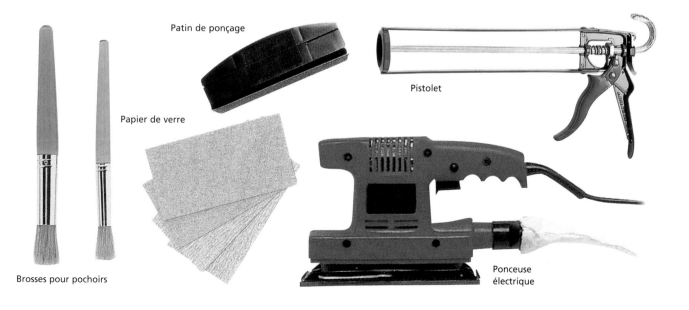

Patin de ponçage

Papier de verre

Pistolet

Brosses pour pochoirs

Ponceuse électrique

LA PEINTURE : PRÉPARATION ET MÉTHODE

OUTILLAGE

Pour préparer :
Bâche en tissu
Papier cache adhésif
Sacs en plastique

Pour reboucher et poncer :
Couteau à enduire
Ponceuse ou papier
de verre

Pour lessiver :
Solution diluée de
détergent
Gants en caoutchouc
Seau, éponge

Pour étanchéifier :
Pistolet

Pour colorer :
Pinceaux (si nécessaire)

MATÉRIEL NÉCESSAIRE

Pour reboucher et poncer :
Enduit

Pour étanchéifier :
Tube de silicone

Pour colorer :
Apprêt

Pour tous les travaux de peinture, il est indispensable de prendre du temps pour préparer soigneusement les surfaces à peindre et organiser méthodiquement les différentes étapes de votre projet.

Certes, préparation et méthode représentent l'aspect le moins important et souvent le plus rebutant de la décoration, mais elles constituent la base indispensable sur laquelle s'appuie le succès. N'oubliez pas qu'il ne suffit pas de préparer les surfaces à peindre : encore faut-il protéger celles qui ne doivent pas l'être. Videz la pièce de tous ses meubles et éléments décoratifs ; ce que vous êtes obligé de laisser dans la pièce doit être couvert de housses et de bâches ou protégé avec du papier cache pour éviter les éclaboussures malencontreuses.

Si vous obtenez un résultat décevant, plusieurs facteurs peuvent en être la cause, mais c'est le plus souvent faute d'avoir convenablement passé l'enduit de ragréage approprié – qui permet de lisser la surface – et poncé ; à moins que vous n'ayez travaillé directement sur une surface sale. Il ne suffit pas de badigeonner de peinture la crasse et la saleté : celles-ci risquent fort de ressortir une fois le travail achevé et le résultat sera désastreux. N'omettez donc pas de lessiver murs et huisseries avant de tremper votre pinceau, ce n'est pas du temps perdu !

Si vous devez déplacer des tuyaux ou des conducteurs électriques, faites-le avant de commencer les finitions, faute de quoi celles-ci seraient à refaire. De la même façon, décidez au départ si vous préférez garder les tableaux et étagères au même endroit. Si ce n'est pas le cas, déposez-les, retirez les crochets du mur et bouchez les trous avant de peindre, puis raccrochez-les à l'endroit que vous aurez choisi une fois que la peinture aura séché.

PRÉPARER

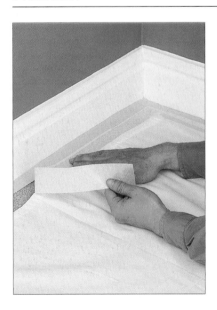

1 Si la moquette doit rester en place pendant les travaux de peinture, couvrez-la intégralement, par exemple avec une bâche. Collez les bords aux plinthes avec du papier cache ou du ruban adhésif afin que la bâche ne glisse pas.

2 Protégez chaque lampe encastrée dans un sac en plastique, non sans avoir auparavant coupé le courant. Retirez ou protégez les poignées de porte – sans vous enfermer dans la pièce. Recouvrez les prises de courant avec du papier cache.

Reboucher et poncer

1 Les fentes et petits trous doivent être colmatés avec un enduit polyvalent. Dégagez bien les bords avec un cutter. Époussetez les menus gravats, puis mouillez les fissures avec de l'eau à l'aide d'un vieux pinceau.

2 Préparez votre enduit polyvalent de telle sorte qu'il soit lisse et ferme. Prenez-en une noix sur votre couteau à enduire et colmatez la fente. Appuyez sur la lame afin de bien faire pénétrer l'enduit au fond de la fissure. Faites du travail propre, vous aurez ensuite moins à poncer.

3 Quand l'enduit est sec, poncez. Une ponceuse électrique vous fera gagner du temps. Sur les trous profonds, il faut parfois passer l'enduit en plusieurs fois.

Lessiver

Toutes les surfaces à peindre doivent être lessivées, avant ou après rebouchage. Servez-vous d'une solution diluée de détergent pour ôter toute trace de crasse et de saleté. Rincez ensuite à l'eau tiède et propre.

Étanchéifier

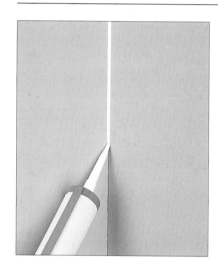

Quand des fentes se produisent dans les angles, mieux vaut utiliser un matériau souple, par exemple du silicone. Celui-ci se présente en tube et s'applique au pistolet. Après avoir déposé un cordon de silicone, faites pénétrer en passant dans l'angle un doigt humide de bas en haut.

Colorer

Après lessivage, vous aurez çà et là des différences de coloration qui risquent de ressortir. Passez au pinceau ou à la bombe une couche d'apprêt d'une couleur proche de celle de la surface à peindre.

LA PEINTURE : LES DIFFÉRENTES ÉTAPES

Afin de gagner du temps et de ne pas dépenser inutilement votre énergie, respectez scrupuleusement l'ordre des travaux. Réfléchissez à la manière dont vous allez procéder et établissez un plan d'action. D'une façon générale, il faut travailler de haut en bas : commencez par le plafond et les murs avant de vous attaquer aux portes, fenêtres et plinthes. En effet, il est plus facile de peindre une limite bien rectiligne en suivant le bord des huisseries plutôt que le contraire. Pour obtenir vraiment les meilleurs résultats, laissez sécher chaque couche avant d'appliquer la suivante. Pour les portes et les fenêtres, essayez de respecter un ordre de travail strict que vous aurez défini au préalable, surtout si vous passez deux couches de peinture ou davantage : en procédant dans le désordre, vous risquez d'oublier tel endroit ou de passer sur tel autre des couches inutiles.

ORDRE À SUIVRE POUR UNE PIÈCE

Il faut travailler de haut en bas pour éviter de recommencer à cause des coulures et éclaboussures.

Si vous commencez par le plafond – surtout si vous peignez au rouleau –, les gouttes tombant un peu partout seront couvertes au fur et à mesure que vous avancerez dans votre travail.

Mais, si vous peignez d'abord les parties les plus basses, vous éclabousserez au moment de peindre le plafond, ce qui n'arrangera pas le résultat de votre travail. Il est donc important de déterminer l'ordre des travaux. Voir à droite les étapes à suivre.

TRUCS ET ASTUCES

Pour calculer la quantité de peinture, consultez sur le pot les chiffres donnés par le fabricant. Les surfaces vierges – par exemple le plâtre neuf – boivent plus que les surfaces à repeindre. La première couche demande plus de peinture que la ou les suivantes. La quantité varie aussi suivant la marque. D'une façon générale, la peinture à l'eau ou acrylique a un pouvoir couvrant plus important que la peinture à l'huile.

1 Le plafond d'abord ! Si vous peignez au rouleau, commencez d'un côté du plafond et progressez vers le côté opposé. Quant aux angles, vous les ferez au pinceau.

2 Continuez avec la moulure ou la corniche. Respectez une limite bien rectiligne avec le plafond ; sur le mur, en revanche, cela ne fait rien s'il y a quelques bavures.

3, **4** et **5** Ensuite les murs, de haut en bas. Faites un raccord bien propre avec la moulure, sans trop vous préoccuper des lambris d'appui, plinthes et autres huisseries.

6, **7** et **8** Peignez les lambris d'appui et la plinthe, de haut en bas. Faites des raccords propres avec le mur.

9 Peignez les portes et fenêtres. Faites des raccords propres entre l'encadrement et le mur.

10 Si besoin, occupez-vous alors du sol.

PEINDRE UNE PORTE À PANNEAUX

La plupart des portes sont à panneaux ; pour les peindre, il faut procéder en bon ordre afin d'appliquer partout le même nombre de couches. Si vous procédez de manière rigoureuse, vous obtiendrez sans conteste le meilleur résultat au moindre prix. Retirez d'abord poignées, serrures et autres accessoires qui n'ont nul besoin d'être peints. C'est une excellente occasion de les nettoyer à fond ; vous les replacerez une fois la peinture sèche. L'ordre des opérations est illustré à droite. En le respectant, vous êtes assuré de n'oublier aucune des parties de la porte. Pendant votre travail, veillez à ne faire ni coulure ni éclaboussure, surtout contre les angles de panneaux. Essuyez-les si nécessaire.

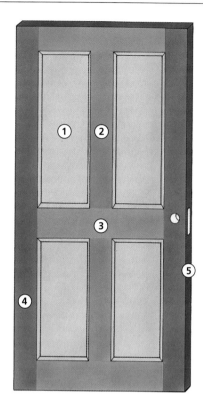

1 Commencez par peindre les panneaux, de haut en bas ; continuez avec les moulures. Contrairement à l'exemple présenté, certaines portes comportent plus de quatre panneaux ; dans tous les cas, travaillez toujours de haut en bas.

2 Peignez ensuite le montant central, celui qui fait la jonction entre les deux panneaux supérieurs.

3 Peignez la ou les traverses horizontales, de haut en bas.

4 Continuez en peignant les montants extérieurs.

5 Pour finir, peignez les côtés verticaux et horizontaux de la porte, puis le dormant.

PEINDRE UNE FENÊTRE À BATTANTS

Peindre une fenêtre demande plus de précision que peindre une porte à cause du verre. La meilleure solution, c'est de partager la fenêtre en sections. Commencez chaque section par la partie de la traverse longeant le verre, et éloignez-vous progressivement vers le dormant.

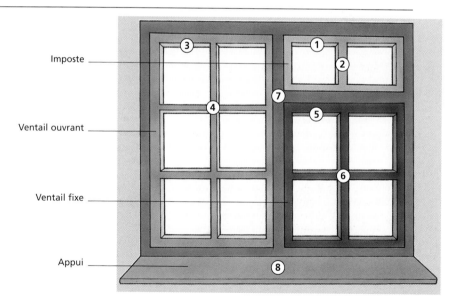

Imposte

Ventail ouvrant

Ventail fixe

Appui

1 et **2** Commencez le travail par le bâti de l'imposte ; faites ensuite sa traverse.

3 et **4** Vous pouvez alors peindre le bâti du vantail ouvrant, puis ses traverses.

5 et **6** Peignez le bâti du vantail fixe, puis sa traverse.

7 Peignez le châssis.

8 Essuyez l'appui avec un chiffon imbibé de white-spirit et peignez-le.

LA PEINTURE DES ACCÈS DIFFICILES

OUTILLAGE

Manche télescopique et
pinceau à long manche
Chiffon et papier cache
Rouleau à radiateur, carton
et papier cache de faible
adhérence
Carton mince, écran à
bavette
Petit pinceau
Pinceau d'artiste

Toutes les surfaces ne sont pas
faciles à peindre : certains endroits
sont peu accessibles, parfois on a des
difficultés à placer le pinceau ou le
rouleau, d'autres fois la surface est
elle-même réfractaire. La plupart
du temps, il suffit de faire comme
Michel-Ange au plafond de la chapelle
Sixtine : procéder avec méthode.

Vous trouverez dans le commerce
de nombreux outils fort utiles : par
exemple différents masques, caches
ou écrans pour protéger les endroits
que vous ne désirez pas peindre.
Prévoyez tout à l'avance : vous
gagnerez un temps précieux en ayant
sous la main le bon outil au bon
moment.

TOUJOURS PLUS HAUT

1 Les rouleaux
à manche
télescopique vous
feront gagner du
temps : plus besoin
de va-et-vient sur
l'escabeau pour peindre
le plafond et le haut
des murs. Assurez-vous
avant l'achat que les
manches télescopiques
s'emboîtent bien
dans la monture
de votre rouleau.

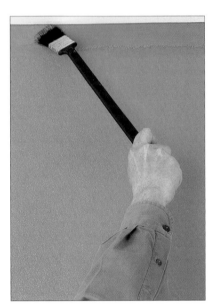

2 Une fois le rouleau
passé en haut du
mur, il faut procéder à
la finition. Pour peindre
le raccord, utilisez de
préférence un pinceau
coudé à manche long,
qui vous permettra de
travailler en restant
debout sur le sol.

ATTENTION AUX MURS

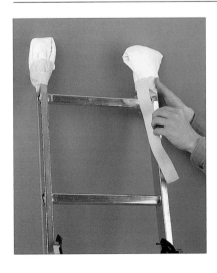

Dans les endroits
particulièrement
hauts, par exemple les
cages d'escalier, vous
aurez certainement
besoin d'une échelle.
Emmaillotez
soigneusement votre
échelle pour éviter que
les bords supérieurs
n'égratignent votre
mur.

TRUCS ET ASTUCES

De nos jours, les échelles ont fait des
progrès : il est maintenant inutile d'en
acheter une pour chaque usage. À
l'extérieur, vous aurez peut-être besoin
d'échelles de grande longueur mais, à
l'intérieur, les échelles transformables
doivent servir à la fois d'escabeau,
d'échelle articulée normale et de plate-
forme de travail. Au prix d'une petite
dépense supplémentaire, la qualité paie :
elle vous fera gagner du temps et de la
place, vous amortirez ainsi rapidement
votre investissement initial.

RADIATEURS

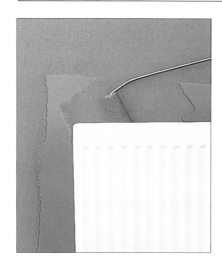

1 L'idéal est de démonter le radiateur pour peindre derrière, mais il faut pour cela connaître la plomberie. Et puis, un radiateur, c'est lourd. Servez-vous plutôt d'un rouleau à radiateur, qui se glisse n'importe où.

2 Fermez le robinet de votre radiateur avant de le peindre. Les bombes de peinture en aérosol vous feront gagner du temps, mais portez un masque de protection. Protégez également le mur pour éviter à tout prix de le peindre en même temps, même s'il est rigoureusement de la même couleur.

CACHES, ÉCRANS ET MASQUES

Vous peindrez plus vite un tuyau en glissant derrière un morceau de carton pour protéger le mur. Au fur et à mesure que votre travail avance, déplacez le carton d'une main et le pinceau de l'autre.

Il est fort long de peindre les fenêtres à cause de la précision des raccords : en effet, il ne faut pas peindre les vitres. Gagnez du temps grâce à un écran à bavette que vous posez dans l'angle entre la vitre et la traverse : ainsi, les bavures ne toucheront que la bavette.

FINITIONS

1 La peinture de certains détails comme les corniches risque de prendre du temps ; accélérez le processus en gardant la couleur de l'apprêt comme couleur de fond.

2 Avec un pinceau d'artiste fin, fignolez les détails couleur par couleur. Ce type de peinture demande du temps, mais le jeu en vaut la chandelle.

LA PEINTURE D'UN MEUBLE

OUTILLAGE
Papier de verre à gros
grain et à grain fin
Chiffon
Pinceau
Tampon(s)
Rouleau à tampon
Paille de fer fine

MATÉRIEL NÉCESSAIRE
Peinture-émulsion
Peinture laquée
Cire transparente

Il suffit parfois d'une couche de peinture pour transformer un vieux meuble ou modifier un meuble neuf. Les choix sont variés ; on applique les couches de peinture avec ou sans ponçage intermédiaire selon que l'on désire un fini uniforme ou vieilli. Dans l'exemple de cette double page, on a choisi de rénover une chaise ancienne tout en lui donnant un cachet à l'ancienne.

Les tampons constituent une technique de décoration supplémentaire ; le choix des couleurs et des motifs du tampon est une affaire de goût personnel mais, détail important, il ne faut pas perdre de vue la palette retenue pour l'ensemble de la pièce. Les débutants courent le risque de dépasser l'effet recherché en distribuant les coups de tampon à tort et à travers. N'en faites pas trop et n'oubliez pas cette règle essentielle : l'œuvre d'art est parfaite quand on ne peut plus rien lui enlever.

Peindre un meuble est la façon la plus simple d'adoucir une palette de couleurs et d'intégrer dans la pièce les sièges et autres objets de décoration.

1 Poncez intégralement la chaise avec du papier de verre au grain de plus en plus fin. Retirez ainsi la vieille peinture qui s'écaille, puis essuyez avec un chiffon propre et humide pour retirer toute trace de poussière.

2 Appliquez de haut en bas une couche de peinture-émulsion de façon bien régulière. Laissez sécher, puis passez la deuxième couche. Pendant tout le travail de peinture, retirez chaque coulure d'un coup de pinceau au fur et à mesure.

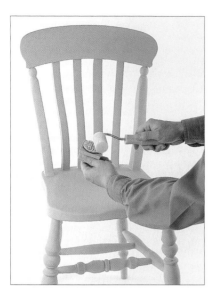

3 Enduisez le tampon de peinture d'un coup de rouleau et faites un essai sur un morceau de papier. Veillez à ce que l'épaisseur de peinture soit constante.

4 Présentez le tampon en face de l'endroit souhaité, puis appliquez-le fermement de haut en bas, en prenant garde de ne pas le déplacer.

5 Retirez le tampon bien droit, en évitant de nouveau de le frotter contre la surface de la chaise. Imprégnez à nouveau le tampon de peinture et appliquez le coup de tampon suivant. Changez de tampon si nécessaire.

6 Une fois la peinture sèche, poncez légèrement avec du papier de verre fin les endroits à « vieillir », notamment les angles et les parties des moulures en saillie, plus exposés que le reste du meuble à une usure prématurée.

7 Comme finition, passez une couche de cire transparente avec de la paille de fer fine pour protéger la peinture. Cette opération va encore retirer un peu de peinture, y compris des motifs décoratifs : cela ne fera que renforcer l'effet de vieillissement.

LE THÈME DE LA MER

Des meubles décorés de façon personnalisée permettent de parfaire la palette d'une pièce. Ici, une vaste cuisine où l'on retrouve à plusieurs endroits la couleur de la table en bois naturel (voir page 67). Le reste de la table a reçu plusieurs couches de peinture gris clair, que l'on a vieillie avant d'ajouter le motif du poisson au tampon.

LA PATINE MÉTALLIQUE

OUTILLAGE

Pinceau
Chiffon

MATÉRIEL NÉCESSAIRE

Peinture métallisée
Vernis à craqueler
(deux composants :
couche d'apprêt et
couche de finition)
Terre d'ombre brûlée
(voir magasins de
fournitures pour artistes)
Vernis (facultatif)

La finition obtenue par l'application d'une peinture métallisée transforme complètement le moindre objet domestique : elle change à la fois sa couleur et sa texture. Cette transformation peut être renforcée en vieillissant artificiellement la peinture métallisée avec du vernis à craqueler pour donner à l'objet un aspect vieilli, voire antique.

On trouve facilement de la peinture métallisée, dont le résultat est de plus en plus réaliste quel que soit le matériau de base. Le choix est vaste entre différentes couleurs de « métaux » : tout est affaire de préférence personnelle. Ci-dessous, un récipient en terre cuite devient de l'étain. On aurait pu tout aussi bien choisir l'or, le laiton ou le cuivre, avec éventuellement un effet de craquelure pour le transformer, selon nos préférences, en objet de brocante, voire de musée.

1 Appliquez au pinceau une couche régulière de peinture métallisée sur la terre cuite. Suivez scrupuleusement les instructions du fabricant : ce type de peinture a un pouvoir couvrant élevé ; en général, une couche suffit.

2 Dès que la peinture métallisée est sèche, passez le premier composant du vernis à craqueler selon le mode d'emploi du fabricant. Veillez à ne pas faire de coulures. L'aspect laiteux disparaît au séchage : le résultat reste un peu collant, mais il est transparent.

3 Passez à présent la couche de finition du vernis, toujours au pinceau ; couvrez bien toute la surface. Le séchage de la dernière couche forme des craquelures d'autant plus profondes que la couche de finition est épaisse.

4 Pour renforcer l'effet de fendillement, frottez la surface du pot avec un chiffon imbibé d'un peu de terre d'ombre brûlée. Celle-ci se loge dans les anfractuosités créées par le vernis à craqueler, offrant l'aspect antique recherché. Si vous voulez, finissez par une couche de vernis transparent.

LA PATINE VERT-DE-GRIS

OUTILLAGE

Brosses pour pochoirs
Pinceau
Chiffon

MATÉRIEL NÉCESSAIRE

Peinture-émulsion
Patine à métaux
Colorants

Le vert-de-gris est une substance cristallisée qui se forme à la surface du cuivre, du laiton ou du bronze sous l'action d'un acide qui perce à la surface du métal.

Néanmoins, les nuances typiques de vert que présente le vert-de-gris peuvent être simulées sur toutes sortes de matériaux en leur donnant un aspect vieilli du plus heureux effet. Le résultat est particulièrement remarquable à l'intérieur d'une pièce, notamment sur des surfaces qui offrent un relief travaillé ou chargé, par exemple une corniche. Pour obtenir un bon effet de vert-de-gris, il faut appliquer deux ou trois nuances de vert, en mélangeant de la patine à métaux avec des colorants suivant le mode d'emploi du fabricant. Certaines marques livrent des kits complets, qui évitent le souci de faire ses propres mélanges. Les différentes teintes sont à appliquer l'une après l'autre.

1 Passez sur la corniche une couche d'apprêt et laissez sécher. Avec une grosse brosse pour pochoir, passez sur la corniche une couche du vert le plus pâle. Veillez à faire pénétrer les soies dans les moindres anfractuosités, sans badigeonner pour autant toute la surface.

2 Avant séchage complet, essuyez la surface de la corniche avec un chiffon légèrement humide : vous nettoierez ainsi les parties en relief, laissant la peinture dans les creux.

3 Passez à présent un vert beaucoup plus foncé avec la même brosse, non sans avoir nettoyé celle-ci ; insistez sur les parties en relief. Après séchage, appliquez enfin le vert le plus sombre avec une brosse plus petite. Laissez sécher.

4 En dernier lieu, diluez la peinture verte la plus foncée en ajoutant un peu de patine afin d'obtenir une couleur plus claire et une consistance plus transparente. Badigeonnez la totalité de la corniche avec cet enduit dilué. Cela contribuera à donner un effet vieilli tout en couvrant les recoins où l'on apercevrait encore la couleur de base.

LA PEINTURE DES MURS ET SOLS AU POCHOIR

OUTILLAGE

Papier
Crayon
Planche à découper
Acétate
Crayon gras
Cutter
Mètre ruban
Pochoir
Pinceau
Papier cache
Brosses pour pochoirs

MATÉRIEL NÉCESSAIRE

Peinture à pochoir
Peinture à émulsion
Vernis (facultatif)

Les motifs ethniques se prêtent toujours à merveille à la reproduction au pochoir, surtout quand de subtiles variations de couleurs offrent une gradation des effets sur les sols et les murs.

Le pochoir est une technique décorative qui permet d'ajouter couleurs et motifs sur toutes sortes de surfaces. La technique est d'ailleurs la même qu'il s'agisse de murs, de sols ou de meubles (voir pages 132-133). On trouve dans le commerce une foule de pochoirs tout prêts, néanmoins il est passionnant de réaliser soi-même ses propres pochoirs, ce qui ajoute bien évidemment une touche plus personnelle à votre décoration. Les pochoirs peuvent se fabriquer avec du carton mince ou des feuilles d'acétate : ces dernières sont plus durables et plus faciles à nettoyer.

CONFECTIONNER UN POCHOIR

1 Tracez les contours de votre pochoir sur un morceau de papier en définissant avec netteté le contour. Si vous n'avez pas la main sûre, contentez-vous de décalquer. Restez simple : ce sont souvent les motifs les moins compliqués qui se prêtent le mieux au pochoir.

2 Transférez le motif sur la feuille d'acétate et servez-vous d'un crayon gras pour décalquer le dessin dessus. Placez l'acétate sur une planche à découper et découpez le contour au cutter en suivant soigneusement le dessin.

UTILISER UN POCHOIR

1 En commençant par un fond coloré, on renforce l'effet du dessin au pochoir. Dans notre exemple, la frise ainsi obtenue sert à définir le périmètre du sol de la pièce. Mesurez la largeur du pochoir pour placer celui-ci au bon endroit sur le plancher.

2 Tracez la bonne largeur sur le plancher et délimitez-la avec du papier cache : à l'aide d'une petite brosse, appliquez la peinture qui constituera le fond coloré. Veillez à ce qu'aucun coup de pinceau ne déborde à l'extérieur du papier cache.

3 Une fois le fond coloré peint, retirez le papier cache : si la peinture s'est infiltrée sous le papier cache, retirez-la au papier de verre afin que les limites du fond coloré soient nettes et précises.

4 Posez le pochoir sur le fond coloré et peignez avec une brosse pour pochoir modérément chargée en peinture, en appliquant de petites touches par une suite de mouvements verticaux ; la brosse doit rester en permanence perpendiculaire au plancher. Déplacez votre pochoir pour faire le tour de la pièce.

5 Le même dessin peut s'appliquer sur les murs. Mais, dans le cas illustré ici, on a confectionné un autre pochoir pour décorer les angles de la pièce. Si vous voulez donner davantage de relief à cette technique, appliquez plus de peinture sur les bords qu'au milieu.

6 Le deuxième motif, confectionné sur mesure, a été également utilisé sur le sol pour faire le lien entre les deux dessins. De temps en temps, rincez vos pochoirs à l'eau tiède pour enlever la peinture qui s'accumule. Une fois la peinture sèche, vous pouvez si vous le désirez la protéger par une couche de vernis.

LA PEINTURE D'UN MEUBLE AU POCHOIR

OUTILLAGE

Papier de verre
Chiffon
Pinceau
Pochoirs
Papier cache
Grosse brosse pour pochoir
Petite brosse pour pochoir
ou pinceau d'artiste

MATÉRIEL NÉCESSAIRE

Peinture-émulsion blanche
Glacis acrylique
Pigments
Peintures pour pochoir
Vernis

Le plus humble meuble, fût-ce une commode en contreplaqué, peut recevoir une décoration raffinée grâce à des pochoirs bien coordonnés.

Les pochoirs constituent un bon moyen pour donner du chic à des meubles tout simples. Les pochoirs eux-mêmes peuvent d'ailleurs être d'une grande complexité ; ils sont aussi utiles pour rénover un meuble ancien que pour cacher une surface usée. Dans l'exemple de cette page, on utilise la technique du pochoir pour personnaliser une commode sans grand attrait, afin de la rendre hautement décorative.

1 Poncez légèrement au papier de verre, puis passez un chiffon humide pour retirer la poussière de ponçage. Soignez particulièrement les surfaces qui vont être décorées au pochoir.

2 Ôtez les tiroirs. Passez sur la commode une couche d'apprêt blanc, puis peignez les tiroirs séparément. Si le bois est très résineux, choisissez l'apprêt en conséquence ; mais, en général, une simple peinture-émulsion constituera une sous-couche adaptée pour un glacis acrylique.

3 Mélangez deux glacis, en ajoutant des pigments si nécessaires. Dans notre exemple, le glacis acrylique a été teinté pour obtenir un vert clair et un bleu moyen. Passez une couche de vert clair à l'extérieur de la commode, en tirant bien vos coups de pinceau pour arriver à une finition translucide.

4 Passez une couche de vert clair sur les côtés et les chants de quatre tiroirs, et de bleu moyen sur les quatre autres. L'intérieur des tiroirs peut recevoir une couche de glacis ou rester nu.

5 Choisissez un pochoir pour l'ensemble de votre commode et commencez avec un tiroir. Posez-le face visible en l'air et collez le pochoir à sa place avec du papier cache.

6 Passez la peinture avec une grosse brosse pour pochoir sur les motifs les plus grands. Gardez toujours le manche perpendiculaire à la surface à peindre, et déposez la peinture par touches successives d'un mouvement vertical de haut en bas. Ne surchargez pas votre brosse de peinture.

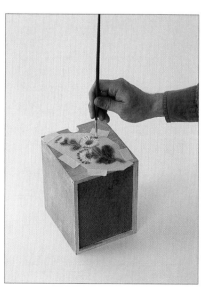

7 Nettoyez la brosse régulièrement et évitez de baver d'une couleur sur l'autre. Pour les parties les plus fines, servez-vous d'une brosse pour pochoir plus petite ou du bout des soies d'un pinceau d'artiste.

8 Dès qu'un pochoir est fini, retirez-le avec précaution et continuez sur un autre tiroir ou une partie de la commode. Une fois que toute la peinture est sèche, protégez-la par une couche de vernis.

LE GLACIS

OUTILLAGE

Brosse large
Pinceau en martre ou
brosse en soies de porc

MATÉRIEL NÉCESSAIRE

Peinture-émulsion
Glacis acrylique
Pigments
Vernis (facultatif)

L e glacis est l'une des techniques les plus faciles à réaliser. Les traces des coups de pinceau créent un effet matière qui se combine avec la couleur de l'apprêt pour donner un effet à trois dimensions à demi transparent. L'intensité de l'effet dépend de la couleur de l'apprêt et du nombre de couches.

On obtient un excellent résultat en traitant les murs au glacis et les parties en bois en cérusé.

1 Passez une couche d'apprêt sur la surface du mur et laissez sécher. Ici, l'apprêt est bleu pâle. Appliquez une couche de glacis avec un pinceau large à soies dures. Donnez des coups de pinceau dans tous les sens.

2 Servez-vous d'un pinceau en martre ou d'une brosse en soies de porc pour estomper les coups de pinceau et répartir la couleur du glacis sur la surface du mur. Agissez avec le plus grand doigté ; les soies de la brosse doivent à peine effleurer le mur.

3 Une fois cette couche sèche, appliquez une seconde couche légèrement plus foncée et, de nouveau, estompez avec une brosse en soies de porc. Vous pouvez recommencer l'opération plusieurs fois, pour accentuer l'impression de profondeur et d'espace. Terminez avec une couche de vernis si vous le souhaitez.

CRÉER UNE AMBIANCE

Le glacis est une technique subtile, mais qui peut faire beaucoup pour donner de la chaleur à une pièce. Les murs ainsi traités constituent un cadre propice à bien des choses. Ici, un glacis de couleur brique vieillie a été appliqué sur des murs en plâtre non lissé, donnant l'illusion d'une cour méditerranéenne (voir page 23).

L'EFFET CÉRUSÉ

OUTILLAGE

Pinceau
Chiffon
Cire incolore
Pistolet
Crayon
Niveau à bulles

MATÉRIEL NÉCESSAIRE

Cire à céruser
Pigments
Colle

L'effet cérusé s'obtient par une technique analogue à celle du glacis, sauf qu'il suffit d'essuyer la surface dès qu'elle est peinte. Le résultat est analogue car la cire teintée fournit un effet général sans dessin particulier, mais qui met en valeur différents endroits au hasard. La technique peut également s'utiliser sur des murs, quoique le terme s'applique en général à des surfaces en bois. Elle consiste à peindre du bois nu, ce qui fait ressortir les veines naturelles, pour aboutir à un effet teinté hautement décoratif. Les meilleurs résultats s'obtiennent avec un bois possédant des veines très marquées, ce qui provoque des variations de couleurs plus tranchées. Inutile de commencer par une peinture-émulsion : il suffit de mélanger une cire à céruser de la couleur de votre choix avec un ou plusieurs pigments, puis de l'appliquer directement sur le bois.

1 Mélangez la cire à céruser avec un pigment de votre choix et passez directement une couche au pinceau sur le bois, de façon régulière. Ici, on peint un lambris d'appui. Appliquez de préférence la cire teintée avant de fixer la pièce de bois au mur : cela évitera de tacher celui-ci.

2 Avant séchage de la cire, essuyez le bois sur toute sa longueur avec un chiffon propre et sec. La cire à céruser pénètre dans le bois en faisant ressortir ses veines. Une fois la cire sèche, frottez le bois avec un chiffon imprégné de cire incolore : cela renforce l'effet décoratif et protège la peinture.

3 Au lieu de clouer le lambris d'appui sur le mur en abîmant la peinture, collez-le avec une colle appropriée, en général fournie en tube et appliquée avec un pistolet.

4 Appliquez le lambris d'appui contre le mur, le long d'une ligne tracée au crayon, en vous aidant d'un niveau à bulles. Appuyez bien pour étaler la colle, et essuyez soigneusement avec un chiffon humide l'excédent de colle qui ressort des deux côtés du lambris.

LE FAUX MARBRE

OUTILLAGE
Pinceaux
Brosse à lisser
Brosse en soies de porc
Pinceau d'artiste
Papier de verre fin

MATÉRIEL NÉCESSAIRE
Peinture-émulsion blanche
Glacis acrylique
Pigments
Colorant terre de Sienne
Vernis laqué

La pratique du faux marbre est un métier en soi, aussi difficile que la peinture artistique ; pour obtenir un effet authentique, il vous faut beaucoup de patience. Entraînez-vous sur un carton avant de vous attaquer à un mur.

L'avantage de cette technique, c'est qu'elle autorise toutes sortes d'expériences avec maintes couleurs et motifs. Entraînez-vous avec un nombre variable de teintes de différentes intensités ; changez l'angle et le tracé des rainures ; vous finirez par trouver le résultat qui convient à la pièce qu'il vous faut décorer.

Si vous êtes assez sûr de vos talents, vous pouvez essayer d'appliquer cette technique sur un pan de mur. Mais attention, il est très difficile d'obtenir le même effet sur toute la surface d'un mur : par conséquent, il est beaucoup plus simple de traiter des surfaces réduites, par exemple en dessous d'un lambris d'appui. De toute façon, un faux marbre bien réussi embellit une pièce de façon spectaculaire.

Il est souvent plus facile de travailler à deux : l'un se charge du glacis tandis que l'autre utilise les différents outils nécessaires à la technique du faux marbre ; afin d'obtenir des résultats homogènes, chacun se concentre sur sa propre tâche.

Le faux marbre crée dans une pièce une ambiance particulière qui change avec la nature et l'intensité des sources lumineuses.

1 Passez d'abord une couche d'apprêt blanche, et laissez sécher. Ensuite, passez deux glacis différents avec une brosse de 25 mm de large. Donnez des coups de pinceau irréguliers mais toujours dans la même direction, sans couvrir toute la surface de l'apprêt.

2 Sans attendre le séchage, passez une brosse à lisser perpendiculairement aux coups de pinceau précédents afin de mêler les deux glacis acryliques. Couvrez ainsi les parties où ressortait l'apprêt de façon à obtenir une coloration irrégulière.

3 Avec une brosse en soies de porc, effleurez légèrement le mur pour effacer toute trace des coups de pinceau : faites un premier passage transversalement aux coups de pinceau, puis un deuxième passage perpendiculaire au premier.

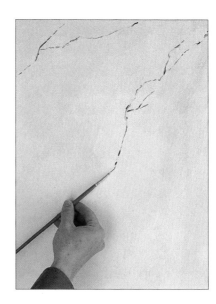

4 Avec un pinceau fin, appliquez les rainures terre de Sienne en roulant le manche du pinceau entre le pouce et l'index. Tâchez de tracer les veinures dans le même sens que l'application initiale du glacis.

5 De nouveau, estompez avec une brosse en soies de porc ; au premier passage, frottez perpendiculairement aux veinures puis, au second, passez le pinceau dans le même sens que les veinures.

6 Après séchage complet, poncez légèrement avec un papier de verre fin. Surtout, n'égratignez pas le mur. Ce ponçage a pour rôle de lisser la finition et de faire un peu de poussière sans modifier les couleurs.

7 Ne retirez pas la poussière avec un chiffon : au contraire, fixez-la au mur avec du vernis laqué. Laissez sécher, poncez encore et passez une autre couche. C'est cette succession de ponçages et de laquages qui fournit l'effet de marbre, atténuant les marbrures et fournissant une surface bien plane d'aspect très résistant.

TRUCS ET ASTUCES

● Le marbre est une pierre naturelle qu'il faut copier avec le plus de soin possible pour obtenir un effet authentique. La nature étant très difficile à imiter, aidez-vous d'une photo de bonne qualité ou d'un échantillon de marbre véritable.

● Il n'y a pas que les murs que l'on peut faire en faux marbre ; pensez aux tables basses, aux étagères, aux lampes, etc.

LA PEINTURE AU CHIFFON

OUTILLAGE

Gants
Pinceau
Seau à peinture
Chiffon en coton

Protection
Papier cache

MATÉRIEL NÉCESSAIRE

Peinture-émulsion
Glacis
Pigments

La structuration réalisée en tous sens ou de façon directionnelle comme ici change de façon spectaculaire le résultat obtenu avec une couche de peinture.

Avec des tissus et des chiffons, il est facile de donner un effet matière à la peinture d'un mur. Les deux principales techniques consistent à appliquer de la peinture sur un mur avec un chiffon, ou au contraire à l'en enlever. Une troisième méthode consiste à faire un rouleau de chiffons que l'on fait rouler sur le mur dans une direction donnée. Cette technique peut s'appliquer à une surface particulière, délimitée par du papier cache. On obtient alors un effet de rayures ruisselantes.

APPLICATION AU CHIFFON

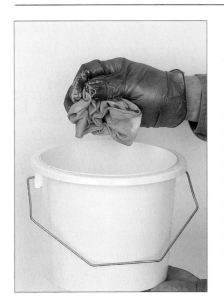

1 Dès que l'on touche au chiffon, mieux vaut porter des gants sinon le nettoyage des mains est délicat. Placez d'abord une couche de peinture-émulsion et laissez sécher. Mélangez le glacis et les pigments. Trempez un chiffon roulé en boule dans le glacis. Pressez le chiffon pour enlever le glacis en excédent.

2 Tamponnez toute la surface du mur avec le chiffon roulé en boule dans la main. Après chaque coup de tampon, changez l'angle de la main et du poignet afin de ne pas faire de motifs répétitifs. Rechargez en glacis dès que cela est nécessaire.

TAMPONNÉ APRÈS PEINTURE

1 Appliquez d'abord une couche de peinture-émulsion et laissez sécher. Passez ensuite une couche de glacis sur le mur avec une brosse large, en recouvrant bien tout l'apprêt par unités de 1 m² environ – faute de quoi le glacis risquerait de sécher avant que vous n'ayez fini.

2 Avec un tissu humide chiffonné, tamponnez la surface encore humide. Après chaque coup de tampon, changez l'angle du poignet. Quand le chiffon est saturé, lavez-le soigneusement à l'eau claire et continuez sur l'ensemble de la surface déjà couverte de glacis.

STRUCTURATION PAR ROULAGE

1 Découpez quelques morceaux de tissu de 25 cm de côté et roulez-les en cylindre. Prenez soin de replier les extrémités vers l'intérieur, de façon à ne pas laisser traîner la partie effrangée.

2 Passez une couche de glacis comme dans l'étape 1 de TAMPONNÉ APRÈS PEINTURE. Mouillez le cylindre de tissu et faites-le rouler sur le mur suivant une trajectoire aussi verticale que possible ; à chaque trajet de haut en bas, veillez à assurer un certain recouvrement avec la partie déjà traitée.

SURFACES MASQUÉES

1 Avec du papier cache, isolez une bande verticale du mur ; passez une couche de glacis entre les deux bandes de papier, puis roulez un tissu sur la partie peinte en veillant à ne pas baver à l'extérieur.

2 Une fois la structuration terminée, ôtez le papier cache des deux côtés pour révéler la bande de motifs. Passez aux surfaces suivantes.

Les effets de patine

OUTILLAGE

Pinceau
Spalters
Chiffon

MATÉRIEL NÉCESSAIRE

Glacis acrylique
Pigments
Vernis ou cire teintée

L'effet de patine est une technique subtile et délicate, où l'on retravaille la surface du mur pour un rendu plus structuré que celui obtenu avec une simple couche de peinture. Comme dans la plupart des techniques, on se sert du glacis pour la finition, de sorte que la texture patinée soit légèrement translucide. Appliquer l'effet de patine n'est pas très difficile, mais il faut beaucoup de patience pour se servir du spalter sur toute la surface d'un mur : si l'on oublie un seul endroit, cela se verra et l'effet général en sera irrémédiablement gâché.

L'effet de patine peut s'appliquer sur une seule couleur ou, comme dans le cas illustré ici, deux couleurs dont la limite floue présente un effet décoratif inhabituel. Il peut également s'appliquer pour créer des rainures dessinées au hasard à la surface du mur, ou encore aux bords ou aux coins de la pièce afin de leur donner une teinte légèrement différente des parties centrales de la pièce.

L'effet de patine des murs fournit un fond velouté et chaleureux à l'ensemble de la palette décorative de la pièce.

1 Appliquez une couche de glacis en recouvrant bien l'ensemble de la surface du mur. On peut laisser les coups de pinceau dans tous les sens ou, une fois le travail terminé, repasser au pinceau sec pour que toutes les traces se retrouvent dans la même direction verticale.

2 Avec un gros spalter, tamponnez toute la surface en faisant en sorte que l'extrémité des soies appuie sur l'enduit encore humide. Après chaque coup de spalter, déplacez la brosse à un nouvel endroit en changeant légèrement l'angle du poignet de façon à ne pas toujours appliquer les soies de la même façon.

3 Essuyez de temps en temps le spalter avec un chiffon, faute de quoi les soies vont se charger de plus en plus en peinture et le travail perdra irrémédiablement de sa netteté.

4 Si vous vous servez de deux couleurs, passez la seconde après avoir fini de patiner la première. Laissez une bande d'apprêt visible entre les deux couleurs.

5 Appliquez l'effet de patine de la même façon que pour la première couleur. Si vous gardez la même brosse, nettoyez-la très soigneusement avant de commencer car les couleurs se mélangeraient, ce qui gâcherait tout l'effet.

6 Au raccord entre les deux couleurs, servez-vous du spalter pour estomper. La réussite de l'opération dépend de la quantité de glacis que vous avez déposée sur le mur et de la largeur de la bande blanche que vous avez laissée, montrant l'apprêt entre les deux glacis.

7 Dans les angles, utilisez un spalter plus petit, justement prévu à cet effet. Une fois vos effets de patine terminés, laissez sécher entièrement avant de passer deux couches de vernis ou une couche de cire protectrice.

TRUCS ET ASTUCES

● Pour appliquer la technique de la patine, travaillez par surface de 1 m² ; si vous dépassez cette surface, l'enduit risque de sécher avant que vous n'ayez fini.

● Utilisez une peinture satinée comme apprêt. Le glacis sèche moins vite sur ce type de surface que sur une peinture mate : cela vous laisse davantage de temps.

● Créez une impression de profondeur en appliquant plusieurs couches de patine. Si la deuxième couche est plus foncée que la première, cela donnera plus de relief.

LES DÉCOUPAGES

OUTILLAGE

Carton mince
Crayon
Planche à découper
Cutter
Règle
Niveau à bulles
Chiffon

MATÉRIEL NÉCESSAIRE

Partition musicale
photocopiée
Colle en bombe

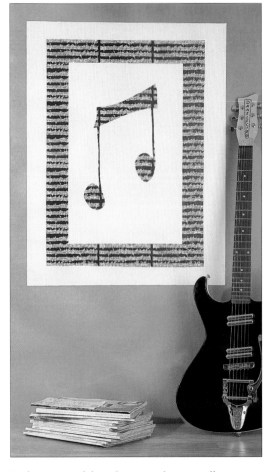

Le thème musical de ce découpage donne un effet décoratif encadré sur un mur uni.

La technique du découpage – ou collage – consiste à coller sur les murs, les meubles ou d'autres objets décoratifs (vases, boîtes à bijoux, sets de table) des images découpées en papier. Pour la matière première, on a l'embarras du choix : chutes de papier peint, photocopies de vos photos préférées, copies de textes manuscrits anciens, etc. Dans l'exemple illustré sur cette page, on a commencé par faire une photocopie de partition musicale, et on l'a évidée au centre pour y découper une note de musique géante ; celle-ci a ensuite été collée sur une surface blanche, encadrée par la photocopie en noir et blanc de la partition musicale. L'ensemble aurait pu être collé directement sur le mur. À la place du thème de la musique, on peut imaginer une foule d'autres idées de décoration. Dans la cuisine par exemple, on peut retenir le thème des fruits et légumes, dans la salle de bains celui des poissons et des coquillages.

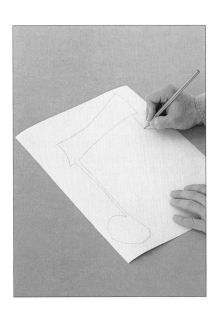

1 Dessinez au crayon une note de musique sur un morceau de carton mince. Si vous n'avez pas le geste assez sûr pour le faire à main levée, photocopiez une vraie note de musique imprimée et agrandissez-la à la taille voulue.

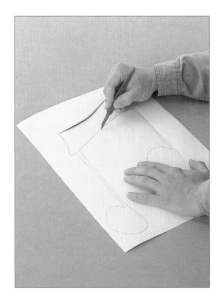

2 Sur une planche à découper, découpez les bords de votre note avec un cutter bien affûté ou un scalpel. Attention aux accidents ! Comme on dit dans les ateliers de mécanique : pas de viande devant l'outil…

3 Placez au centre de votre photocopie la note que vous avez découpée, en tâchant de l'aligner avec le reste du dessin. Tracez au crayon un cadre autour de la note, et découpez-le au cutter. Retirez le centre de la partition photocopiée, ne laissez que le cadre extérieur.

4 Remettez à sa place la note en carton que vous avez découpée. Suivez-en le tracé avec le cutter de façon à prélever le morceau correspondant de la photocopie.

5 Choisissez l'endroit du mur où vous voulez appliquer votre découpage. Avec un crayon et un niveau à bulles, tracez sur le mur une ligne horizontale de la largeur de la photocopie à l'endroit où le bas doit arriver.

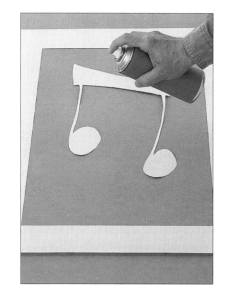

6 Avec une bombe de colle, enduisez l'arrière des parties utilisées de la photocopie, c'est-à-dire le cadre et la note. Conformément aux instructions du fabricant, laissez la colle sécher quelques instants.

7 Dès que la colle est prête, collez le cadre au mur en partant de la ligne tracée au crayon. Posez ensuite la note de musique. Avec un chiffon légèrement humide, tamponnez les parties collées pour en chasser les bulles d'air.

TRUCS ET ASTUCES

● Si vous n'avez pas de colle en bombe, utilisez de la colle ordinaire à papier peint ou du polyacétate de vinyle dilué. Ce dernier est souvent plus facile à manipuler par les débutants, car il sèche plus lentement que la colle en bombe : cela vous laisse le loisir de déplacer un peu les objets collés avant qu'ils ne s'immobilisent définitivement.

● Une fois que tout est sec, vous pouvez protéger le découpage par quelques couches de vernis transparent.

LE PAPIER PEINT PROJET PAR PROJET

LE PAPIER PEINT : PRÉPARATION ET MÉTHODE

DIFFICULTÉ : faible
DURÉE : une demi-journée par pièce en moyenne
OUTILS SPÉCIAUX : aucun
VOIR PAGES 146 à 147

La préparation est tout aussi importante avant de poser du papier peint qu'avant de peindre. En principe, il faut commencer par retirer les couches précédentes de papier peint. Puis on rebouche les trous du mur, on ponce et on passe une couche d'enduit avant de poser d'abord le papier de doublage, puis le papier peint. Mesurez soigneusement la pièce et décidez après mûre réflexion de l'endroit par lequel vous voulez commencer.

TAPISSER UNE PIÈCE

DIFFICULTÉ : faible à moyenne
DURÉE : un jour en moyenne
OUTILS SPÉCIAUX : brosse à encoller, table à tapisser, brosse à maroufler
VOIR PAGES 148 à 149

Que le papier soit préencollé ou non, la technique de pose est la même. On commence le long d'une ligne parfaitement verticale et l'on pose chaque lé bord à bord, en coupant l'excédent au niveau du plafond et de la plinthe avec un cutter ; veillez à vous munir de lames de rechange, elles s'émoussent facilement.

LES PANNEAUX TAPISSÉS

DIFFICULTÉ : faible à moyenne
DURÉE : deux heures
OUTILS SPÉCIAUX : règle métallique, brosse à encoller, brosse à maroufler
VOIR PAGES 150 à 151

Les panneaux de papier peint (surtout entourés d'un galon) sont une excellente façon de décorer un mur. Encore faut-il que les motifs s'accordent et que la pose soit impeccable. Réfléchissez bien à la taille du panneau par rapport à la surface du mur. Veillez à choisir un papier peint et un galon convenant à cette technique et soignez bien l'assemblage à onglet du galon à chaque angle.

BORDURES ET FRISES

DIFFICULTÉ : faible à moyenne
DURÉE : deux heures en moyenne
OUTILS SPÉCIAUX : brosse à encoller, brosse à maroufler
VOIR PAGES 152 à 153

Bordures et frises peuvent se poser à n'importe quelle hauteur sur le mur, par exemple au niveau de la barre d'appui ou de la cimaise. Encore faut-il qu'elles soient parfaitement horizontales ou verticales, et que leurs motifs mis côte à côte n'apportent pas de notes discordantes dans votre ensemble décoratif. Prenez conseil auprès de votre vendeur : certaines frises sont autocollantes, d'autres demandent à être encollées. Pour ces dernières, servez-vous de colle à galon. Si vous vous contentez d'utiliser de la colle ordinaire à papier peint, vous risquez un décollement rapide, surtout aux angles. La colle à galon est beaucoup plus forte et crée un lien beaucoup plus puissant entre la frise et le mur. Veillez à éviter l'erreur courante qui consiste à laisser des bavures de colle. Celles-ci sèchent très vite ; ayez à portée de main un seau d'eau propre et tiède, et une éponge. Dès que vous avez posé une frise, essuyez pour retirer l'excédent de colle, en insistant particulièrement sur les bords. Si vous laissez la colle sécher sur le mur, elle est pratiquement impossible à retirer et forme des traces brillantes qui gâtent l'effet général. Si malgré tout un peu de colle a séché avant que vous ne la retiriez, frottez la tache avec un détergent doux dilué, puis rincez avec de l'eau propre et tiède. Si de la colle a séché sur la peinture, vous pouvez peut-être repasser une couche de peinture, mais attention aux coulures.

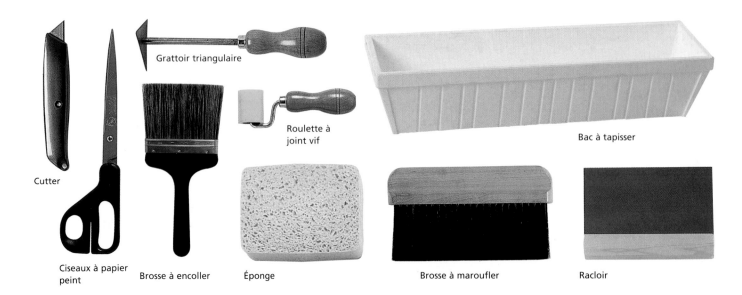

Grattoir triangulaire

Roulette à joint vif

Bac à tapisser

Cutter

Ciseaux à papier peint

Brosse à encoller

Éponge

Brosse à maroufler

Racloir

LES REVÊTEMENTS PROJET PAR PROJET

L'HABILLAGE DES MURS

DIFFICULTÉ : faible à moyenne
DURÉE : deux à quatre heures
par mur en moyenne
OUTILS SPÉCIAUX : spatule
crantée, carrelette, raclette à
barbotine, lisseur de joints
VOIR PAGES 154 à 155

Carreler un mur est simple
dès lors que l'on part d'une
ligne de départ fixe et
horizontale. En général, il
faut pour cela poser des lattes
en bois. Organisez-vous avec
soin et faites des coupes
précises. Un jointoiement
soigné couronnera le tout.

LE CHOIX DES MOTIFS ET DESSINS

DIFFICULTÉ : faible à moyenne
DURÉE : deux heures par mur
en moyenne
OUTILS SPÉCIAUX : spatule
crantée, carrelette, raclette à
barbotine, niveau à bulles
VOIR PAGES 156 à 157

Les techniques de base du
carrelage peuvent s'adapter
à différentes tailles de
carreaux et à différents
dessins pour produire
des effets inhabituels.
Commencez par poser
les carreaux à sec avant
de les fixer au mur.

LA POSE D'UN REVÊTEMENT MURAL

DIFFICULTÉ : faible à moyenne
DURÉE : deux heures
OUTILS SPÉCIAUX : spatule
crantée, carrelette, raclette à
barbotine
VOIR PAGES 158 à 159

Les parties humides
d'un mur, par exemple
au-dessus d'un lavabo,
sont presque toujours
carrelées : une occasion
de plus de décorer ! Le travail
aura un aspect mieux fini si
les carreaux du bord sont
d'une couleur différente.
Ajoutez toujours un joint
étanche avec de la pâte à
joint pour étanchéifier l'angle
entre le lavabo et le rang
inférieur de carreaux.
Délimitez le joint avec du
papier cache avant de poser
votre cordon de silicone.

LES CARREAUX DE MOSAÏQUE

DIFFICULTÉ : faible à moyenne
DURÉE : une demi-journée par
pièce en moyenne
OUTILS SPÉCIAUX : spatule
crantée, mini-rouleau, raclette
à barbotine
VOIR PAGES 160 à 161

Les mosaïques collées sur
des bandes de papier ont tous
les avantages pratiques d'un
carrelage ordinaire, mais
l'esthétique est différente.
Les carreaux sont montés sur
un support papier : quand on
utilise la feuille entière, la pose
est relativement rapide. On peut
également s'en servir dans des
endroits trop petits pour des
carreaux normaux. On peut
rapprocher des feuilles de
différentes couleurs pour créer
un effet. Un mini-rouleau est utile
pour fixer la mosaïque au mur.

UNE TABLE EN MOSAÏQUE

DIFFICULTÉ : moyenne à faible
DURÉE : une demi-journée
à un jour

OUTILS SPÉCIAUX : carrelette,
raclette à barbotine
VOIR PAGES 162 à 163

Une vieille table retrouve sa
jeunesse quand on colle une
mosaïque sur son plateau.
Donnez libre cours à votre
créativité. La rondeur de
la table donnée en exemple
pages 162 et 163 ne doit pas
vous empêcher de vous lancer
dans d'autres formes, d'autres
tailles. Les tables carrées ou
rectangulaires sont souvent
plus faciles à carreler car on
n'a pas besoin d'y tracer de
cercles. De vieux morceaux
de carrelage peuvent servir de
matière première pour créer
des mosaïques. Il suffit pour
cela de les découper à la
carrelette en morceaux de
taille appropriée. Faites un
plan d'ensemble de votre
dessin avant de poser les
morceaux. Comme pour
tout projet de carrelage, le
jointoiement est nécessaire
pour assurer l'étanchéité de la
surface. Vous pourrez donner
un effet particulier avec de la
barbotine de couleur, en vente
dans les magasins de
bricolage.

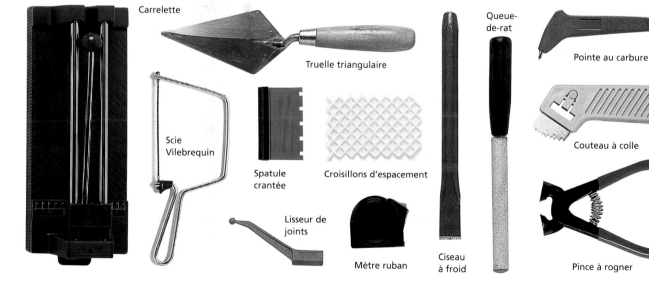

Carrelette

Truelle triangulaire

Scie Vilebrequin

Spatule crantée

Croisillons d'espacement

Lisseur de joints

Mètre ruban

Ciseau à froid

Queue-de-rat

Pointe au carbure

Couteau à colle

Pince à rogner

LE PAPIER PEINT : PRÉPARATION ET MÉTHODE

OUTILLAGE

Grattoir ou couteau
à enduire
Papier de verre moyen
Brosse large ou brosse
à encoller
Mètre ruban

MATÉRIEL NÉCESSAIRE

Colle (polyacétate
de vinyle)
Seau d'eau chaude

Dans un projet de pose de papier peint, la préparation et la méthode ont la même importance que dans les autres projets de décoration. N'oubliez pas : le papier se colle sur une surface stable et bien préparée, sinon il se décolle et cela ne passera pas inaperçu. La plupart des échecs sont dus au fait que l'on superpose un nouveau papier peint à d'anciennes couches de papier peint : cela peut parfois donner de bons résultats mais, en général, ce n'est

qu'une fois la nouvelle couche posée que l'on se rend compte du désastre ! Mieux vaut donc remettre le mur à nu avec une décolleuse à vapeur ou avec des produits de détrempe traditionnels illustrés ci-dessous, aussi efficaces à condition qu'il n'y ait pas plus de deux couches à enlever. Une fois le mur à nu et éventuellement ragréé, il faut mesurer la pièce pour savoir le nombre de rouleaux nécessaires et décider de l'endroit par où l'on commencera.

1 Dans bien des cas, la couche superficielle de vieux papier peint se décolle facilement en tirant en diagonale un angle inférieur. Une bonne partie du papier peut s'arracher ainsi, à sec.

2 Vient alors le moment de détremper à l'eau très chaude le papier resté accroché, l'eau froide est beaucoup moins efficace. Pour les ratés, utilisez un grattoir ou un couteau à enduire.

3 Une fois tout le papier enlevé, laissez sécher le mur complètement. Poncez afin d'ôter le moindre lambeau et d'égaliser les zones rugueuses.

4 Lessivez le mur, laissez sécher et passez une couche de solution de polyacétate de vinyle (une part de colle pour cinq parts d'eau). Ce traitement bouchera les pores et garantira l'adhérence du papier d'apprêt (si celui-ci est conseillé) ou directement du papier peint.

PRISE DES MESURES ET CHOIX DU POINT DE DÉPART

Avant de commencer la pose, il vous faut une idée précise du nombre de rouleaux à acheter. L'illustration ci-dessous explique comment calculer vos besoins. Certains papiers peints sont chers, il faut donc être relativement précis. Cependant, mieux vaut avoir un rouleau de trop que le contraire. Si vous devez plus tard racheter le rouleau qui vous manque, vous risquez de ne plus trouver le même lot, ce qui provoquera une légère différence de couleur sur votre mur. En revanche, si vous avez des restes, vous pourrez faire face sans inquiétude à de menues réparations. Quant à savoir par où commencer, les règles sont simples : suivez les conseils ci-dessous.

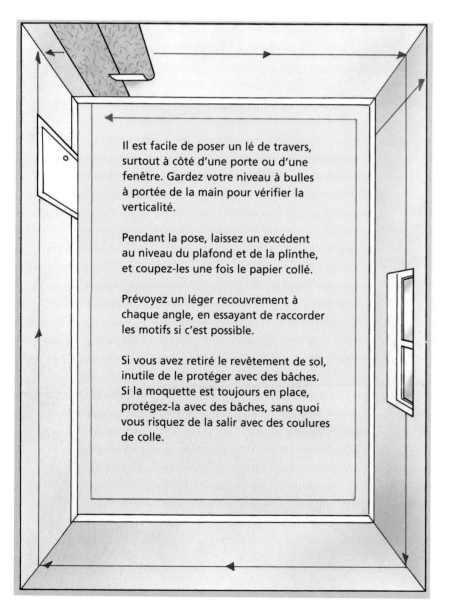

Il est facile de poser un lé de travers, surtout à côté d'une porte ou d'une fenêtre. Gardez votre niveau à bulles à portée de la main pour vérifier la verticalité.

Pendant la pose, laissez un excédent au niveau du plafond et de la plinthe, et coupez-les une fois le papier collé.

Prévoyez un léger recouvrement à chaque angle, en essayant de raccorder les motifs si c'est possible.

Si vous avez retiré le revêtement de sol, inutile de le protéger avec des bâches. Si la moquette est toujours en place, protégez-la avec des bâches, sans quoi vous risquez de la salir avec des coulures de colle.

➡ **Prise des mesures**

Mesurez le périmètre de la pièce, et multipliez-le par la hauteur que doit couvrir le papier peint. Vous obtenez la surface totale des murs. Divisez ce chiffre par la surface du rouleau que vous allez utiliser : le résultat donne le nombre de rouleaux.

Les papiers à gros motifs exigent pour les raccords davantage de chutes que ceux à petits motifs. Si votre papier a de gros motifs, ajoutez à la hauteur de la pièce la distance de motif à motif avant de calculer votre surface. Incluez portes et fenêtres dans vos calculs : cela vous laissera un excédent pour les indispensables chutes.

➡ **Choix de la ligne de départ**

Le premier lé doit être posé parfaitement vertical, à un endroit où nul obstacle n'exige de le recouper. Dans une pièce relativement cubique et sans obstacles, commencez près d'un angle. Continuez la pose en faisant le tour de la pièce, pour finir avec l'angle. Là, vous pouvez effectuer un léger recouvrement de deux lés. Si la pièce possède un élément principal, par exemple une cheminée, et que votre papier peint a de gros motifs, mieux vaut commencer à tapisser au milieu du manteau de la cheminée afin que le motif du papier peint soit bien centré, ce qui donnera une impression d'équilibre à toute la pièce.

TAPISSER UNE PIÈCE

OUTILLAGE

Pour l'encollage :
Table à encoller
Brosse à encoller

**Pour du papier
préencollé :**
Bac à tapisser

Pour la pose :
Crayon
Mètre ruban
Niveau à bulles
Brosse à maroufler
Cutter ou ciseaux
à papier peint
Éponge

MATÉRIEL NÉCESSAIRE

Papier peint
Colle

VOIR AUSSI

Le papier peint :
préparation et méthode,
pages 146 à 147
Bordures et frises,
pages 152 à 153

Le papier peint est une forme de décoration très appréciée : c'est un moyen facile d'ajouter couleur et gaieté à des murs tristes et ternes.

La pose de papier peint est une technique de décoration simple, à condition bien sûr d'être méthodique et de bien s'organiser (voir pages 146 à 147). Prenez bien soin de lire attentivement le mode d'emploi fourni par le fabricant. Dans la plupart des cas, il suffit de le suivre ; celui-ci précise quelle colle choisir, quelles précautions particulières prendre avec ce type de papier.
Le fabricant précise également s'il est indispensable de poser un papier d'apprêt et comment procéder. Dans le doute, posez le papier d'apprêt de la même façon que le papier peint mais par lés horizontaux.

ENCOLLAGE

Certains papiers doivent être encollés ; préparez la quantité de colle nécessaire pour le poids de papier à poser. Découpez le papier peint à la bonne longueur avec des ciseaux adaptés, puis badigeonnez de colle avec une brosse à encoller en partant du centre et en tirant vers les bords. Appliquez une couche régulière.

PAPIER PRÉENCOLLÉ

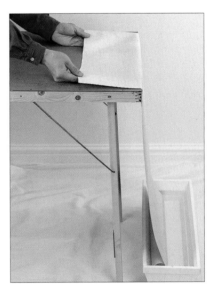

Le papier préencollé n'a pas besoin de colle supplémentaire ; il suffit d'avoir un bac à tapisser plein d'eau froide. Roulez la longueur de papier prédécoupée et immergez-la avant de la tirer pour l'allonger sur la table à encoller. L'eau imprègne la colle sèche déposée au dos du papier peint.

POSE

1 La méthode de pose est la même pour tous les papiers. Tracez d'abord au crayon (voir pages 146 à 147) une ligne parfaitement verticale pour la pose du premier lé, laissez un léger excédent au plafond.

2 Marouflez à la brosse jusqu'à l'angle avec le plafond : enfoncez bien les soies de la brosse pour marquer le pli ; la découpe en sera facilitée.

3 Une fois le haut du lé en place, procédez vers le bas et marouflez tout le lé de façon à éliminer les bulles d'air prises sous le papier. Poussez-les à partir du milieu et chassez-les par les côtés.

4 Une fois le lé en place jusqu'en bas – en général au niveau de la plinthe – coupez l'excédent avec un cutter ou une paire de ciseaux à papier peint le long de la pliure du plafond. Coupez enfin ce qui dépasse au niveau de la plinthe.

5 Posez les lés suivants en veillant à bien ajuster les motifs, grâce à la brosse à maroufler. Éliminez l'excédent de colle avec une éponge propre et humide.

TRUCS ET ASTUCES

Pour couper la bonne hauteur de papier peint, il faut tenir compte de l'espacement des motifs dont dépend la chute du fait des raccords. La plupart des fabricants précisent sur l'emballage l'intervalle de répétition des motifs, mais mieux vaut le mesurer par vous-même pour plus d'exactitude. Lorsque vous coupez un lé, ajoutez la distance séparant deux motifs : ainsi, vous pourrez ajuster en hauteur, votre lé en face du précédent. Attention aux motifs décalés en diagonale : il faut parfois ajouter deux fois la longueur pour faire un raccord !

LES PANNEAUX TAPISSÉS

OUTILLAGE

Mètre ruban
Règle et crayon
Cutter
Planche à découper
Niveau à bulles
Brosse à encoller
Brosse à maroufler
Éponge

MATÉRIEL NÉCESSAIRE

Papier peint et frise
Colle

Un panneau de papier peint possède des qualités décoratives propres et peut servir de cadre à d'autres éléments de décoration, comme un tableau ou un miroir.

Pour décorer un mur, quelques longueurs de papier peint bien placées peuvent faire merveille. La technique est relativement simple, mais la préparation doit être méticuleuse pour obtenir une symétrie parfaite. Naturellement, si vous envisagez de poser une frise, vous devez la choisir en harmonie avec le papier peint. Certains fabricants fournissent des assortiments tout prêts, mais tous ne conviennent pas à la pose de panneaux. La frise – ou bordure – doit être taillée en biais à chaque angle : encore faut-il que son dessin s'y prête, ce qui, bien souvent, n'est pas le cas des frises offrant un dessin géométrique (par exemple certaines frises grecques) qui ne peuvent pas se couper en biais n'importe où. Mieux vaut opter pour un motif en volutes moins précis, qui n'a rien à craindre d'une découpe à 45°. Il en est de même des motifs floraux chargés, dont les raccords passent pratiquement inaperçus. Dans la plupart des cas, vous aurez à juxtaposer plusieurs lés de papier peint : attention aux raccords – sauf pour les panneaux si petits qu'un lé suffit. Découpez les lés à l'avance et posez-les sur le mur sans les coller : vous pourrez ainsi vérifier que vous avez prévu la bonne longueur et que les motifs se répètent harmonieusement sur toute la surface du panneau. En procédant ainsi, vous obtiendrez le résultat espéré.

1 Découpez les lés de papier peint pour couvrir une surface légèrement supérieure à celle du panneau. Posez-les l'un contre l'autre à sec sur une table ou autre surface plane. Placez la bordure ou le galon de façon à délimiter exactement la taille du panneau, puis tracez-en les limites à la règle et au crayon.

2 Posez un lé sur la planche à découper afin d'éviter d'endommager la surface au moment de la coupe. Faites la découpe avec une règle et un cutter le long de la ligne tracée au crayon. Répétez l'opération avec chaque lé.

3 Avec un niveau à bulles, un crayon et un mètre ruban, tracez une ligne pour marquer sur le mur le bas du panneau. Répétez l'opération pour chaque panneau.

4 Encollez le papier peint, posez-le et marouflez. Vérifiez que le bord inférieur du lé coïncide exactement avec la ligne tracée au crayon. Veillez à bien joindre les lés, laissez sécher.

5 Posez la frise du haut en l'alignant sur l'extrémité supérieure des lés de papier peint. Laissez déborder un petit excédent à droite et à gauche.

6 Posez la première frise verticale par-dessus le haut de la frise horizontale, en ajustant autant que possible les motifs là où ils se couperont à 45 °. Placez la règle métallique à l'endroit précis du joint et découpez les deux épaisseurs d'un seul coup de cutter.

7 Ôtez soigneusement les deux morceaux à retirer, jetez-les et lissez bien le joint entre les deux frises.

8 Essuyez soigneusement l'excédent de colle avec une éponge humide. Recommencez à chaque angle.

Bordures et frises

OUTILLAGE
Ciseaux
Brosse à encoller ou gros
pinceau
Table à encoller
Éponge
Pour la pose :
Crayon
Niveau à bulles
Brosse à maroufler
Éponge

MATÉRIEL NÉCESSAIRE
Bordures et frises
Pour encoller les bordures :
Colle à papier peint

VOIR AUSSI
Le papier peint :
préparation et méthode,
pages 146 à 147

Les frises conviennent à merveille pour séparer deux parties de mur tapissées de papiers peints différents.

Les bordures et frises sont des bandes de papier décoratif qui embellissent les murs d'une pièce, que ceux-ci soient peints ou tapissés. Une bordure constitue un moyen facile et rapide pour diviser une grande surface et la rendre moins monotone. On trouve dans le commerce des bordures adhésives, d'autres qu'il faut encoller comme du papier peint et d'autres encore préencollées, qu'il suffit de tremper dans l'eau pour humecter la colle dont l'envers est imbibé. Au moment de l'achat, vérifiez à quelle catégorie votre bordure appartient.

On peut appliquer une bordure sur un mur à n'importe quelle hauteur, du ras du plafond à celui du plancher en passant par tous les niveaux intermédiaires. Encore faut-il respecter une horizontalité parfaite : pour cela, tracez une ligne au crayon. Vérifiez également qu'il n'y a ni tortillons ni plis, qui nuiraient à la beauté du résultat.

BORDURE ADHÉSIVE

Retirez le papier de protection au dos, et appliquez la bordure directement sur le mur. Tâchez de bien la positionner du premier coup car, une fois la bordure posée, il n'est pas facile de la déplacer.

TRUCS ET ASTUCES

● La colle à papier peint sèche vite : effectuez la pose mur par mur, et ne tentez pas de faire le tour de la pièce d'un coup.

● Ne posez jamais une bordure sur un papier peint encore humide.

● Les papiers peints présentent souvent des motifs symétriques que l'on peut utiliser comme repères pour poser une bordure.

● Appuyez sur les angles pour bien les coller, sinon ils auront tendance à rebiquer.

● Prévoyez un léger excédent afin de réaliser un joint invisible.

ENCOLLAGE D'UNE BORDURE

1 Les bordures à encoller doivent d'abord être coupées à la bonne longueur (voir trucs et astuces). Encollez le dos avec de la colle à papier peint : passez une couche bien uniforme. Évitez de baver sur la table, cela gâterait l'endroit des lés suivants.

2 Pour faciliter le transport du lé, pliez la bordure en accordéon. Dès que vous avez retiré la bordure de la table à encoller, nettoyez celle-ci avec une éponge humide. Laissez sécher la table avant d'encoller la bordure suivante.

POSE DE LA BORDURE

1 Tracez une ligne au crayon sur tout le périmètre de la pièce. Posez la bordure sur un mur à la fois, en laissant un excédent à chaque angle. Marouflez soigneusement pour chasser les bulles d'air.

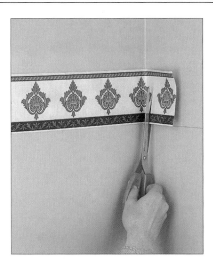

2 Découpez l'excédent à l'angle et marouflez soigneusement le coin avec la pointe des soies de la brosse.

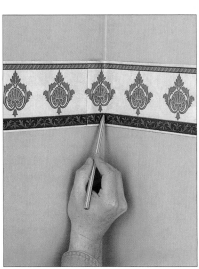

3 Posez la bordure suivante avec un léger recouvrement, en respectant méticuleusement la continuité du motif. Appuyez bien la nouvelle bordure dans l'angle avec la pointe d'un crayon, coupez au cutter en suivant le trait de crayon et ôtez le morceau découpé.

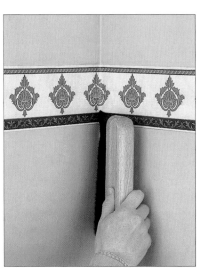

4 Massez en douceur avec la brosse à maroufler : le joint doit être invisible. Continuez à poser la bordure en nettoyant au fur et à mesure l'excédent de colle avec une éponge humide.

LE CARRELAGE D'UN MUR

OUTILLAGE

Croisillons d'espacement
Lattes de bois
Crayon
Mètre ruban
Perceuse, tournevis
et forets
Niveau à bulles
Spatule crantée
Crayon gras
Pointe au carbure
Carrelette
Raclette à barbotine
Éponge
Lisseur de joints ou petite
cheville en bois
Chiffon

MATÉRIEL NÉCESSAIRE

Carrelage
Vis ou clous
Mortier-colle
Produit de jointoiement

VOIR AUSSI

Le choix des motifs et
dessins, pages 156 à 157

Il existe tellement de modèles de carrelage que l'on en trouve pour tous les styles.

Les carrelages conviennent particulièrement aux murs des cuisines et salles de bains : faciles à nettoyer et à essuyer, ils résistent mieux à l'humidité et aux salissures que la peinture et le papier peint.

La pose de carrelage est une tâche aisée à condition que la surface soit soigneusement préparée. Le mur doit être parfaitement plan et stable, et les trous colmatés. Pour stabiliser un mur, passez une couche de polyacétate de vinyle (une part de colle pour cinq parts d'eau). Ce traitement est indispensable sur du plâtre neuf : sans lui, le mortier-colle sera difficile à étaler car le plâtre aura tendance à le boire rapidement.

La découpe des carreaux est l'opération la plus délicate : il faut prendre les mesures avec soin et se servir d'une carrelette d'une bonne qualité. Ces deux conditions réunies, aucune raison de ne pas avoir un bon résultat final. Pour les découpes curvilignes (par exemple autour d'un tuyau), il faut se servir d'une scie Vilebrequin. C'est un outil conçu expressément pour cet usage, et qui rend la tâche évidente. En cours de travail, n'hésitez pas à nettoyer vos outils. Ne laissez pas durcir l'excédent de mortier-colle sur la surface visible des carreaux.

1 Commencez par poser les carreaux à sec le long d'une latte de bois, avec des croisillons séparateurs. Notez la position des joints pour qu'elle vous serve ensuite de gabarit. En la présentant devant le mur, choisissez la position de départ pour vos carreaux ; évitez d'avoir moins d'un demi-carreau en bout de rangée.

2 Mettez des lattes en place pour guider la pose des carreaux entiers. Percez des avant-trous et posez des vis provisoires afin de fixer les lattes au mur. La latte horizontale est la plus importante : elle garantit l'horizontalité de la première rangée ; la latte verticale aide à conserver l'alignement.

3 Avec une spatule crantée, enduisez le mur de mortier-colle en partant d'un angle inférieur. Le rebord en dents de scie de l'outil garantit l'homogénéité de la couche. Encollez 1 m² à la fois, pas davantage sinon le mortier-colle sécherait avant la pose des carreaux.

4 Posez les carreaux en suivant la latte inférieure. Placez les croisillons d'espacement afin d'assurer le parallélisme des carreaux. Posez d'abord la rangée du bas, puis les rangées suivantes.

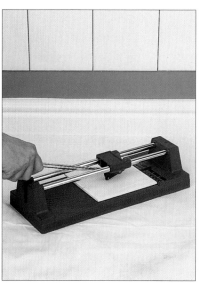

5 Une fois les carreaux en place, laissez sécher 24 heures puis retirez les lattes ; découpez et posez les morceaux de carreau manquants. Mesurez-les, marquez-les au crayon gras, puis griffez-les avec la pointe au carbure et coupez-les avec la carrelette. Enduisez chaque carreau de mortier-colle avant de le poser.

6 Une fois tous les morceaux en place, laissez sécher 24 heures. Préparez le produit de jointoiement et faites-le pénétrer dans les joints avec une raclette à barbotine, en frottant la surface en tous sens.

7 Nettoyez les carreaux avec une éponge humide. Assurez la finition des joints avec un lisseur de joints pour leur donner une légère concavité régulière. Une fois le produit de jointoiement sec, essuyez le carrelage avec un chiffon propre et sec jusqu'à ce qu'il brille.

CHOIX DES COULEURS

Toutes sortes d'effets décoratifs peuvent s'obtenir en mêlant des carreaux de différentes couleurs. Le dessin en damier de la salle de bains ci-contre (voir page 21) est particulièrement réussi. En reprenant les mêmes carreaux pour le traitement du sol, on arrive à une décoration très homogène.

LE CHOIX DES MOTIFS ET DESSINS

OUTILLAGE

Papier millimétré
Crayon
Lattes de bois
Niveau à bulles
Mètre ruban
Spatule crantée
Carrelette
Crayon gras
Raclette à barbotine
Éponge
Chiffon

MATÉRIEL NÉCESSAIRE

Carreaux
Mortier-colle
Produit de jointoiement

VOIR AUSSI

Le carrelage d'un mur,
pages 154 à 155

Dans cette cuisine, les carreaux de tailles et de motifs différents délimitent des volumes différents.

Le carrelage bien posé offre toujours une impression de netteté, mais il est aussi possible de se livrer à toutes sortes d'expériences sur le plan de la taille, de la couleur et du mode de pose : on obtient ainsi des effets d'une grande originalité. Le carrelage vous offre donc une multitude de possibilités, aussi bien sur un mur entier que sur une surface plus modeste. De toute façon, mieux vaut toujours poser les carreaux à sec pour juger de l'effet obtenu avant de se lancer dans la pose définitive.

AVANT-PROJET

Avant de poser des carreaux de tailles et de couleurs différentes, il est bon de faire un croquis à l'échelle. Non seulement il est intéressant d'avoir une idée visuelle du résultat, mais encore c'est un moyen sûr d'estimer les quantités nécessaires.

TRUCS ET ASTUCES

● Avant d'acheter des carreaux destinés à figurer côte à côte, vérifiez qu'ils ont la même épaisseur. En effet, celle-ci n'est pas normalisée et, pour réussir ce genre de travail, il faudrait poser chaque type de carreau sur une épaisseur différente de mortier-colle.

● Certains carreaux sont parfaitement carrés, d'autres ont un aspect plus rustique : ne mélangez pas les deux types. Pour poser des carreaux moulés à la main – ou prétendus tels –, mieux vaut utiliser un mortier-colle de haute adhérence qui n'exige pas l'utilisation de croisillons d'espacement.

MÉLANGE DES TAILLES

1 Il peut être intéressant de juxtaposer dans le même dessin des carreaux de tailles différentes. Encore faut-il que la grande taille soit un multiple de la petite. Servez-vous d'une latte de bois pour la pose de la première rangée (voir page 154).

2 Continuez la pose rangée par rangée, en alternant les deux modèles de carreaux. On peut combiner mélange de tailles et mélange de couleurs pour renforcer le contraste.

POSE EN DIAGONALE

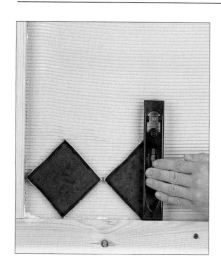

1 Pour poser des carreaux en diagonale, il faut leur faire effectuer une rotation de 45°. Servez-vous d'un niveau à bulles afin de placer de façon exacte la rangée inférieure.

2 Continuez la pose rangée par rangée, en changeant de couleur si vous le désirez. Prenez de temps en temps un peu de recul pour vous assurer de l'homogénéité du dessin ; effectuez quelques corrections au fur et à mesure si nécessaire.

DES COULEURS AU HASARD

1 Un effet décoratif différent s'obtient en mêlant les carreaux avec un désordre apparent. Commencez normalement et, pour continuer, ajoutez des blocs de quatre carreaux en mêlant les couleurs à votre gré.

2 Continuez à poser rangée après rangée, sans ordre particulier ; en mêlant trois ou quatre couleurs différentes, vous obtiendrez les résultats les meilleurs. À vous de voir si vous préférez des couleurs complémentaires ou non.

LA POSE D'UN REVÊTEMENT MURAL

OUTILLAGE

Mètre ruban
Crayon
Niveau à bulles
Spatule crantée
Carrelette
Raclette à barbotine
Éponge
Chiffon
Pistolet
Papier cache

MATÉRIEL NÉCESSAIRE

Carreaux
Mortier-colle
Produit de jointoiement
Silicone d'étanchéité

VOIR AUSSI

Le carrelage d'un mur,
pages 154 à 155

Une bordure carrelée à motifs géométriques protège de façon esthétique le dessus du lavabo.

Au-dessus d'un évier ou d'un lavabo, il faut que le mur résiste aux éclaboussures. La façon la plus efficace d'assurer l'étanchéité est de carreler cette partie de mur afin de pouvoir essuyer facilement les gouttes. Si le lavabo ou l'évier est parfaitement perpendiculaire à la surface du mur, il peut en général servir d'appui à la rangée inférieure de carreaux.

La surface carrelée est plus jolie si l'on n'utilise que des carreaux entiers, sans coupure ni autre interruption. En revanche, il est possible de mettre autour du carrelage principal des carreaux de frise, de n'importe quelle taille d'ailleurs. En règle générale, plus les carreaux sont grands et moins il y aura de joints ; or, ces derniers constituent un point faible sur le plan de l'étanchéité. Le nombre de carreaux nécessaires à ce genre de travail étant toujours réduit, profitez-en pour acheter des carreaux d'excellente qualité. Ce petit luxe ne fera pas de grande différence de prix, et vous obtiendrez un résultat plus satisfaisant sur le plan esthétique.

1 Assurez-vous que la surface à carreler est symétrique par rapport au centre du lavabo. Avec un niveau à bulles, tracez l'axe au crayon sur le mur.

2 Comme le nombre de carreaux à poser est limité, vous gagnerez sans doute du temps en les enduisant de mortier-colle un par un, juste avant de les appliquer sur le mur.

3 Posez le premier carreau en l'alignant avec soin sur le trait tracé au crayon. Pressez fortement le carreau contre le mur pour bien le fixer.

4 Posez le deuxième carreau et calez les deux carreaux avec des croisillons d'espacement. Continuez la pose en progressant du centre vers les côtés, et de bas en haut. N'oubliez pas les croisillons.

5 Posez ensuite les petits carreaux de la bordure, en vous servant des mêmes croisillons. Continuez à enduire de mortier-colle le dos de chaque carreau au dernier moment.

6 Peut-être aurez-vous besoin de faire quelques découpes. Veillez à placer les carreaux coupés là où on les verra le moins.

7 Une fois les carreaux posés, laissez sécher 24 heures. Appliquez le produit de jointoiement (voir page 155). Quand la barbotine est sèche, essuyez l'excédent. Posez un cordon de silicone au-dessous de la rangée inférieure de carreaux, pour assurer l'étanchéité avec le lavabo. Délimitez le cordon avec du papier cache.

8 Une fois le cordon de silicone posé, retirez le papier cache avant que le silicone n'ait pris. Laissez sécher 24 heures avant de commencer à utiliser le lavabo.

LES CARREAUX DE MOSAÏQUE

OUTILLAGE

Cutter
Crayon gras
Lattes de bois
Mètre ruban
Niveau à bulles
Crayon
Spatule crantée
Mini-rouleau
Raclette à barbotine
Éponge
Chiffon

MATÉRIEL NÉCESSAIRE

Carreaux de mosaïque
Mortier-colle
Produit de jointoiement

VOIR AUSSI

Le carrelage d'un mur,
pages 154 à 155

La technique de la mosaïque permet de créer des dessins complexes de grande valeur décorative.

Le carrelage miniature, dit mosaïque, constitue une alternative de choix aux carreaux de grande taille. Sur le plan esthétique, le résultat est profondément différent car on peut réaliser des détails beaucoup plus fouillés tout en conservant une excellente résistance à l'usure et à l'humidité. La mosaïque peut se poser en vastes surfaces monochromes, mais on peut aussi entourer celles-ci de bordures et faire tous les mélanges imaginables. Par exemple, deux surfaces peuvent s'interpénétrer plus ou moins au hasard, comme dans l'exemple de cette page.

Les carreaux de mosaïque sont vendus contrecollés sur un support ajouré, ce qui permet d'en poser un grand nombre d'un coup. Bien sûr, on peut en détacher les carreaux un par un ou par rangée pour créer des effets particuliers. Une finition irréprochable exige une préparation minutieuse : le moins que l'on puisse faire est de disposer d'abord les carreaux à sec avant de les fixer au mur. Pour une surface importante, il faut se servir d'un gabarit (voir étape 1 page 154).

1 Avant de fixer au mur les carreaux sur leur support, il faut décider de la façon dont les panneaux contigus vont se rejoindre. Posez-les sur une surface plane ou une planche à découper, car il va falloir trancher certains fils du support ajouré pour permettre à un support de recouvrir l'autre.

2 Donnez un coup de cutter entre chaque rangée afin de trancher les fils des deux épaisseurs ; séparez des groupes comptant de un à cinq carreaux.

3 Retirez les carreaux en excédent de façon à n'avoir plus qu'une épaisseur posée à plat sur la planche à découper. Cela donne un motif de base que vous allez modifier en échangeant des carreaux des deux couleurs. Marquez au crayon gras l'endroit où vous désirez insérer un carreau d'une autre couleur.

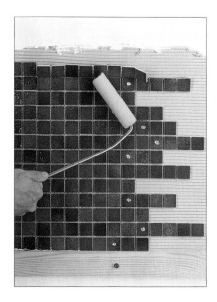

4 Fixez au mur les carreaux du premier support en alignant la rangée inférieure sur une latte de bois. Un mini-rouleau est l'instrument idéal pour bien appliquer l'ensemble des carreaux contre le mortier-colle.

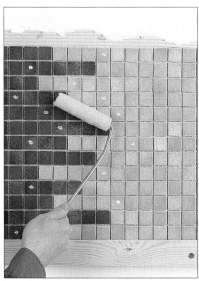

5 Posez à présent les carreaux du deuxième support et appuyez bien avec le mini-rouleau en soignant particulièrement le raccord entre les deux couleurs, dont l'alignement doit être parfait.

6 Avant séchage du mortier-colle, retirez au cutter les carreaux marqués au crayon gras. Mieux vaut faire cette opération sur le mur que sur la planche à découper, afin de limiter le nombre de morceaux à manipuler.

7 Remplissez les trous avec les carreaux de la couleur appropriée. Recommencez avec les supports suivants jusqu'à la fin du travail. Une fois le mortier-colle sec, appliquez le produit de jointoiement selon la technique habituelle (voir page 155).

VARIATIONS SUR LES MATIÈRES

Avec la mosaïque, on obtient facilement un effet piscine qui convient particulièrement aux salles de bains, grâce au vaste choix de couleurs et de textures. Dans la petite salle d'eau de la page 101, on a juxtaposé des murs intégralement couverts de mosaïque avec une paroi de briques en verre cathédrale.

UNE TABLE EN MOSAÏQUE

OUTILLAGE

Tournevis
Papier de verre
Chiffon
Crayon
Ficelle
Crayon-feutre ou
crayon gras
Mètre ruban
Carrelette
Pointe au carbure
Spatule crantée
Pince à rogner
Raclette à barbotine

MATÉRIEL NÉCESSAIRE

Carreaux de céramique
Mortier-colle
Produit de jointoiement
Produit lustrant

La mosaïque est une technique radicale pour donner une nouvelle jeunesse à une vieille table.

On peut acheter en vrac des carreaux de céramique de différentes couleurs ; veillez cependant à ce qu'ils soient de la même épaisseur. Mais on peut aussi se fabriquer à la carrelette des carreaux de toutes les tailles et de toutes les formes à partir d'un carrelage ordinaire. Tous les dessins sont possibles : géométriques et même, comme ci-dessus, figuratifs. Utilisez vos talents artistiques pour créer des motifs originaux, comme ceux qui sont présentés dans cet exemple. Néanmoins, des motifs simples, par exemple des cercles concentriques, sont souvent du plus bel effet.

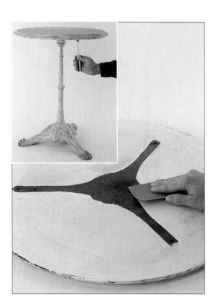

1 Dans cet exemple, la table a un meilleur rebord biseauté si on retourne le plateau. Commencez par dévisser celui-ci et poncez le côté destiné à la céramique. Nettoyez avec un chiffon humide pour retirer toute trace de poussière.

2 Choisissez le nombre de cercles concentriques de mosaïque et servez-vous d'un crayon et d'une ficelle comme d'un compas pour tracer les cercles correspondants.

3 Tracez les lignes de découpage sur les carreaux avec un crayon gras ou un feutre. Dans l'exemple choisi, on a décidé de couper des carreaux de 1 cm². Il faut donc marquer un point sur le bord du carreau tous les centimètres.

4 Tracez une ligne avec la pointe au carbure à chaque marque. Veillez à appuyer suffisamment pour que la molette griffe la surface de l'émail. Tournez le carreau de 90° et tracez les lignes perpendiculaires.

5 Placez le carreau en position de coupe sur la carrelette, en le bloquant entre les glissières ; appuyez sur le manche pour casser le carreau suivant chaque ligne.

6 Prenez les morceaux ainsi obtenus et cassez-les à leur tour dans l'autre sens : on obtient des carreaux de céramique à la dimension voulue. Passez ensuite au carreau suivant.

7 Commencez à poser les carreaux de céramique de la rangée extérieure, non sans les avoir enduits de mortier-colle. Autant que possible, tournez vers l'extérieur le chant couvert d'émail, et non celui tranché à la carrelette.

8 Continuez à poser la mosaïque. À la fin de chaque cercle, rectifiez au besoin la coupe du dernier carreau avec une pince à rogner. Une fois les carreaux posés, laissez sécher puis appliquez le produit de jointoiement. Quand celui-ci est sec et essuyé, appliquez un produit lustrant.

LE TRAVAIL DU BOIS PROJET PAR PROJET

AMÉNAGER UNE BIBLIOTHÈQUE

DIFFICULTÉ : moyenne
DURÉE : un jour
OUTILS SPÉCIAUX : niveau à bulles, scie égoïne, scie à onglets
VOIR PAGES 166 à 167

Quand on manque d'espace de rangement, l'idéal est d'installer une bibliothèque sur mesure, qui sera un élément décoratif fonctionnel et élégant. Ce genre d'étagère s'aménage de préférence dans une alcôve ou de chaque côté d'une cheminée pour tirer parti d'un volume qui serait sans cela perdu. Pour que la finition soit parfaite, mieux vaut doubler les étagères – en tout ou en partie – avec des panneaux de fibres compressées ; les chants des étagères seront cachés par une baguette. La partie inférieure peut être occupée par un placard encastré, qui offrira un volume de rangement supplémentaire. Les consoles doivent permettre de régler la hauteur des étagères une fois le travail achevé.

LES ÉTAGÈRES SUR TASSEAUX

DIFFICULTÉ : faible à moyenne
DURÉE : une demi-journée à un jour
OUTILS SPÉCIAUX : scie à onglets ou scie égoïne
VOIR PAGES 168 à 169

Les tasseaux constituent un moyen simple et peu coûteux de poser des étagères (voir pages 166 à 167), par exemple dans des alcôves. Cependant, cette technique n'exige pas de doubler l'alcôve avec des panneaux de fibres. Les étagères reposent sur des tasseaux vissés dans le mur, relativement rapides à poser. En revanche, contrairement à la méthode précédente, la hauteur des étagères ne peut plus être modifiée une fois qu'elles sont en place. Le chant des étagères peut ici aussi être caché derrière des baguettes de bois blanc qui améliorent l'aspect final en leur donnant une apparence plus raffinée rappelant celle des bibliothèques.

LES ÉTAGÈRES EN KIT

DIFFICULTÉ : faible à moyenne
DURÉE : une demi-journée
OUTILS SPÉCIAUX : poinçon
VOIR PAGES 170 à 171

Des fabricants ont mis au point des étagères en kit susceptibles de trouver leur place dans n'importe quel style d'intérieur. La plupart de ces systèmes actuels comportent des crémaillères que l'on fixe au mur et sur lesquelles on bloque des clips de fixation servant de soutien aux étagères. Il est indispensable de veiller à ce que toutes les crémaillères soient parfaitement de niveau, afin que les étagères soient bien horizontales et stables. L'esthétique et la géométrie de ces systèmes peuvent légèrement changer d'un fabricant à un autre, mais les étagères en bois restent les plus courantes. Néanmoins, certains proposent des étagères en verre qui sont particulièrement élégantes.

LES ÉTAGÈRES SANS SUPPORT APPARENT

DIFFICULTÉ : faible à moyenne
DURÉE : deux heures
OUTILS SPÉCIAUX : aucun
VOIR PAGES 172 à 173

Les dispositifs de fixation des étagères au mur sont quelquefois aussi encombrants qu'inesthétiques, gâchant alors complètement le résultat final du travail. Certains fabricants ont donc conçu des systèmes qui disparaissent dans l'épaisseur des étagères et deviennent ainsi invisibles une fois posés. Une autre méthode, à la portée de n'importe quel amateur, consiste à confectionner ses propres supports invisibles en scellant des tourillons dans le mur avec de la résine polymérisable. Une fois les tourillons solidement fixés, on installe les étagères à leur place : les tourillons disparaissent dans les trous prévus à cet effet.

Perceuse sans fil

Mètre ruban

Marteau

Tournevis

Établi-étau

Défonceuse

UNE ÉTAGÈRE D'ANGLE

DIFFICULTÉ : moyenne
DURÉE : trois heures
OUTILS SPÉCIAUX : scie sauteuse, règle métallique, défonceuse, niveau à bulles
VOIR PAGES 174 à 175

En construisant vous-même vos étagères d'angle, vous créez un volume de rangement qui convient à vos besoins particuliers et aux volumes à votre disposition. Le modèle présenté plus loin tire le meilleur parti de la place disponible et constitue un rangement idéal pour une petite salle de bains. On peut finir les chants à la défonceuse pour améliorer le coup d'œil final.

LA RÉNOVATION D'UN PLACARD

DIFFICULTÉ : faible à moyenne
DURÉE : deux heures par porte
OUTILS SPÉCIAUX : scie à onglets
VOIR PAGES 176 à 177

Pour donner un petit coup de neuf à votre intérieur, rien n'est aussi facile que de retoucher vos placards et portes de placard, ou de modifier leur décoration. Une simple bombe de peinture et quelques pochoirs feront merveille. Une moulure autour de la porte et des poignées neuves compléteront la transformation. La même méthode peut s'appliquer aux tiroirs, même dans la cuisine.

NOTIONS D'ENCADREMENT

DIFFICULTÉ : faible à moyenne
DURÉE : une heure
OUTILS SPÉCIAUX : agrafeuse, boîte à onglets, scie à monture fine, marteau de menuisier, poinçon
VOIR PAGES 178 à 179

La confection d'un cadre pour un tableau est une tâche simple et gratifiante, beaucoup moins coûteuse que les services d'un encadreur professionnel. Les matériaux sont faciles à trouver et chaque cadre peut être fait aux mesures du tableau à mettre en valeur. Commencez par réfléchir aux dimensions du cadre et à la couleur du passe-partout, après avoir pris les mesures de votre tableau.

LA DORURE

DIFFICULTÉ : moyenne
DURÉE : deux heures
OUTILS SPÉCIAUX : pinceau d'artiste
VOIR PAGES 180 à 181

Vous ne reconnaîtrez pas votre cadre une fois que vous l'aurez doré. La technique est la même quel que soit l'objet à encadrer : miroir, tableau ou photo. La difficulté réside dans l'application des feuilles de métal dans les anfractuosités des moulures du cadre au moyen d'une colle appropriée. La qualité du résultat dépend de votre adresse manuelle : en effet, c'est au pinceau d'artiste que l'on applique les feuilles de métal sur le cadre. On peut ensuite donner un aspect vieilli en frottant avec de la terre d'ombre brûlée.

LES LAMBRIS

DIFFICULTÉ : moyenne
DURÉE : un jour en moyenne
OUTILS SPÉCIAUX : chasse-clou
VOIR PAGES 182 à 183

Le secret d'un beau lambrissage, c'est la qualité et la solidité du cadre sur lequel on fixe les lambris. Il faut que ces derniers soient parfaitement verticaux et que les clous ne se voient pas. Ce type de lambris est à la fois solide et décoratif. On peut s'en servir pour couvrir des murs entiers, ou seulement jusqu'à hauteur d'appui. Dans ce dernier cas, il faudra poser une moulure ou une baguette juste au-dessus des lambris, pour obtenir une jolie finition.

LES PANNEAUX DE BOISERIE

DIFFICULTÉ : faible à moyenne
DURÉE : un jour en moyenne
OUTILS SPÉCIAUX : scie égoïne, pistolet à colle, scie à onglets
VOIR PAGES 184 à 185

Les kits de panneaux prêts à poser constituent une façon rapide et efficace pour mettre en valeur un beau mur. Ces systèmes se montent un peu comme des puzzles ; ils sont conçus de façon à demander peu de main-d'œuvre, mais l'accent est mis sur une esthétique résolument traditionnelle. Les clous et vis sont aussi invisibles que dans le cas du lambrissage, car ils sont remplacés par de la colle.

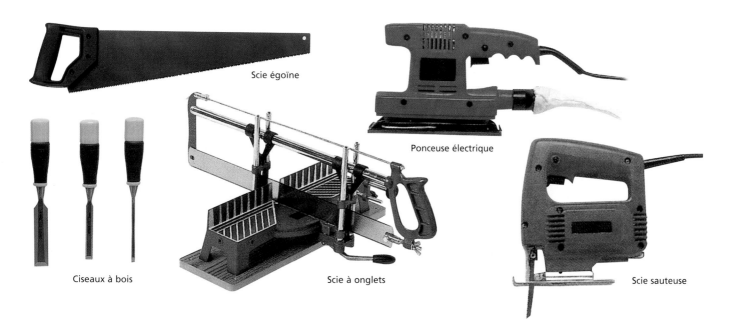

Scie égoïne

Ponceuse électrique

Ciseaux à bois

Scie à onglets

Scie sauteuse

AMÉNAGER UNE BIBLIOTHÈQUE

OUTILLAGE

Scie égoïne
Niveau à bulles
Perceuse, forets et
tournevis
Mètre ruban
Crayon
Scie à onglets
Marteau

MATÉRIEL NÉCESSAIRE

Tasseaux en bois
Vis à bois ou pointes
en acier trempé
Fixations murales
(si nécessaire)
Panneaux de fibres
compressées (MDF)
Crémaillères
Chevilles de fixation
Clous

Certaines demeures anciennes avaient dès leur construction des bibliothèques encastrées.

Une bibliothèque encastrée est une excellente solution de rangement ; exécutée sur mesure, elle joue un rôle dans l'esthétique générale de la pièce. Certaines solutions sont simples, d'autres le sont moins ; on peut même construire un meuble bibliothèque indépendant, mais une alcôve constitue un recoin idéal pour y installer une bibliothèque car le cadre est déjà tout fait. En transformant une alcôve en bibliothèque, on utilise ce volume de façon rationnelle car il n'est pas évident d'y loger d'autres meubles.

En général, il faut doubler le mur et les parois – au moins en partie – de panneaux de fibres afin de donner une impression d'encastrement. Dans l'exemple ci-dessous, les côtés de l'alcôve sont doublés avec des panneaux de fibres ; ceux-ci rendent le volume bien carré et servent de base aux montants des étagères et à l'encadrement. La partie inférieure de la bibliothèque peut être aménagée en placard, ce qui ajoute à l'impact décoratif sur l'ensemble de la pièce.

La bibliothèque peut ensuite être peinte des mêmes couleurs que les murs ou dans une couleur complémentaire afin de mieux faire ressortir sa particularité.

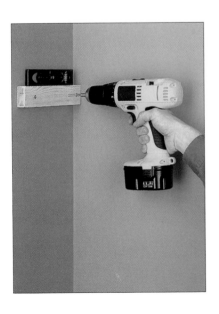

1 Découpez des tasseaux d'une taille égale à la profondeur de l'alcôve moins l'épaisseur de l'encadrement qui sera posé à la fin dans un but décoratif. Percez un avant-trou à chaque extrémité du tasseau, posez celui-ci et vérifiez l'horizontalité avec un niveau à bulles ; fixez-le avec des vis, le cas échéant sur des chevilles.

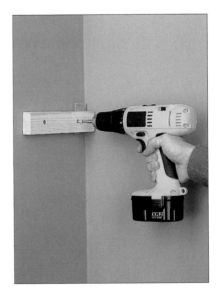

2 Dans certains murs, il vaut mieux utiliser des pointes en acier trempé, permettant de visser directement le tasseau dans le mur. Si les parois ne sont pas à angle droit, calez le tasseau avec une chute de bois. Fixez tous les tasseaux en les espaçant d'une trentaine de centimètres de chaque côté de l'alcôve.

3 Découpez une planche de panneaux de fibres de la hauteur de la bibliothèque et d'une largeur égale à la longueur des tasseaux. Posez la planche à sa place et marquez dessus au crayon l'endroit où doivent être fixées les deux crémaillères, à 5 cm des bords.

4 Retirez les crémaillères et percez des avant-trous dans le panneau et les tasseaux. Percez ces trous de façon qu'ils soient cachés par les crémaillères, qui sont beaucoup plus jolies.

5 Fixez les crémaillères en vérifiant leur verticalité avec un niveau à bulles. Les vis de fixation des crémaillères doivent être enfoncées dans les tasseaux et en aucun cas dans le mur derrière.

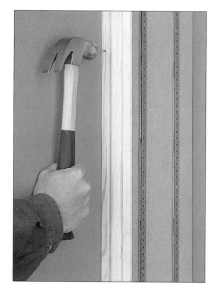

6 Découpez un encadrement aux mesures de votre bibliothèque et clouez-le à sa place, en veillant à enfoncer vos clous dans les tasseaux posés au début. Si votre encadrement a besoin d'un linteau, posez tasseaux et panneau au-dessus de la bibliothèque comme vous avez fait sur les côtés.

7 Les crémaillères sont normalement vendues avec des chevilles de fixation sur lesquelles reposent les étagères. Comme la place des chevilles n'est pas définitive, on peut modifier l'espacement des étagères chaque fois que nécessaire.

8 Pour finir, découpez des plaques de panneaux de fibres et posez-les sur les chevilles, puis peignez. Toutefois, il est plus facile de peindre les étagères séparément plutôt qu'à leur place définitive.

LES ÉTAGÈRES SUR TASSEAUX

OUTILLAGE

Crayon
Mètre ruban
Niveau à bulles
Scie à onglets
Scie égoïne
Perceuse, forets
et tournevis
Marteau

MATÉRIEL NÉCESSAIRE

Panneaux de fibres
compressées (MDF)
Tasseaux en bois
Lattes en bois tendre
Vis à bois
Chevilles (si nécessaire)
Clous

Les étagères sur tasseaux ne sont pas compliquées à concevoir, et constituent un rangement aussi commode qu'agréable à l'œil. Dans cette salle à manger (représentée aussi page 85), des étagères en bois massif servant à ranger et à exposer de beaux objets ont été posées dans les alcôves qui flanquent la cheminée.

Les étagères sur tasseaux ne coûtent pas cher, sont faciles à poser et s'avèrent fort pratiques. Comme les autres étagères, elles ont impérativement besoin de reposer sur des supports bien plans car la moindre erreur sautera aux yeux une fois les étagères en place et sera difficile à rattraper. Les côtés et le fond de l'alcôve offrent un solide appui aux étagères, qui peuvent donc porter des objets lourds et même de gros livres. Dans l'exemple de cette double page, on a posé des tasseaux de 5,5 x 2,5 cm, mais la taille peut changer en fonction de la largeur des étagères et du poids qu'elles sont censées porter.

1 Avec un crayon et un niveau à bulles, tracez une ligne sur le mur là où vous souhaitez fixer les tasseaux. Comme aucun changement ne sera possible par la suite, tâchez de ne pas vous tromper.

2 Découpez les tasseaux à la bonne taille avec une scie à onglets ou une scie égoïne. Il est plus facile de scier droit avec une scie à onglets : les tasseaux s'ajusteront mieux entre eux. Percez un avant-trou de 25 mm à chaque extrémité des tasseaux.

3 Placez les tasseaux courts sur les côtés de l'alcôve en vous guidant sur les lignes tracées au crayon. Vérifiez l'horizontalité avec un niveau à bulles, marquez la place des chevilles avec un poinçon et percez. Placez les chevilles et vissez les tasseaux à leur place.

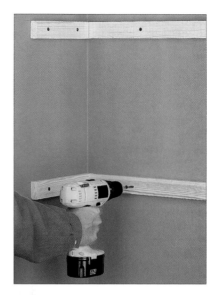

4 Vérifiez de nouveau que les deux tasseaux en vis-à-vis sont parfaitement de niveau. Une fois les tasseaux latéraux à leur place, découpez celui destiné au fond de l'alcôve et posez-le de la même façon. Là non plus, n'oubliez pas de vérifiez l'horizontalité à l'avance.

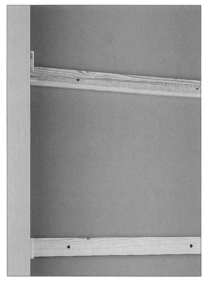

5 Prenez séparément les mesures de chaque étagère ; mesurez la largeur à l'avant et à l'arrière des tasseaux. En effet, les alcôves sont rarement d'équerre : ne reportez pas les mesures aveuglément.

6 Une fois les étagères découpées dans les panneaux, vous pouvez vous contenter de les poser, mais on n'est jamais trop prudent : n'hésitez pas à les clouer ou à les visser sur les tasseaux.

7 Pour une finition parfaite, cachez les chants avec des lattes en bois tendre d'une largeur identique à celle des tasseaux, plus l'épaisseur des panneaux de fibres. Clouez vos lattes puis enfoncez les têtes des clous avant la couche de peinture indispensable.

TRUCS ET ASTUCES

Si vous n'avez que des planches carrées pour installer des étagères dans une alcôve qui ne l'est pas, vous pouvez remplir les vides entre l'étagère et le mur avec un enduit de rebouchage en plâtre ou un produit de calfatage. Pour ce travail particulier, ces deux solutions sont en effet préférables à celle d'un mastic polyvalent car elles s'adapteront mieux aux légers mouvements de l'étagère une fois celle-ci peinte et utilisée. Le mastic supporte moins bien le mouvement, il se fendra et cela se verra.

LES ÉTAGÈRES EN KIT

OUTILLAGE

Niveau à bulles
Crayon
Poinçon
Perceuse, forets et
tournevis

MATÉRIEL NÉCESSAIRE

Étagères en kit
Vis à bois
Chevilles (si nécessaire)

Les étagères en kit constituent une solution idéale pour installer des rangements dans une mansarde, car elles se prêtent à n'importe quelle pente.

Nombreux sont les kits d'étagères conçus autour de crémaillères réglables que l'on fixe aux murs : les consoles portant les étagères peuvent s'y suspendre à n'importe quelle hauteur. Ces ensembles sont d'une souplesse qui se prête à merveille à l'aménagement de recoins mal accessibles, par exemple sous un toit à la Mansard. On peut aussi les utiliser de façon plus conventionnelle pour en faire des séries d'étagères classiques, voire une étagère individuelle isolée sur son mur.

L'important, comme chaque fois que l'on pose une étagère, est de s'assurer que les consoles sont bien de niveau.

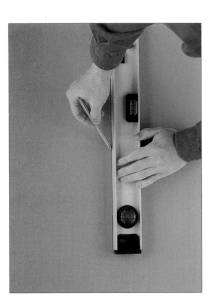

1 Avec un niveau à bulles, tracez au crayon sur le mur une ligne verticale de la longueur précise de la crémaillère choisie. Normalement, le fabricant recommande un espacement optimum entre les crémaillères.

2 Présentez la crémaillère à sa place et, avec un poinçon, marquez le mur pour repérer la place des vis. On peut également essayer de faire la marque au crayon mais, en général, le trou est trop petit.

3 Reposez la crémaillère et percez les trous avec un foret correspondant au diamètre des chevilles. Placez les chevilles dans les trous.

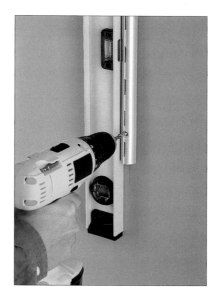

4 Présentez de nouveau la crémaillère et placez les vis dans leurs trous respectifs. Pendant que vous les vissez, tenez le niveau à bulles contre la crémaillère pour en vérifier la verticalité.

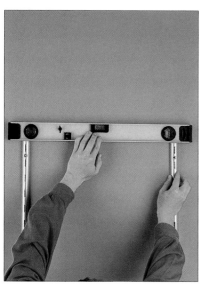

5 Présentez l'autre crémaillère à sa place ; vérifiez sa hauteur au niveau à bulles ; marquez les trous, percez, placez les chevilles et vissez.

6 Placez les consoles sur les crémaillères à la hauteur voulue. Les modèles de consoles diffèrent selon les fabricants : en général, la console possède deux à quatre saillies que l'on accroche dans les trous de la crémaillère.

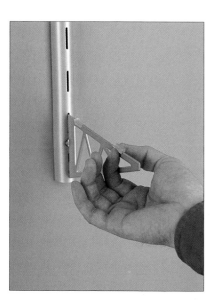

7 Une fois les étagères posées sur les consoles, on les fixe parfois avec des vis. Si les étagères sont en verre, comme ci-contre, placez des tampons protecteurs sur les consoles et des tampons adhésifs sur les étagères pour qu'elles ne glissent pas.

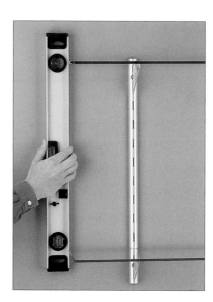

8 Posez les étagères sur les consoles et vérifiez au niveau à bulles l'alignement vertical des bords. Pour changer la hauteur d'une étagère, il suffit de déplacer les consoles sur lesquelles elles reposent.

LES ÉTAGÈRES SANS SUPPORT APPARENT

OUTILLAGE

Mètre ruban
Crayon
Niveau à bulles
Perceuse électrique, forets
et embouts tournevis

Fixation à la colle époxy
Établi

MATÉRIEL NÉCESSAIRE

Étagères prêtes à poser

Fixation à consoles
Vis à bois
Chevilles

Fixation à la colle époxy
Résine polymérisable
Tiges filetées

Quand on a chez soi un bureau dans une pièce qui a d'autres usages, les étagères sans support apparent constituent une solution élégante aux problèmes de rangement.

L'étagère a un rôle simple et pratique, mais il y a moyen d'en faire un bel élément qui fera partie intégrante de votre ensemble décoratif ; le fait de rendre les supports – souvent peu élégants – invisibles constitue une façon simple d'en améliorer l'esthétique. Deux techniques différentes sont présentées sur cette double page, l'une consistant à utiliser des consoles cachées et l'autre à fixer à l'arrière de l'étagère des tiges filetées avec de la résine polymérisable.

FIXATION À CONSOLES

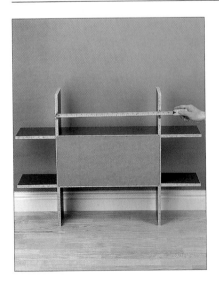

1 Beaucoup d'étagères toutes faites possèdent des supports cachés sur leur face arrière, encore faut-il en reporter les mesures sur le mur. Mesurez leur écartement avec un mètre ruban, en notant précisément l'écart de centre à centre entre les deux planches.

2 Reportez cette mesure sur le mur de façon aussi précise que possible. Notez-en la position avec de petites croix. Avec un niveau à bulles, vérifiez l'horizontalité et tracez un trait que vous effacerez d'un coup de pinceau avant de poser l'étagère.

3 Percez le mur aux points marqués et placez des chevilles à l'intérieur. Placez les vis en les enfonçant suffisamment pour qu'elles résistent à l'arrachage, mais laissez dépasser la tête suffisamment pour que les consoles à l'arrière de l'étagère s'y accrochent solidement.

4 Placez l'étagère en accrochant les consoles aux têtes de vis : soit vous serez récompensé de la précision de vos mesures, soit les consoles refuseront de se suspendre.

FIXATION À LA COLLE ÉPOXY

1 Pour une étagère unique, tracez sur le mur une ligne horizontale légèrement plus courte que l'étagère. À chaque extrémité, percez un trou pour y faire pénétrer une tige filetée, d'une profondeur égale aux deux tiers de la largeur de l'étagère. Injectez dans les trous la résine et son durcisseur.

2 Découpez deux tiges filetées d'une longueur égale à 1,3 fois la largeur de l'étagère. Placez chaque tige dans un trou en l'y enfonçant de la moitié de sa longueur. Au niveau à bulles, vérifiez l'horizontalité des tiges. Laissez la résine se polymériser, ce qui scellera solidement les tiges.

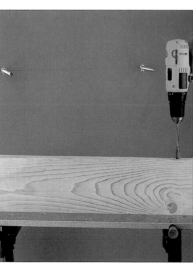

3 Fixez l'étagère sur chant, face arrière en l'air. Percez deux trous dans son épaisseur, de même écartement que les tiges filetées scellées dans le mur. Chaque trou doit être du diamètre de la tige, et d'une profondeur égale aux deux tiers de la largeur de l'étagère.

4 Posez l'étagère en faisant pénétrer les tiges dans les trous. Pour une meilleure solidité, on peut également remplir de résine les trous avant de poser l'étagère. Les supports sont invisibles.

UNE ÉTAGÈRE D'ANGLE

OUTILLAGE

Punaises
Ficelle
Crayon
Règle métallique
Scie sauteuse ou
scie égoïne
Masque antipoussière
Défonceuse
Perceuse, forets et
tournevis
Niveau à bulles

MATÉRIEL NÉCESSAIRE

Panneaux de fibres
compressées (MDF)
Vis à bois
Chevilles (si nécessaire)

Une étagère d'angle représente une solution de rangement idéale là où l'on manque de place.

L'organisation du volume dans une pièce donnée a souvent un point faible : les coins. On trouve dans le commerce des étagères et placards d'angle mais, dans bien des cas, il est nécessaire de construire soi-même le module qui convient exactement à l'endroit choisi, à moins que l'on ne cède tout simplement au plaisir d'ajouter une touche personnelle à la décoration de la pièce en question. Dans l'exemple retenu ici, les lignes courbes forment un heureux contraste avec la nature anguleuse du coin ; en outre, la forme curviligne des plateaux offre une surface plus importante que des étagères rectilignes. Les deux côtés et les plateaux sont découpés dans le même disque de panneau de fibres. Pour calculer la taille du panneau, mesurez dans l'angle la largeur du plus grand plateau. Doublez cette mesure et ajoutez 5 cm pour les chutes : il vous faut un panneau carré dont le côté est le résultat de votre calcul.

Il vous est possible d'en rectifier les chants à la défonceuse. Observez bien les conseils de sécurité du mode d'emploi ; faites-vous la main sur des chutes car l'usage de la défonceuse ne s'apprend pas instantanément.

1 Fixez un crayon à une extrémité de la ficelle, et l'autre à une punaise enfoncée au milieu de votre panneau ; tracez un cercle de la taille voulue : ici, le rayon – c'est-à-dire la longueur de la ficelle – est de 40 cm.

2 Avec une règle métallique, divisez le cercle en quatre quartiers. Trois morceaux correspondants constitueront les côtés et le plateau inférieur : il est donc important qu'ils soient de la même taille afin de respecter la symétrie du tout sur le mur.

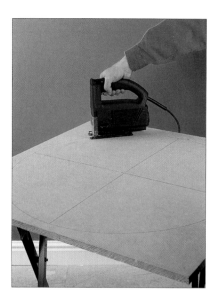

3 Découpez le cercle à la scie sauteuse ; une scie égoïne ferait l'affaire, mais l'appareil électroportatif est plus précis. Quand vous utilisez la scie sauteuse, ne manquez pas de mettre un masque afin d'éviter de respirer la poussière de bois.

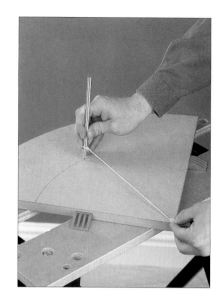

4 Découpez le cercle en quatre quartiers. Sur l'un des morceaux, tracez un quart de cercle avec une ficelle de 25 cm. Le morceau ainsi tracé constituera la petite étagère supérieure. Coupez ce quart de cercle à la scie sauteuse.

5 N'enlevez pas votre masque et, à la défonceuse, faites les moulures grâce à une lame orientable. Arrêtez la moulure à quelques centimètres du bord, cela donnera un plus bel aspect.

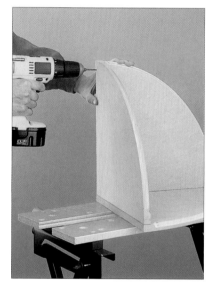

6 Vissez ensemble les trois gros morceaux : commencez par percer des avant-trous. Chaque vis doit pénétrer librement dans l'avant-trou, puis se visser du tiers restant de sa longueur dans la deuxième pièce. Toutes les vis étant fixées à l'arrière du meuble, elles demeureront complètement invisibles.

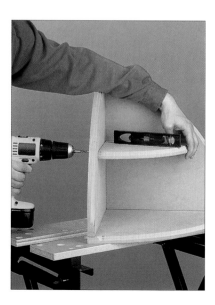

7 Percez les avant-trous correspondant à l'étagère supérieure, et vissez celle-ci à sa place. Avec un niveau à bulles, vérifiez l'horizontalité des deux étagères.

TRUCS ET ASTUCES

● Pour obtenir un assemblage précis des trois premiers éléments, vous serez peut-être obligé de corriger le tracé des bords à la défonceuse. Peut-être souhaiterez-vous rectifier la face arrière de l'un des morceaux pour assurer un ajustage précis, même si vos mesures initiales étaient correctes. Veillez à conserver une certaine souplesse dans vos méthodes d'assemblage.

● Une fois l'assemblage achevé, il faut peindre votre étagère. Quand la peinture est sèche, vissez l'étagère dans le mur avec des vis à bois et des chevilles.

LA RÉNOVATION D'UN PLACARD

OUTILLAGE

Tournevis
Mastic
Chiffon
Papier de verre à grain
moyen
Panneaux ajourés (dessins
ou motifs de votre choix)
Scie à onglets
Perceuse sans fil et forets

MATÉRIEL NÉCESSAIRE

Enduit de lissage
Peinture-émulsion ou
à l'huile
Peinture en aérosol
Moulures
Ruban adhésif double face

Quelques couches de peinture et vous ne reconnaîtrez plus vos placards. À gauche, on a commencé par une couche bleu foncé, que l'on a en partie masquée avec du papier cache faiblement adhésif. Puis on a passé une couche d'un bleu plus pâle avant de retirer le papier cache.

Si vous désirez simplement changer de style, remplacer tous vos placards représente une solution coûteuse : pourquoi ne pas rénover ceux déjà en place ? En général, l'intérieur n'est pas visible ; donc, d'un point de vue purement esthétique, seules doivent être modifiées les portes. Vous pouvez changer les poignées, ajouter des baguettes ou des moulures et repeindre l'ensemble avec les couleurs de votre choix. Dans l'exemple ci-dessous, toutes ces idées ont été appliquées à de simples placards de cuisine. Un panneau en bois ajouré trouvé dans le commerce sert de pochoir pour créer un motif compliqué sur la porte : cela montre à quel point on peut changer de style sans changer la porte.

1 Dévissez la porte du placard de cuisine. Retirez charnières et poignées. En général, les poignées sont fixées avec des vis qui ont été posées sur la face intérieure de la porte. Posez la porte sur sa face extérieure afin d'avoir accès aux têtes des vis.

2 Remettez la porte face extérieure dessus et remplissez les trous de l'ancienne poignée ; laissez sécher et poncez tout. S'il s'agit – comme ici – d'une porte en mélaminé, passez sur la surface poncée une couche d'apprêt avant de peindre, en observant soigneusement le mode d'emploi.

3 Passez à présent une couche de peinture de base, peinture-émulsion ou peinture à l'huile. L'avantage de la première est sa vitesse de séchage : vous pouvez passer deux couches par jour.

4 Posez le panneau ajouré sur la porte, en l'alignant soigneusement avec les bords. Secouez la bombe de peinture en aérosol et passez deux couches légères sur le pochoir et la porte.

5 Soulevez le panneau ajouré avec précaution, en évitant de le frotter contre la porte. Ne le jetez pas : il peut resservir.

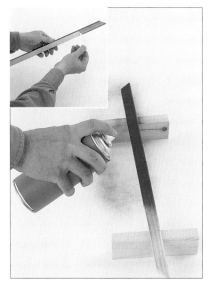

6 Découpez des moulures d'une longueur correspondant à la hauteur et à la largeur de la porte. Découpez les extrémités avec une scie à onglets. Peignez-les à la bombe. Dès qu'elles sont sèches, appliquez sur la base de chaque moulure du ruban adhésif double face. Retirez le papier de protection et fixez-le sur la porte.

7 Appuyez fermement sur chaque moulure en place, en veillant soigneusement à l'ajustement des coins. Des corrections mineures sont possibles pendant quelques minutes, après quoi la colle durcit et la moulure est définitivement en place.

8 Marquez la place des nouvelles poignées, percez et vissez. Remontez les charnières et remettez la porte à sa place.

NOTIONS D'ENCADREMENT

OUTILLAGE

Mètre ruban
Ciseaux ou cutter
Règle métallique
Crayon
Scie à onglets
Scie égoïne
Agrafeuse
Marteau de menuisier
Poinçon

MATÉRIEL NÉCESSAIRE

Passe-partout
Moulures d'encadrement
Colle à bois
Agrafes
Verre antireflet
Papier cache
Clous
Carton
Ruban adhésif
Pitons à œil
Cordelette

Un cadre en bois clair ressort avec bonheur sur ce mur dont la couleur intense n'est pas sans rappeler celle de la crête du coq.

d'une façon ou d'une autre encadrées : il est donc intéressant d'apprendre ne serait-ce que les rudiments du métier d'encadreur, pour éviter le coût supplémentaire de l'encadrement par un professionnel.

Dans l'exemple de cette double page, on encadre une charmante aquarelle avec un passe-partout et un cadre constitué d'une moulure en bois. Ces deux articles existent en maintes couleurs et qualités, ce qui permet non seulement d'accrocher de jolie manière un tableau, mais encore de l'intégrer de façon harmonieuse à la décoration de l'ensemble de la pièce. Cela est encore plus vrai si on envisage de suspendre une série ou un groupe de tableaux. Comme ils prendront de l'importance dans la décoration de la pièce, il est indispensable de choisir avec soin la couleur du passe-partout et du cadre.

Photos, peintures et gravures constituent dans bien des demeures un élément décoratif important, tapissant les murs de façon plus ou moins serrée au goût de chacun. En général, elles sont

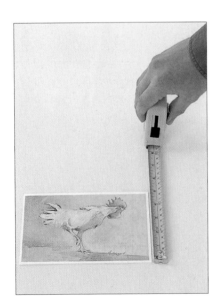

1 Mesurez précisément le tableau que vous souhaitez encadrer, avec un mètre ruban. Si les bords sont irréguliers ou que le format ne vous convient pas, coupez avec des ciseaux ou un cutter et une règle métallique et prenez les mesures après.

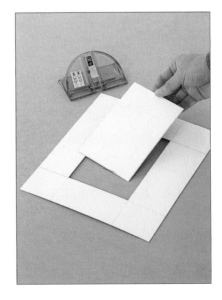

2 Avec un crayon bien taillé, reportez de façon précise les dimensions du tableau au milieu du passe-partout. Prélevez la fenêtre correspondante en vous servant d'un cutter et d'une règle métallique. Retirez le morceau ainsi découpé.

3 Mesurez les dimensions extérieures du passe-partout : elles vous donnent les dimensions intérieures du cadre. Découpez quatre morceaux de moulure en bois, à la scie à onglets. Vérifiez bien que vous coupez le biseau dans le bon sens, c'est-à-dire en coupant des morceaux plus longs que la mesure recherchée.

4 Déposez quelques gouttes de colle à bois à l'extrémité en biseau de chaque moulure ; réunissez-les pour constituer le cadre. Renforcez celui-ci en enfonçant deux agrafes à chaque angle. Naturellement, fixez-les au dos pour qu'on ne les voie pas. Laissez sécher la colle.

5 Demandez à un vitrier un morceau de verre antireflet aux dimensions de votre cadre. Placez-le dans le cadre avec le passe-partout par-dessus, en vérifiant qu'ils s'ajustent de façon précise. Retouchez le passe-partout s'il force ; s'il est trop lâche, découpez-en un autre à la bonne taille.

6 Placez le tableau sur le passe-partout et immobilisez-le avec du papier cache. Vérifiez qu'il apparaît exactement dans la « fenêtre » quand on regarde le cadre à l'endroit.

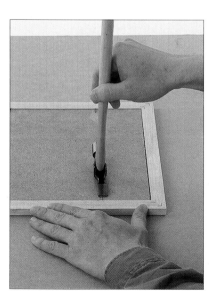

7 Découpez un morceau de carton de la taille du passe-partout, posez-le par-dessus le passe-partout et le tableau, et fixez-le avec de petits clous plantés dans le champ intérieur du cadre.

8 Recouvrez le joint et les clous avec du ruban adhésif, et posez de quoi accrocher votre tableau. Avec un poinçon, faites des avant-trous au dos du cadre, puis vissez les pitons à œil et réunissez-les par une cordelette. Suspendez le tableau.

LA DORURE

OUTILLAGE

Brosses
Petit pinceau d'artiste
Chiffon

MATÉRIEL NÉCESSAIRE

Peinture-émulsion
Couche d'assiette (apprêt)
Feuille de métal
Terre d'ombre brûlée

Un cadre doré ajoute toujours une touche d'élégance classique. Il peut s'intégrer à la décoration de la pièce ou devenir lui-même un objet décoratif.

Il est fréquent qu'un vieux cadre en bois ait beaucoup à gagner à être rénové d'une façon ou d'une autre, simple coup de pinceau ou restauration plus fouillée. La dorure est une des méthodes utilisées pour mettre en valeur un cadre ancien. Autrefois, la dorure se faisait avec de la feuille d'or véritable, mais il existe aujourd'hui d'autres métaux en feuille permettant d'obtenir le même résultat à un coût très inférieur. Il faut d'abord passer une couche d'apprêt, qui fera adhérer le métal en feuille au cadre. Pour vieillir l'aspect final, on peut frotter le cadre avec de la terre d'ombre brûlée, après la pose de la feuille de métal.

1 Pour renforcer l'effet de dorure, il est bon d'appliquer le métal en feuille sur une couche d'apprêt de couleur. Cette dernière peut être claire ou foncée : ici, on a choisi une peinture-émulsion d'un rouge soutenu. Peignez avec une petite brosse jusqu'au fond des moulures.

2 Une fois la couche d'apprêt sèche, passez la couche d'assiette à l'endroit que vous allez dorer en premier. Commencez par un seul côté du tableau.

3 Laissez la couche d'assiette sécher un moment, jusqu'à ce qu'elle perde sa couleur laiteuse pour devenir transparente tout en restant légèrement poisseuse. Posez une feuille de métal sur le cadre, retirez le support en papier (s'il y en a un).

4 Avec un petit pinceau propre, faites adhérer la feuille de métal à la surface du cadre. Le relief tourmenté des moulures fait que certains endroits resteront sans métal : on peut revenir dessus plus tard, ou les laisser tel quel pour un effet davantage vieilli.

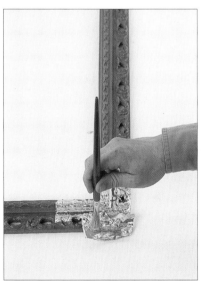

5 Retirez l'excédent de feuille de métal au fur et à mesure, et utilisez-le là où il en manque. Certains préfèrent laisser de nombreux « trous », d'autres préfèrent que la dorure soit intégrale.

6 Une fois l'ensemble du cadre doré, il reste de petits morceaux de métal accrochés çà et là. Détachez-les en quelques coups de brosse en soies de porc.

7 Pour finir, prenez avec un chiffon un peu de terre d'ombre brûlée, que vous ferez pénétrer bien au fond des moulures pour donner un effet vieilli.

PRÉSENTATION DES TABLEAUX

Les tableaux contribuent à créer une atmosphère accueillante et chaleureuse. Si les tableaux constituent le centre d'intérêt, ce sont les cadres qui font le lien avec le reste du décor. Une série de cadres de même couleur pour des tableaux de styles différents peut faire beaucoup d'effet sans jurer avec les autres éléments de la pièce.

LES LAMBRIS

OUTILLAGE

Mètre ruban
Crayon
Niveau à bulles
Perceuse, forets et
tournevis
Marteau
Chasse-clou

MATÉRIEL NÉCESSAIRE

Liteaux en bois
Boulons à expansion
ou vis à bois et chevilles
Lattes à assemblage à
rainure et languette
Clous
Colle
Moulures
Plinthes
Tasseaux

Un lambris pastel confère à la pièce une atmosphère calme et détendue.

Le lambris est une forme traditionnelle d'habillage des murs qui a parfaitement sa place dans une maison moderne : inusable et décoratif, il résiste à merveille aux éraflures et autres injures de la vie quotidienne, contrairement aux surfaces peintes ou tapissées. En général, les lambris montent à hauteur d'appui, mais vous pouvez tout à fait envisager de les prolonger jusqu'au plafond. C'est une solution d'une grande souplesse, qui convient à n'importe quelle pièce de la maison. Sur le plan décoratif, le lambris offre un véritable embarras du choix : certains préfèrent conserver le bois naturel, d'autres préfèrent le teindre, le peindre ou le cacher avec toutes sortes de procédés. La décision doit se prendre en fonction des autres options de décoration.

Généralement, la technique utilisée pour poser un lambris est la fixation à rainure et languette ; par conséquent, on ne doit rien voir de l'extérieur. Cette façon de procéder est clairement décrite sur cette double page. Le lambris se fixe sur un cadre en liteaux : la fabrication de ce cadre sera donc la première étape de votre projet, avant la pose proprement dite des lambris.

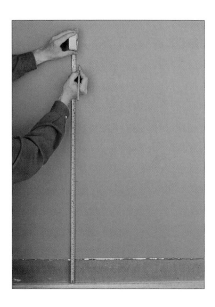

1 Pour poser un lambris d'appui d'une hauteur de 1 m, il faut fixer au mur au moins trois liteaux. Avec un mètre ruban et un crayon, marquez sur le mur la hauteur de la latte supérieure et de la latte médiane. La plus basse sera fixée au niveau du sol.

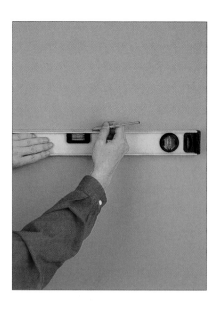

2 Au niveau des marques, tracez des lignes horizontales sur toute la largeur du mur, avec un niveau à bulles. Ces lignes vous guideront pour placer vos liteaux au bon endroit. Assurez-vous qu'elles sont parfaitement horizontales, de façon que le lambris soit bien droit une fois fini.

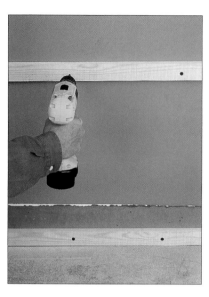

3 Percez des avant-trous et vissez les liteaux en vous guidant sur les traits de crayon tracés en 2. Aboutez plusieurs liteaux si nécessaires, en fonction de la largeur du mur et de la longueur des liteaux. Utilisez des boulons à expansion – comme ici – ou des chevilles et des vis à bois normales : le résultat sera le même.

4 Coupez les lambris exactement à la même longueur, mesurée du niveau du sol au haut de la latte supérieure. On commence par encastrer les lambris à la main, en faisant pénétrer chaque languette dans la rainure correspondante.

5 Dès qu'un lambris est en place, clouez-le à 45 degrés contre le liteau en traversant la languette. Enfoncez bien la tête du clou avec un chasse-clou. Posez un clou par liteau : il sera caché par le lambris suivant.

6 Pour couronner l'ouvrage, posez un tasseau au-dessus du liteau supérieur de façon qu'il couvre également le chant des lambris.

7 Cachez le tasseau avec une moulure collée et finissez le travail en collant une plinthe en bas : aucun clou n'est visible.

POUR REMPLACER LE CARRELAGE

Dans la salle de bains, le lambris remplace avec bonheur le carrelage mural, à moins qu'il ne s'y juxtapose comme ci-contre (voir page 14), solution qui ne manque pas d'originalité. Si le lambris risque d'être éclaboussé, il faut le rendre étanche avec une ou plusieurs couches de peinture à l'huile.

LES PANNEAUX DE BOISERIE

OUTILLAGE

Mètre ruban
Scie égoïne
Pistolet à colle
Niveau à bulles
Scie à onglets

MATÉRIEL NÉCESSAIRE

Boiseries
Colle

VOIR AUSSI

Les lambris, pages 182 à 183

Les boiseries s'appliquent à l'horizontale dans les pièces, et en biais dans les escaliers. Leur motif peut se retrouver sur les portes et d'autres éléments décoratifs.

Les panneaux de boiserie produisent un effet différent des lambris, mais leur qualité décorative n'est pas moindre. Traditionnellement, c'était une technique réservée aux artisans qui demandait beaucoup de temps. Aujourd'hui, on trouve des éléments en kit permettant au bricoleur avisé d'obtenir le même résultat. Tous les éléments sont fournis dans le kit et faciles à poser. La majorité des ajustements sont désormais inutiles : grosso modo, il suffit de poser dans le bon ordre des éléments complets d'usine en suivant les instructions. Pour ce type de décoration, il est inutile de poser d'abord un cadre en liteaux.

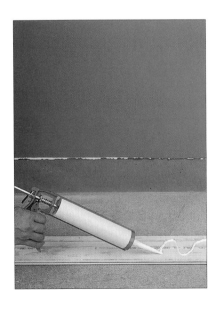

1 Pour poser le kit complet, retirez d'abord la vieille plinthe. Découpez la nouvelle à la bonne longueur et collez-la au mur au lieu de la clouer. Les panneaux sont prévus pour se glisser dans la plinthe.

2 Posez la nouvelle plinthe, appuyez-la bien contre le mur. Vérifiez au niveau à bulles l'horizontalité de la face supérieure : en effet, certains sols ne sont pas plans. Si nécessaire, corrigez légèrement l'assiette de la plinthe afin que sa face supérieure soit rigoureusement horizontale.

3 Au pistolet, garnissez de colle la face arrière des boiseries, mais seulement les parties qui touchent le mur.

4 Glissez la boiserie dans la plinthe et appliquez-la contre le mur en appuyant fermement. Dès lors que la plinthe a été posée correctement, la boiserie le sera également.

5 Pour faire la liaison entre deux boiseries, la plupart des kits proposent des raccords tout prêts : enduisez de colle le dos du raccord et encastrez-le dans la boiserie, la languette dans la rainure.

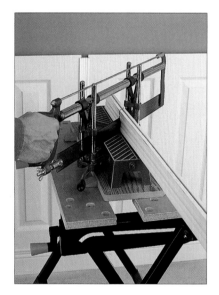

6 Continuez la pose ; coupez le dernier panneau à la bonne taille pour qu'il tienne exactement dans l'angle de la pièce. Avec une scie à onglets, coupez en biais l'extrémité du lambris d'appui afin qu'il se cale parfaitement dans l'angle.

7 Encollez le dos du lambris d'appui et présentez-le au-dessus de la boiserie ; dès que la colle est sèche, vérifiez qu'il ne reste ni trou ni fente entre les boiseries. S'il y en a, colmatez-les avant de peindre.

TRUCS ET ASTUCES

● Réfléchissez bien à l'endroit dont vous partez afin d'éviter des coupures disgracieuses. Le fait de démarrer de chaque côté d'une porte donnera une impression d'équilibre.

● Tâchez d'avoir un raccord au pied de l'escalier de façon à vous servir de demi-panneaux pour la pose dans l'escalier.

● Veillez à cacher les coupures disgracieuses dans les endroits les moins visibles de la pièce, ou derrière un meuble.

LES REVÊTEMENTS DE SOL PROJET PAR PROJET

PRENDRE LES MESURES D'UNE PIÈCE

DIFFICULTÉ : faible
DURÉE : une demi-journée pour une pièce de taille moyenne
OUTILS SPÉCIAUX : aucun
VOIR PAGES 190 à 191

Avant de poser un revêtement de sol, il est important de prendre de façon précise les mesures de la pièce : c'est la seule façon d'acheter la quantité de matériaux voulue. Des erreurs d'appréciation peuvent coûter cher. En outre, le sol doit être préparé de façon convenable, selon les types de matériau et de revêtement envisagés. Un sol en ciment inégal doit être ragréé à la taloche ; les planchers en revanche peuvent avoir besoin d'une sous-couche de contreplaqué ou de panneau de fibres dur.

Il est important de bien réfléchir avant de vous lancer : il ne faut pas commencer n'importe où la pose d'un nouveau revêtement, surtout si celui-ci est à carreaux. Dans les pages qui viennent, nous verrons par quel endroit de la pièce commencer, comment déterminer le centre de la pièce et comment centrer les dessins sur ce point. Pour l'aspect définitif de votre travail, il faut trouver un équilibre entre carreaux entiers et carreaux coupés. Enfin, il ne faut pas perdre de vue que, si certaines pièces sont de forme relativement carrée, d'autres sont pleines d'angles et de recoins bizarres – les alcôves par exemple – dont il faut tenir compte dans les calculs, notamment pour le nombre de carreaux : on décompose la pièce en carrés ou en rectangles, à partir desquels le travail s'exécute de la façon habituelle.

Au prix où sont les matières premières de nos jours, les erreurs coûtent cher. Si l'on coupe trop court dans le rouleau de revêtement en plastique ou que l'on commence à carreler à partir du mauvais angle, il sera très difficile de corriger par la suite. Par conséquent, il faut prendre le temps de vérifier soigneusement les mesures et l'ordre des tâches à accomplir avant de commencer la pose d'un revêtement.

LES DALLES DE VINYLE

DIFFICULTÉ : faible à moyenne
DURÉE : un jour pour une pièce de taille moyenne
OUTILS SPÉCIAUX : cordeau à poudre, spatule crantée, règle métallique
VOIR PAGES 192 à 193

Les dalles en vinyle se posent à même une chape dès lors qu'elle est complètement sèche ; elles peuvent aussi se poser sur un support de qualité en contreplaqué ou en panneaux de fibres durs, ainsi que sur des panneaux de particules. La surface doit être parfaitement plane pour que l'adhérence soit parfaite. Le calepinage le plus courant est dit à fond perdu, c'est-à-dire que tous les joints sont alignés ; mais on peut préférer le calepinage à joints contrariés.

De toute façon, il faut commencer la pose au bon endroit (voir pages 190 à 191). Le cordeau à poudre est le meilleur outil pour déterminer le centre de la pièce : celui-ci servira de point zéro à toutes les mesures. En général, on peut couper les dalles de vinyle avec un cutter, mais les lames s'émoussent vite : prévoyez suffisamment de lames de rechange pour mener le travail à bien. Il est également indispensable d'avoir une règle métallique et une planche à découper, afin de réaliser les découpes avec autant de précision que possible : les bords mal coupés se remarquent une fois le travail terminé. Essuyez au fur et à mesure la colle qui ressort, avant qu'elle ne durcisse.

LE SOL EN PLASTIQUE

DIFFICULTÉ : élevée
DURÉE : un jour pour une pièce moyenne
OUTILS SPÉCIAUX : aucun
VOIR PAGES 194 à 195

Les dalles de vinyle sont du même plastique que le revêtement de sol présenté en rouleau, mais la ressemblance s'arrête là : les techniques de pose sont différentes. Le substrat peut être dans les deux cas du ciment, du contreplaqué ou des panneaux de fibres durs. Mais tenez compte du fait que les dalles se posent une par

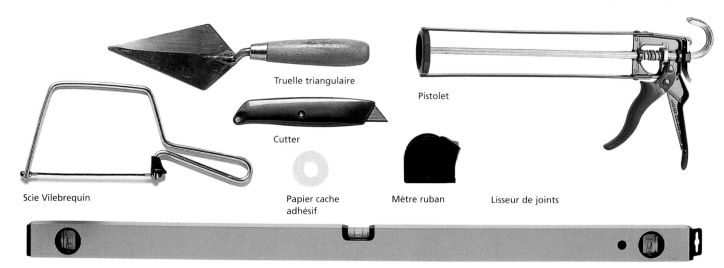

Truelle triangulaire

Cutter

Pistolet

Scie Vilebrequin

Papier cache adhésif

Mètre ruban

Lisseur de joints

Niveau à bulles

une, tandis que le revêtement de plastique se pose en général d'un seul tenant, sauf quand la pièce est trop grande : dans ce cas, on procède à un ou plusieurs raccords. Dans tous les cas, le plastique doit être découpé de façon précise afin de prendre parfaitement sa place.

Il est vivement conseillé de faire un gabarit du sol à couvrir : l'ajustement en sera facilité. Il est vrai que les professionnels n'ont pas besoin de ce subterfuge, mais en revanche il est bien utile pour l'amateur. Prenez donc le temps de faire un patron intégral en papier, et appliquez-vous pour le reporter sur le plastique. Assurez-vous que l'impression générale est équilibrée, en particulier lorsque votre revêtement comporte un motif directionnel. Vous pouvez utiliser du ruban adhésif double face pour coller la pièce de plastique le long de ses bords, mais ce n'est en général pas indispensable sauf à l'endroit des raccords. À propos, vos raccords seront toujours plus nets si vous juxtaposez deux bords coupés d'usine, et non deux bords coupés par vous qui seront toujours moins parfaits.

LA MOQUETTE À DOSSIER MOUSSE

DIFFICULTÉ : faible à moyenne
DURÉE : une demi-journée pour une pièce de taille moyenne
OUTILS SPÉCIAUX : ciseau à froid
VOIR PAGES 196 à 197

La moquette à dossier mousse est plus facile à poser que celle à dossier jute, mais les puristes soutiennent qu'il y a une grande différence de qualité. Ce n'est pas entièrement faux mais, depuis quelques années, la qualité des moquettes à dossier mousse s'est améliorée sans que leur prix atteigne celui de la moquette à dossier jute. En outre, il est inutile de poser une thibaude sous la moquette à dossier mousse, ce qui constitue une autre économie. Attention ! La moquette à dossier mousse exige un sol parfait car elle est relativement mince : le moindre défaut se verra et les taches d'usure s'y formeront rapidement.

On se sert de ruban adhésif double face pour fixer la moquette sur tout le périmètre de la pièce. Pour les surfaces très importantes, on posera de la même façon du double face à chaque raccord entre deux

lés. On commence par découper la moquette en laissant 4 ou 5 cm d'excédent de chaque côté, puis on l'arase de façon précise une fois en place. Le cutter est l'outil idéal pour exécuter ce travail.

LA MOQUETTE À DOSSIER JUTE

DIFFICULTÉ : moyenne
DURÉE : une demi-journée à un jour pour une pièce de taille moyenne
OUTILS SPÉCIAUX : coup-de-genou, ciseau à froid
VOIR PAGES 198 à 199

La pose de moquette à dossier jute demande plus de temps et d'efforts car, contrairement à la moquette à dossier mousse, elle exige la mise en place de liteaux d'ancrage pour recevoir la thibaude, qui est une sorte de molleton sur lequel repose la moquette proprement dite. Un autre inconvénient est que la moquette à dossier jute est plus difficile à poser : mais elle constitue un sol plus souple et plus confortable que la moquette à dossier mousse.

N'oubliez pas que la sensation sous le pied dépend de la qualité de la moquette et de l'épaisseur de la

thibaude sur laquelle elle va être fixée. Bien entendu, le meilleur résultat s'obtient avec des matériaux de bonne qualité, c'est-à-dire une moquette de laine avec un pourcentage important de fibres naturelles ; celle-ci conserve mieux sa forme qu'une moquette à base de fibres artificielles.

Une fois la moquette en place, il faut se servir d'un outil appelé coup-de-genou pour la tendre légèrement au-dessus des liteaux d'ancrage, sur tout le périmètre de la pièce. Comme la moquette peut légèrement s'étirer, on a une certaine marge pour araser les bords au dernier moment.

Une barre de seuil sera nécessaire à chaque porte, pour marquer la limite entre le sol d'une pièce et celui de la suivante. Le problème ne se pose évidemment pas s'il s'agit de la même moquette. En revanche, si le revêtement du sol change, il est nécessaire de marquer une limite nette à l'aide d'une barre de seuil que vous choisirez avec le plus grand soin, en fonction du style des deux pièces. Par exemple, on préfère dans certains cas une barre de seuil en métal chromé, dans d'autres une barre de seuil en bois paraîtra plus adaptée.

 Ciseau à froid

Lime à carrelage

 Éponge

 Raclette à barbotine

 Croisillons d'espacement

Spatule crantée

 Pointe au carbure

Couteau à colle

 Pince à rogner

LES DALLES DE LIÈGE

DIFFICULTÉ : faible à moyenne
DURÉE : un jour en moyenne
OUTILS SPÉCIAUX : spatule crantée, rouleau à pâtisserie
VOIR PAGES 200 à 201

Avec les dalles de liège, il est indispensable de faire un plan de pose : définissez d'abord le centre de la pièce et, à partir de celui-ci, déterminez la position de départ (voir pages 190 à 191). On a le choix entre le liège de couleur traditionnelle et les carreaux teints, avec lesquels il est possible de dessiner un motif original. Les carreaux se coupent au cutter, sur une planche à découper et à l'aide d'une règle métallique. Pour une adhérence parfaite, il n'est pas inutile de passer sur chaque dalle avec un simple rouleau à pâtisserie ; ainsi, vous vous assurerez que chaque carreau repose bien à plat sur le sous-plancher. Le type de dalle utilisé dans notre exemple ne demande pas de produit d'étanchéité après pose ; d'autres dalles en revanche, une fois qu'elles sont toutes posées et que la colle est sèche, demandent quelques couches de vernis ou un produit d'étanchéité.

LE SOL EN CARRELAGE

DIFFICULTÉ : moyenne
DURÉE : un jour à un jour et demi en moyenne
OUTILS SPÉCIAUX : spatule crantée, carrelette
VOIR PAGES 202 à 203

La céramique étant plus lourde que le vinyle ou le liège, la technique de pose est un peu différente. Les carreaux de céramique peuvent se poser sur une semelle en béton recouverte d'enduit ou un plancher en bois, dès lors que l'on a placé une feuille de contreplaqué pour garantir la planéité, la rigidité et la stabilité du support.

Le plan de pose des carreaux de céramique est le même que pour le vinyle et le liège ; en revanche, il faut du mortier-colle à la place de la colle. Petite astuce : clouez dans le sol un tasseau provisoire le long de la ligne de base pour démarrer la pose de la première rangée sur un support fixe. Utilisez des croisillons pour conserver une distance égale entre les carreaux. Ceux-ci ne se coupent qu'avec une robuste carrelette, propre à venir à bout de l'épaisseur et de la solidité des carreaux de céramique.

Une fois posés, ils doivent être jointoyés, contrairement aux carreaux « mous » de vinyle ou de liège étroitement aboutés à chaque joint. La propreté du résultat final dépend de la netteté du jointoiement : c'est une étape cruciale pour la beauté de la finition.

LE SOL EN ARDOISE NATURELLE

DIFFICULTÉ : moyenne à élevée
DURÉE : un jour à un jour et demi par pièce en moyenne
OUTILS SPÉCIAUX : spatule crantée, scie au carbure
VOIR PAGES 204 à 205

La pose de l'ardoise naturelle se rapproche beaucoup de celle du carrelage, encore faut-il tenir compte de légères différences dans la composition et la structure des matériaux. Les carreaux d'ardoise n'ont pas toujours la régularité de forme et d'épaisseur des carreaux de céramique : il faut parfois modifier l'épaisseur du mortier-colle afin d'obtenir un sol aussi plan que possible. L'ardoise ayant un aspect plus artisanal, il convient de placer les carreaux à l'œil et non avec des croisillons.

L'ardoise est un matériau particulièrement dur : mieux vaut louer une scie au carbure pour la couper. Cette machine fait une coupe plus nette et plus précise que les outils à main : le travail est plus propre, les risques de casse sont moindres. S'il vous faut passer un produit de jointoiement, assurez-vous de ne pas en laisser sur les ardoises, pas plus que du mortier-colle.

LE PARQUET

DIFFICULTÉ : faible à moyenne
DURÉE : une demi-journée à un jour en moyenne
OUTILS SPÉCIAUX : tire-lames
VOIR PAGES 206 à 207

Le plancher en bois constitue un beau sol, inusable et sans entretien. On trouve

Ponceuse à parquet

Perceuse sans fil

Coup-de-genou

Gants protecteurs

Pinceaux

maintenant des kits de parquet en bois contrecollé et aussi des lames stratifiées. Ces dernières sont souvent plus brillantes. Leur installation se fait en pose flottante, c'est-à-dire que le parquet n'est pas fixé sur le support. Une sous-couche spéciale est en général posée en dessous avant de procéder à la pose.

Les éléments du kit s'assemblent avec des clips de fixation ou, comme dans notre exemple, avec de la colle et un système de rainures et languettes. Il est en général nécessaire de couper les éléments pour les ajuster à la longueur de la pièce ; on se sert d'un outil appelé tire-lames pour poser le dernier élément en fin de rangée.

N'oubliez pas de mettre des cales tout autour de la pièce entre le sol et les murs. Cet espace de dilatation permettra aux éléments de jouer légèrement sans faire gondoler le parquet. En général, on couvre cet espace avec une moulure ou un quart-de-rond cloué directement sur la plinthe ou la base du mur.

LA PEINTURE DE SOL

DIFFICULTÉ : faible
DURÉE : un jour en moyenne
OUTILS SPÉCIAUX : néant
VOIR PAGES 208-209

Peindre le sol, c'est facile, c'est rapide et cela change assurément l'esthétique d'un sol précédemment nu. Les meilleurs résultats s'obtiennent en général sur plancher, mais on peut également peindre le béton ainsi que les panneaux de particules et de fibres durs. On a le choix entre de nombreuses solutions, comme toujours en peinture : ne vous emballez pas trop vite et gardez toujours présent à l'esprit le style et l'atmosphère que vous désirez obtenir.

Dans l'exemple des pages 208 à 209, on a peint un motif afin d'introduire un effet de couleur sur le sol. Avec un ciseau à froid, on a tracé de faux joints pour améliorer le résultat final et offrir une démarcation nette entre les différentes couleurs utilisées dans la pièce.

N'oubliez pas qu'un sol, quelles que soient les précautions que l'on prend, finit par s'user : sachez que vous obtiendrez un résultat plus durable avec un vitrificateur qu'avec d'autres peintures comme la peinture-émulsion, qui présente l'avantage de sécher très vite. Naturellement, tenez compte de vos préférences : il se peut que vous recherchiez au contraire un effet vieilli.

LES FINITIONS DE LA POSE DE PARQUET

DIFFICULTÉ : faible
DURÉE : deux jours (ponçage le premier, finitions le second)
OUTILS SPÉCIAUX : ponceuse à parquet, ponceuse à bande, ponceuse d'angle
VOIR PAGES 210 à 211

Si vous avez un faible pour l'aspect naturel des veines du bois, il vous suffira de le poncer avant de le teindre ou de le vernir. Poncer un plancher est un travail qui exige la location d'une ponceuse à parquet, d'une ponceuse à bande et d'une ponceuse d'angle. C'est un travail salissant : enlevez, cachez ou protégez tout ce qui en a besoin.

Après ponçage, plusieurs possibilités s'offrent à vous : vous pouvez donner au bois naturel la couleur que vous souhaitez ; il existe des couleurs naturelles en grand nombre, et d'autres moins naturelles (bleu ou vert pâle par exemple, si vous aimez les sols clairs) qui s'intègrent facilement à une palette de couleurs, constituant un lien indiscutable entre la couleur du sol et celle des murs.

N'oubliez jamais qu'un revêtement de sol s'use et qu'il nécessite un entretien régulier. Quelle que soit la qualité du matériau, il faut le protéger par une couche d'entretien qui devra être renouvelée régulièrement. Celle-ci n'a pas besoin d'être passée sur toute la surface du sol, mais là où se manifestent les premiers signes d'usure. Ces couches d'entretien ne peuvent s'appliquer que sur un sol parfaitement propre et sain, afin que l'adhérence soit parfaite entre la nouvelle couche et la surface du sol. Cette précaution simple vous permettra d'entretenir longtemps votre revêtement de sol sans bouleverser votre vie domestique, c'est-à-dire sans avoir à bouger vos meubles avec tout ce que cela comporte de conséquences exaspérantes.

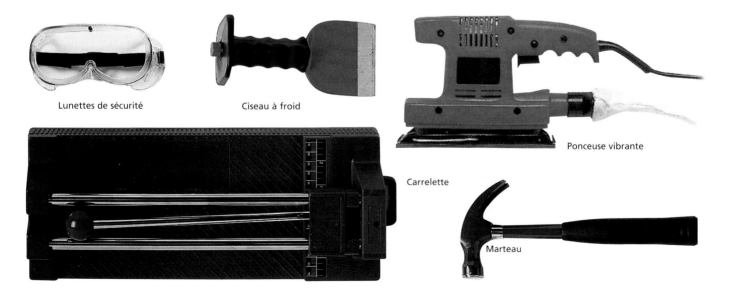

Lunettes de sécurité

Ciseau à froid

Ponceuse vibrante

Carrelette

Marteau

PRENDRE LES MESURES D'UNE PIÈCE

MATÉRIEL NÉCESSAIRE

Ragréage d'une dalle en béton
Seau, truelle et enduit de ragréage

**Pose d'une feuille
de contreplaqué**
Contreplaqué et clous
Marteau et scie égoïne

**Pose d'un panneaux
de fibres dur**
panneaux fibres durs et clous
ou agrafes
Marteau ou agrafeuse, cutter

Mesurer une pièce en vue d'en refaire le sol, ce n'est pas sorcier ; mais il faut impérativement prendre des mesures précises pour calculer la surface au sol. À partir de là, vous pourrez évaluer la quantité de matériaux nécessaires, faire votre choix et procéder aux achats. Une fois de plus, il est fondamental d'assurer une bonne préparation, notamment pour faire en

sorte d'obtenir un sous-plancher stable. Ce dernier doit être adapté au nouveau sol : vinyle, carrelage ou moquette (voir pages 192 à 207).

Quel que soit le revêtement que vous aurez choisi, suivez scrupuleusement les instructions du fabricant. Meilleure sera la préparation, plus facile sera la pose elle-même et plus longtemps durera le résultat.

RAGRÉAGE D'UNE DALLE EN BÉTON

Avant de poser un sol quelconque sur une dalle en béton, il faut boucher les trous et les fissures. Le mortier idéal se compose d'une part de ciment pour cinq parts de sable. Faites bien pénétrer le mortier au fond des trous, et lissez-le avant qu'il ne sèche.

POSE D'UNE FEUILLE DE CONTREPLAQUÉ

Sur du plancher, il faut interposer une feuille de contreplaqué avant de poser du carrelage, ou des dalles de sol en liège ou en moquette. Clouez solidement le contreplaqué pour obtenir une base rigide. Coupez les feuilles de contreplaqué à la scie pour qu'elles aient la bonne taille, et décalez les joints.

POSE D'UN PANNEAU DE FIBRES DUR

Sous le vinyle ou la moquette, posez un panneau de fibres dur. Fixez-le avec des agrafes ou des clous directement sur le plancher. Décalez les raccords et posez toujours le côté lisse vers le haut. Découpez le panneau au cutter.

TRUCS ET ASTUCES

● C'est à la scie égoïne que l'on coupe le contreplaqué, mais au cutter que l'on coupe un panneau de fibres dur ; pour ce dernier, on commence par tracer un trait de crayon puis on pratique une entaille au cutter et on casse le long de la ligne.

● Quand on cloue le contreplaqué ou un panneau de fibres, il faut que le clou pénètre franchement dans le plancher, mais pas plus loin : il risquerait de perforer des tuyaux ou des câbles électriques.

LE CARRELAGE : PAR OÙ COMMENCER

1 Pour déterminer le centre de la pièce, mesurez et plantez un petit clou au centre de chaque mur. Tendez le cordeau à poudre entre les clous de deux murs opposés. Pincez la ficelle et relâchez-la d'un coup sec. Vous aurez tracé la ligne **A**. Recommencez l'opération avec les deux autres murs pour la ligne **B**. Le point d'intersection est le centre de la pièce. Posez le carreau n° **1** à sec dans un des angles droits ainsi formés.

2 De proche en proche, placez le dernier carreau entier de cette colonne.

3 Tracez à cet endroit une ligne parallèle à la ligne **A**. Puis, déterminez l'emplacement du dernier carreau pouvant être posé sans coupe.

4 Enduisez de mortier-colle et posez les carreaux à partir du n° **3** ou du n° **4**. Posez des rangées entières, puis posez les carreaux coupés le long des bords.

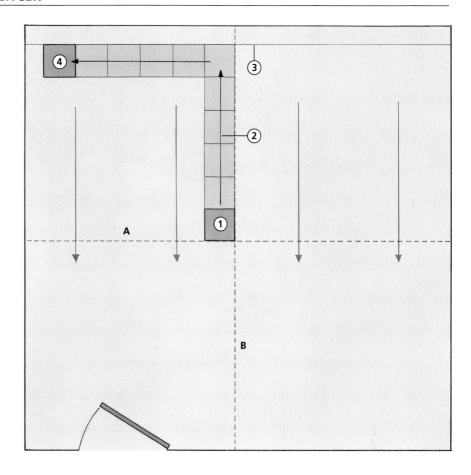

LES PIÈCES DE FORME PARTICULIÈRE

1 Si la pièce comporte des recoins, il faut tracer plusieurs lignes avec le cordeau à poudre. Ici, on commence par le milieu des murs courts ; pour trouver la place du clou sur le mur long, on reporte sur celui-ci la demi-longueur du mur court opposé.

2 et **3** Mesurez et placez les carreaux de la colonne 1, puis tracez comme ci-dessus une ligne à la craie parallèle au mur.

4 En partant des positions **3** et **4** comme précédemment, posez les carreaux par rangées entières en vous rapprochant progressivement de la porte, pour éviter de rester coincé.

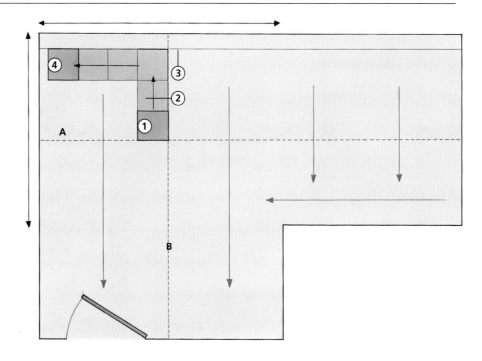

LES DALLES DE VINYLE

OUTILLAGE

Cordeau à poudre
Mètre ruban
Crayon
Spatule crantée
Planche à découper
Cutter
Règle métallique

MATÉRIEL NÉCESSAIRE

Dalles de vinyle
Colle pour revêtement

VOIR AUSSI

Prendre les mesures d'une
pièce, pages 190 à 191

L'élégance de ces dalles de vinyle en faux marbre apporte une touche de raffinement, sans le froid que de vraies dalles de marbre laisseraient sous les pieds.

Les dalles de vinyle constituent un sol agréable, résistant et d'entretien facile, convenant particulièrement à la cuisine et à la salle de bains ; leur usage se répand rapidement car des fabricants inventifs fournissent des gammes de plus en plus variées de couleurs et de motifs. Réfléchissez bien avant de choisir le calepinage en fonction de l'effet recherché. Les dalles peuvent être jointoyées côte à côte ou en décalé. Posez vos dalles sur une couche de contreplaqué ou de panneau de fibres dur. Vérifiez le mode d'emploi du fabricant pour voir si vous devez passer une couche d'apprêt avant de poser les dalles, ou prendre des précautions particulières.

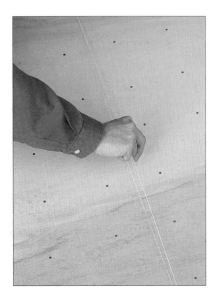

1 Marquez le centre de la pièce en vous aidant d'un cordeau à poudre. À partir du centre, déterminez la dalle de départ en les posant côte à côte à sec (voir schéma page 191).

2 À cause du calepinage choisi, le carreau de départ est légèrement décalé par rapport à la rangée suivante. Cela confirme l'intérêt qu'il y a à poser d'abord les dalles à sec (sans colle) afin de déterminer le meilleur point de départ.

3 Quand vous êtes satisfait de l'effet obtenu, marquez au crayon l'emplacement de la première rangée de dalles entières : vous poserez plus tard les dalles à couper.

4 Retirez toutes les dalles posées à sec et, avec une spatule crantée, étalez la colle. Suivez soigneusement le trait de crayon. Encollez une surface correspondant à trois ou quatre dalles à la fois.

5 Appliquez la première dalle en suivant scrupuleusement le trait de crayon. Prenez votre temps, tout le reste du travail dépend de cette première dalle. De proche en proche, posez une rangée après l'autre, en vous contentant des dalles entières.

6 Occupez-vous des bords en posant les dalles coupées. Pour mesurer celles-ci, posez une dalle entière sur la dalle la plus proche déjà posée, et une autre dalle par-dessus calée contre la plinthe. Tracez un trait de crayon en vous guidant sur le bord de la dalle supérieure.

7 Posez sur la planche à découper la dalle marquée du trait de crayon. Griffez le long de la ligne avec un cutter, en vous appuyant contre une règle métallique. Cassez la dalle en la pliant, enduisez l'envers de colle et posez-la à sa place. Continuez en faisant le tour de la pièce.

TRUCS ET ASTUCES

Une fois vos dalles de vinyle posées dans une pièce susceptible d'être éclaboussée – cuisine ou salle de bains –, il est bon de terminer par la pose d'un joint d'étanchéité le long des plinthes afin d'éviter les infiltrations d'eau. Celles-ci risqueraient de provoquer de vilaines cloques et de fâcher les voisins du dessous. Les produits d'étanchéité au silicone conviennent parfaitement à la pose de ce type de cordon au pistolet, à la jointure entre la dalle et la plinthe. Pour que la finition soit impeccable, posez le cordon de silicone entre deux rubans de papier cache peu adhésifs, placés l'un sur la plinthe et l'autre sur les dalles. Attendez que le silicone soit sec pour retirer les deux rubans de papier cache.

LE SOL EN PLASTIQUE

OUTILLAGE

Vieux journaux
ou papier kraft
Ruban adhésif
ou papier cache
Crayon
Ciseaux
Cutter

MATÉRIEL NÉCESSAIRE

Rouleaux de vinyle
Colle pour revêtement
de sol

*Le vinyle de bonne qualité
constitue un revêtement
souple et confortable,
d'entretien facile.*

Le vinyle en grands rouleaux rappelle les dalles de même matériau par le confort qu'il offre sous les pas. Mais, comme les surfaces utilisées sont grandes (surtout dans des pièces de bonne taille), la découpe doit être très précise : la pose de ce type de revêtement ne doit pas être entreprise n'importe comment. Le travail doit être calculé avec soin et la tâche est particulièrement délicate si les motifs doivent être alignés avec les murs de la pièce. Dans ce cas, il est indispensable de rechercher un effet d'équilibre. Dans l'exemple ci-dessous, il est évident que les joints doivent être parallèles aux murs de la pièce.

1 La meilleure façon de couper votre vinyle à la bonne taille, c'est de faire un gabarit du sol à couvrir avec de vieux journaux ou du papier kraft. Posez les différents morceaux sur le sol de la pièce, et réunissez-les avec du ruban adhésif.

2 Marquez le pli le long des plinthes, et tracez un trait de crayon dans le creux. Découpez de façon très précise le long des lignes au ciseau : vous avez votre gabarit.

3 Fixez le gabarit sur le vinyle, puis découpez le long des bords en laissant une marge de 5 à 8 cm. Cette opération est plus facile si elle se déroule dans une pièce plus grande, où tout le vinyle tient à plat. Si nécessaire, protégez le revêtement de la pièce qui vous sert d'atelier avant de couper le vinyle au cutter.

4 Retirez le gabarit et mettez le vinyle en place, en laissant l'excédent monter légèrement le long des plinthes. Marquez le pli dans l'angle entre la plinthe et le sol, et coupez précisément dans le creux afin que le vinyle s'applique exactement contre la plinthe.

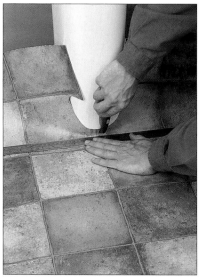

5 Autour d'un obstacle tel qu'un pied de lavabo, faites une série de découpes en étoile à angle droit afin de marquer le pli de façon exacte.

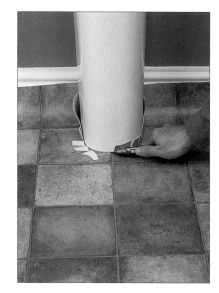

6 Appuyez bien dans le creux les parties du vinyle qui doivent s'appliquer contre l'obstacle, et coupez chaque languette en excédent d'un coup de cutter. Une fois fait le tour de l'obstacle, continuez à couper le vinyle le long des plinthes.

7 S'il faut des raccords, aboutez deux bords coupés en usine et non vos propres découpes : le raccord se verra moins. Naturellement, tenez compte du dessin. Posez une bande de colle là où les deux rouleaux de vinyle doivent se rejoindre, ou utilisez du ruban adhésif double face.

TRUCS ET ASTUCES

● Il n'est pas indispensable de coller le vinyle, surtout s'il est épais. Mais vous pouvez coller les bords afin qu'ils ne bougent pas. Posez simplement une bande de colle comme à l'étape n° 7. Une fois que vous avez coupé le vinyle à la bonne dimension, soulevez-le en partant des bords, posez la bande de colle et appliquez de nouveau le vinyle à sa place.

● La colle est également nécessaire dans les escaliers : si on ne l'y fixe pas, le vinyle risque de glisser et de se retrouver sur le palier inférieur.

LA MOQUETTE À DOSSIER MOUSSE

OUTILLAGE

Cutter
Ciseau à froid

MATÉRIEL NÉCESSAIRE

Adhésif double face
Moquette à dossier mousse

La moquette à dossier mousse est le sol idéal des chambres, pièces où l'on marche volontiers pieds nus et dont on apprécie le confort.

La moquette est confortable, douce sous les pieds et elle améliore l'insonorisation, ce qui est utile dans bien des demeures. D'une façon générale, étant donné la surface recouverte, c'est la moquette qui fait le style. La majorité des moquettes se présentent sous deux formes : sur dossier mousse ou sur dossier jute. La

moquette à dossier mousse est moins chère que celle à dossier jute (voir pages 198 à 199), elle est en outre plus facile à poser et exige moins de préparation avant la pose. En revanche, dans l'ensemble, les moquettes à dossier jute sont de meilleure qualité.

Dans les deux cas, le choix est considérable, ainsi que l'éventail des prix : décidez de votre budget et choisissez votre revêtement de sol en fonction de vos possibilités.

Si vous optez pour une moquette à dossier mousse, il est inutile de poser une thibaude avant. Autrefois, on posait souvent une feuille de papier journal en guise de sous-couche mais, avec les moquettes modernes, cette précaution est désormais inutile.

Si la pose de la moquette se fait sur du plancher – plus ou moins plan –, mieux vaut commencer par interposer des panneaux de fibres durs, cela augmentera la longévité de votre revêtement. Pour les techniques de préparation, voir pages 190 à 191.

1 Posez autour de la pièce une bande d'adhésif double face, mais ne retirez pas le film protecteur supérieur. C'est ce ruban adhésif qui tiendra la moquette en place une fois posée.

2 Déroulez votre moquette à dossier mousse et mettez-la plus ou moins à sa place, en poussant l'excédent contre les plinthes. Tendez la moquette sur l'ensemble de la pièce. Vérifiez que l'ensemble du sol à couvrir est sous la moquette avant de passer à l'étape suivante.

3 Aplanissez bien la moquette et coupez-la à la périphérie en laissant 2 à 5 cm d'excédent à l'angle des plinthes avec le sol. Effectuez la découpe au cutter. Soulevez le bord de la moquette, ôtez cette fois le second film protecteur de l'adhésif double face, reposez la moquette sur l'adhésif et appuyez bien.

4 En faisant le tour de la pièce, aplanissez et tendez la moquette le long des plinthes et dans les coins. Appuyez fermement pour que la mousse adhère bien au ruban adhésif.

5 Effectuez la dernière découpe afin d'assurer un contact parfait contre les plinthes. Faites cette découpe au cutter, en veillant à ne pas endommager la plinthe.

6 Repassez bien tous les bords pour que rien ne dépasse, corrigez les ajustements. Assurez la finition au ciseau afin de bourrer le bord de la moquette contre la plinthe, en la tassant vers le bas.

7 Partout où vous avez dû faire des raccords – notamment si la pièce est très grande –, tâchez d'abouter les bords coupés en usine et non ceux coupés par vous. Posez sous le raccord une bande d'adhésif double face, puis ôtez le film protecteur supérieur et appuyez fortement la moquette à sa place au niveau du raccord.

TRUCS ET ASTUCES

Une fois la moquette posée, assurez-vous qu'il n'y a pas de « grimace » le long des plinthes. La moquette tend à s'effilocher partout où la coupe n'est pas nette. Au cutter, faites le tour de la pièce et coupez le moindre fil jusqu'à ce que le coup d'œil soit irréprochable. Les mêmes vérifications sont conseillées après la pose d'une moquette à dossier jute. Vérifiez également que les bords ont bien été rabattus vers le bas, contre la plinthe.

LA MOQUETTE À DOSSIER JUTE

OUTILLAGE

Marteau
Cutter
Coup-de-genou
Ciseau à froid

MATÉRIEL NÉCESSAIRE

Liteaux d'ancrage
Thibaude
Moquette à dossier jute

En posant la même moquette dans plusieurs pièces contiguës, on garantit l'unité de style.

La moquette à dossier jute est de meilleure qualité et plus durable que celle à dossier mousse ; cette différence se retrouve dans le prix. Même si vous optez pour une moquette à dossier jute bon marché, vous devrez quand même poser d'abord une thibaude et des liteaux d'ancrage, ce qui augmente la dépense. Mais vous aurez fait un travail durable. La thibaude se pose directement sur la plupart des sols, notamment les chapes de béton proprement ragréées, les planchers, le contreplaqué, les panneaux de fibres durs et de particules.

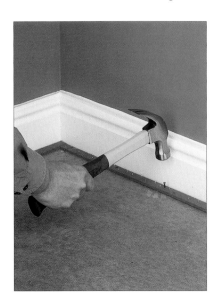

1 Autour de la pièce, clouez des liteaux d'ancrage le long des plinthes et en travers des portes. Laissez 5 mm entre les liteaux et les plinthes. Attention à ne pas donner des coups de marteau contre les plinthes, cela les éraflerait.

2 Déroulez la thibaude par terre, aboutez les lés comme il convient. Ne recouvrez pas les liteaux d'ancrage : découpez l'excédent au cutter au ras des liteaux.

3 Placez la moquette dans la pièce en laissant l'excédent contre les plinthes. Au cutter, enlevez ce qui dépasse au-dessus des plinthes.

4 Marquez le pli dans l'angle et, toujours au cutter, coupez au ras de la plinthe. La moquette à dossier jute est parfois très rigide, prenez soin de bien la pousser jusqu'au fond avant de couper.

5 Pour une pose irréprochable, il faut tendre la moquette avec un coup-de-genou. La longueur des dents du coup-de-genou se règle selon l'épaisseur des poils de la moquette. Tournez le bouton sur le dessus de l'appareil jusqu'à obtenir la bonne longueur de dents.

6 En partant du centre, poussez la moquette vers chaque mur avec le coup-de-genou. Ne tendez pas la moquette à l'excès, assurez-vous qu'elle repose bien à plat.

7 Dans l'angle entre le sol et la plinthe, poussez le bord de la moquette avec un ciseau à froid : ainsi, la moquette se coince derrière le liteau d'ancrage.

TOUJOURS LA PALETTE

La moquette joue un rôle important dans la palette de couleurs de la pièce. En effet, elle recouvre une surface notable (voir page 99). Choisissez la couleur de la moquette dès le début de la création de la palette. Plus la moquette est de couleur vive, plus les murs doivent être discrets.

LES DALLES DE LIÈGE

OUTILLAGE

Cordeau à poudre
Mètre ruban
Crayon
Spatule crantée
Rouleau à pâtisserie
Cutter
Règle
Planche à découper
Chiffon

MATÉRIEL NÉCESSAIRE

Colle
Dalles de liège

VOIR AUSSI

Prendre les mesures d'une
pièce, pages 190 à 191

La beauté naturelle du liège fait de cette matière un revêtement particulièrement élégant ; en outre, il est agréable sous les pieds nus et facile d'entretien.

Les dalles de liège se nettoient facilement et s'usent lentement : elles conviennent donc à la quasi-totalité des pièces, même à l'entrée. On les pose de la même façon que les dalles de vinyle (voir pages 192 à 193) ; d'ailleurs, elles se posent sur contreplaqué ou panneau de fibres dur ; en aucun cas, directement sur parquet.

Nombreux sont les coloris disponibles ; certaines dalles sont vendues prévernies, d'autres doivent être traitées une fois posées. Les dalles traditionnelles sont de couleur liège naturel, mais certains fabricants offrent un nuancier, ce qui vous laisse toute latitude pour personnaliser votre sol.

1 Marquez le centre de la pièce en vous aidant du cordeau à poudre. À partir du centre, posez vos dalles afin de trouver le point de départ (voir croquis page 191). Prenez le temps de poser d'abord toutes les dalles à sec.

2 Marquez d'un trait de crayon l'emplacement de la rangée de dalles la plus proche du mur (voir étape n° 3 page 193), avant de retirer les dalles posées à sec. Commencez à encoller près d'un angle avec une spatule crantée. Encollez une surface correspondant à plusieurs dalles. Ne vous enfermez pas dans un coin.

3 Posez définitivement la première dalle à sa place dans l'angle et appuyez-la bien sur la colle. Vous devez prendre un soin tout particulier à la placer de façon exacte par rapport à vos traits de crayon : c'est sur elle que toutes les autres vont se caler.

4 Posez une rangée après l'autre en aboutant soigneusement chaque dalle sur la précédente. Tassez-les bien au rouleau à pâtisserie pour bien faire adhérer les angles qui ont tendance à remonter.

5 Pour remplir les espaces vides le long des murs, posez une dalle à découper par-dessus la dalle la plus proche de cette rangée. Posez une autre dalle par-dessus, calée contre la plinthe, et tracez le long de son bord opposé un trait de crayon sur la dalle à couper.

6 Coupez la dalle avec un cutter et une règle, sur une planche à découper. Enduisez le dos de colle avant de la poser.

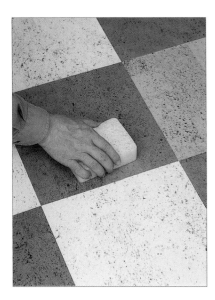

7 Enfin, nettoyez les dalles avec un chiffon humide pour enlever l'excès de colle. Sur certaines dalles, il faut passer une couche de vernis : respectez le mode d'emploi du fabricant.

TRUCS ET ASTUCES

● La plupart des fabricants conseillent d'entreposer les dalles 24 heures à l'avance dans la pièce où on doit les poser, afin qu'elles s'aèrent.

● Mieux vaut vernir les dalles de liège naturel avant de les poser, autrement des bavures de colle ne manqueront pas d'y faire des taches. On peut passer une autre couche de vernis après la pose.

LE SOL EN CARRELAGE

OUTILLAGE

Cordeau à poudre
Crayon
Pinceau
Marteau
Spatule crantée
Niveau à bulles
Crayon gras
Carrelette
Raclette à barbotine
Éponge
Lisseur de joints ou petite
cheville en bois

MATÉRIEL NÉCESSAIRE

Clous
Carreaux
Mortier-colle
Produit de jointoiement

VOIR AUSSI

Prendre les mesures d'une
pièce, pages 190 à 191

Les carreaux de céramique sont inusables et d'entretien facile, les rendant idéaux à la cuisine.

La céramique est l'un des revêtements de sol les moins fragiles. Il existe des carreaux de toutes les tailles, formes et couleurs. On en trouve de couleur unie, d'autres sont peints à la main. Les différences de qualité sont énormes : ne posez jamais au sol des carreaux prévus pour les murs. Tenez compte de l'épaisseur des carreaux, ils pourraient empêcher une porte de s'ouvrir.

Une fois posés, les carreaux de céramique n'ont besoin que de jointoiement. Attention : il faut les poser sur une base solide ; la meilleure est une chape de béton ; sur du plancher, il suffit d'interposer une feuille de contreplaqué. Certains fabricants préconisent d'interposer un enduit souple entre les couches de colle avant la pose ; mais ce n'est pas toujours nécessaire. Pour poser du carrelage, il faut absolument lire le mode d'emploi du fabricant et s'y conformer.

Préparez bien le travail à l'avance : les erreurs sont difficiles à corriger une fois le revêtement posé. Vous ne pourrez vous passer d'une carrelette de qualité, car beaucoup de carreaux sont épais et difficiles à casser. Dans certains cas, il faut louer une scie au carbure (voir pages 204 à 205).

1 Déterminez l'emplacement du premier carreau à poser (voir croquis page 191). Le mieux est de clouer un tasseau qui vous servira de cale sur laquelle va s'appuyer la première rangée de carreaux.

2 Enduisez le sol de mortier-colle sur une longueur de 1 m et sur la largeur d'un carreau. Servez-vous d'une spatule crantée à denture large : les sillons seront suffisamment profonds pour que les carreaux adhèrent bien au contreplaqué.

3 Placez le premier carreau et appuyez bien contre les tasseaux, avec un léger mouvement de balancement de la droite vers la gauche afin d'assurer une adhérence parfaite. Ne le bougez pas trop quand même, il faut que la couche de mortier-colle reste homogène.

4 Vous pouvez alors poser les carreaux voisins en interposant des croisillons afin d'avoir une largeur de joint constante dans toute la pièce. De temps en temps, vérifiez l'horizontalité avec un niveau à bulles pour ne poser aucun carreau de travers.

5 Une fois tous les carreaux entiers posés, laissez sécher le mortier-colle puis revenez sur le chantier pour poser les carreaux à couper. Mesurez leur taille carreau par carreau avec un mètre ruban, et tracez sur chaque carreau un trait de crayon.

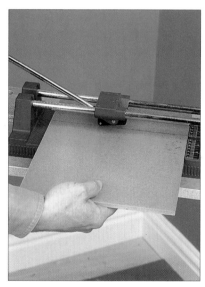

6 Posez le carreau sur la carrelette, griffez la surface avec le diamant. En un seul passage de la meule, il faut marquer la surface vernie du carreau en laissant une ligne nette. Placez alors le carreau entre les glissières et baissez le bras pour effectuer la cassure.

7 Enduisez le dos du carreau de mortier-colle et posez-le. Posez les autres carreaux. Une fois le mortier-colle sec, préparez le produit de jointoiement et remplissez les joints dans toute la pièce. Essuyez l'excédent avec une éponge propre et humide avant séchage. Finissez avec un lisseur de joints (voir trucs et astuces)

TRUCS ET ASTUCES

● C'est la qualité du jointoiement qui fait celle de la finition. Retirez l'excédent avec une éponge propre et humide, puis passez un lisseur de joints pour donner un effet homogène.

● Si vous n'avez pas de lisseur de joints, servez-vous d'un petit objet à l'extrémité cylindrique, comme une cheville en bois. Il s'agit d'obtenir un fond de joint légèrement concave et bien régulier dans toute la pièce.

LE SOL EN ARDOISE NATURELLE

OUTILLAGE

Pinceau
Gants de protection
Spatule crantée
Tasseau en bois
Croisillons d'espacement
(facultatif)
Cordeau à poudre
Crayon
Mètre ruban
Niveau à bulles
Scie au carbure
Lunettes de protection
Raclette à barbotine
Éponge
Lisseur de joints ou petite
cheville en bois

MATÉRIEL NÉCESSAIRE

Dalles d'ardoise
Mortier-colle
Vernis adapté
Produit de jointoiement

VOIR AUSSI

Prendre les mesures d'une
pièce, pages 190 à 191

Les couleurs passées de l'ardoise ont une élégance naturelle qui offre un cadre de qualité pour les autres éléments décoratifs de la pièce.

On ne pose pas tout à fait de la même façon des carreaux de céramique parfaitement normalisés et des carreaux d'ardoise, qui sont inégaux sinon par leur surface du moins par leur épaisseur. Les ardoises sont en principe livrées brutes : il faut donc les vernir d'une façon ou d'une autre avant la pose.

L'ardoise se pose sur une base solide, de préférence une chape de béton ; mais le contreplaqué épais fait aussi l'affaire s'il est parfaitement rigide : il ne doit pas s'affaisser ici ou là. Pour trouver la position de départ, référez-vous au croquis de la page 191 et ajustez la position des carreaux afin d'avoir des coupes équilibrées autour de la pièce. Attention à ne pas laisser tomber les ardoises : elles s'ébrèchent facilement ; leurs qualités mécaniques ne s'apprécient qu'une fois solidement posées et jointoyées.

1 Avant la pose, vernissez les ardoises avec un produit approprié : elles seront ainsi protégées des bavures de mortier-colle, très difficiles à retirer de l'ardoise nue. Protégez-vous les mains avec des gants.

2 Déterminez le centre de la pièce et posez la première rangée d'ardoises (voir page 191) en les calant contre un tasseau, après avoir enduit le sol de mortier-colle (voir étapes n° 1 et n° 2 page 202). Il n'est pas indispensable de poser des croisillons, de petites différences d'épaisseur entre les joints ne gâteront pas le résultat définitif.

3 Une fois quelques ardoises posées, vérifiez l'horizontalité avec un niveau à bulles. Ne vous fiez pas aux inégalités de surface, mais veillez à la planéité de l'ensemble.

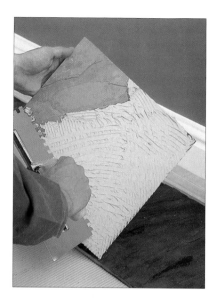

4 Du fait de légères différences d'épaisseur d'un carreau à un autre, modulez au besoin la couche de mortier-colle : décollez l'ardoise trop enfoncée pour rajouter du mortier-colle dessous.

5 Une fois les ardoises entières posées et le mortier-colle sec, posez les ardoises coupées. Mesurez-les une par une (voir étape n° 5 page 203). Mettez des lunettes de protection et coupez les ardoises à la bonne taille avec une scie au carbure (dite coupe-carreaux), que l'on peut louer dans les centres spécialisés.

6 Jointoyez les carreaux comme d'habitude, avec un produit de jointoiement conseillé pour l'ardoise. Faites bien pénétrer le produit dans chaque joint, essuyez l'excédent avec une éponge humide avant séchage, et lissez chaque joint avec un lisseur de joints ou une cheville en bois.

7 Une fois les joints secs, passez éventuellement une nouvelle couche de vernis : le travail est fini. Repassez une couche de vernis de temps en temps.

TRUCS ET ASTUCES

La couleur de l'ardoise peut fortement changer d'un carreau à un autre : c'est ce qui fait la beauté de ce revêtement. Vérifiez néanmoins que vos ardoises font partie du même lot. Même si c'est le cas, la couleur peut varier d'une boîte à une autre : au moment de la pose, veillez à alterner des ardoises provenant de différentes boîtes pour éviter d'avoir une juxtaposition de surfaces monochromes.

LE PARQUET

OUTILLAGE

Mètre ruban
Cales en bois
Marteau
Bloc de bois
Éponge
Scie égoïne
Tire-lames à parquet
Crayon
Chasse-clou

MATÉRIEL NÉCESSAIRE

Sous-couche en rouleau
Lames de parquet flottant
Colle à bois
Moulure
Clous

On trouve des planchers vitrifiés dans toutes sortes d'essences et de dessins.

Le plancher flottant a depuis quelques années beaucoup gagné en popularité, en grande partie à cause du peu d'entretien qu'il réclame. Facile à poser, il s'intègre aussi bien dans un style moderne que traditionnel. Selon les fournisseurs, les techniques de pose peuvent varier légèrement : suivez à la lettre le mode d'emploi. En général, le plancher est dit flottant, c'est-à-dire qu'il n'y a pas de lien physique entre le plancher et le sous-plancher. Ainsi le plancher peut-il se dilater et se contracter légèrement selon l'humidité, sans gondoler.

La pose peut se faire pratiquement sur n'importe quelle base : par exemple sur le béton, auquel cas prenez soin d'attendre le séchage complet – qui peut prendre plusieurs mois – avant de poser un plancher flottant. Si la base est un plancher, du contreplaqué, des panneaux de particules ou de fibres durs, il est important de le fixer solidement. Dans l'exemple ci-dessous, on a préféré conserver la plinthe d'origine. Dans d'autres cas, il est conseillé de déposer les plinthes et de les remettre en place après la pose du plancher, ce qui supprime la nécessité d'une moulure en quart-de-rond (voir étape n° 7 page ci-contre).

1 En général, le plancher flottant doit se poser sur une sous-couche en rouleau qui sert d'amortisseur entre le plancher flottant et sa base. Il suffit de dérouler la mousse et d'en abouter les morceaux par terre. Sauf exception, il n'est pas nécessaire de la fixer avec de la colle ou du ruban adhésif.

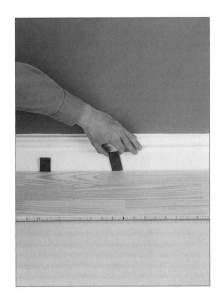

2 En commençant le long d'un mur, placez les premiers éléments de plancher contre la plinthe. Avec des cales, ménagez un écart constant entre le plancher et la plinthe : c'est l'espace dont a besoin le plancher pour se dilater quand il fait humide.

3 Dans notre exemple, les éléments s'emboîtent grâce à un système de rainures et de languettes. Déposez un filet de colle à bois au-dessus de la languette en veillant à ne pas baver sur le dessus de la latte.

4 Mettez en place l'élément suivant en frappant à coups de marteau sur un bloc de bois, jusqu'à ce que la languette ait pénétré dans la rainure. Ne tapez pas directement sur le plancher, cela endommagerait la languette. Veillez à décaler les joints des éléments successifs.

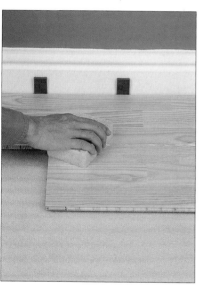

5 Inévitablement, vous avez fait baver la colle : ôtez-la immédiatement avec une éponge humide. Ne tardez pas : vous auriez le plus grand mal à retirer la colle sèche.

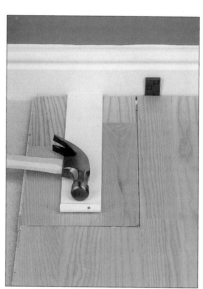

6 Allez jusqu'à la plinthe suivante et découpez le dernier élément à la bonne taille. Forcez celui-ci à sa place avec un tire-lames spécial que vous frappez au marteau.

7 Une fois le plancher posé, retirez les cales et cachez l'intervalle avec un quart-de-rond, à clouer non sur le plancher mais toujours sur la plinthe. Enfoncez les clous avec un chasse-clou, bouchez le trou, poncez et passez une couche de peinture ou de vernis.

Trucs et astuces

Le plancher flottant présente plusieurs avantages par rapport au plancher nu, notamment l'isolation phonique. On a du mal à croire qu'un plancher puisse arrêter le bruit mais, du fait qu'il flotte, on peut installer en dessous une sous-couche phonique qui évite aux sons de se propager vers le bas. Le même résultat serait laborieux à obtenir avec du plancher normal, car il faudrait le retirer pour poser dessous une couche d'insonorisation.

LA PEINTURE DE SOL

OUTILLAGE

Marteau
Chasse-clou
Ciseau à froid
Ponceuse à parquet
ou vibrante
Chiffon
Pinceau
Petit pinceau d'artiste
Joints de calfatage
Pistolet

MATÉRIEL NÉCESSAIRE

Couche primaire
Peinture spéciale pour sol
(deux couleurs) ou
peinture-émulsion (deux
couleurs) et vitrificateur
Produit de calfatage

En peignant une frise décorative autour d'un plancher peint, on le met davantage en valeur en créant une touche personnelle.

Pour rénover une pièce sans pour autant dépenser des fortunes, un coup de peinture sur le sol est une solution à la portée de tous. On peut certes peindre le béton et les panneaux de particules, mais le meilleur résultat s'obtient en général sur le plancher nu. D'abord, il faut débarrasser celui-ci de toute trace de vernis ou de cire : si nécessaire, louez une ponceuse à parquet (voir pages 210 à 211).

Vous pouvez passer de la peinture spéciale pour sol, mais vous avez aussi la solution de passer de la peinture-émulsion ordinaire protégée par du vitrificateur. L'exemple ci-dessous prouve que l'on peut passer différentes couleurs pour créer des motifs.

1 Faites disparaître les têtes de clou proéminentes avec un marteau et un chasse-clou. Assurez-vous que toutes les lattes sont solidement fixées.

2 Renforcez l'effet de plancher en traçant de faux joints avec un marteau et un ciseau à froid pour ajouter des entailles de place en place. Ces faux raccords ressortiront mieux une fois la peinture appliquée.

3 Passez un dernier coup de ponceuse avant de peindre, surtout si vous n'avez pas commencé par passer la ponceuse à parquet. Une ponceuse vibrante à main convient parfaitement, mais poncez toujours dans le sens du fil. Ensuite, retirez la poussière avec un chiffon humide.

4 Obturez les pores du bois avec une couche primaire de bonne qualité, compatible avec la peinture que vous désirez appliquer par-dessus. Faites bien pénétrer la couche primaire dans le bois et attendez qu'elle sèche complètement avant de passer la peinture suivante.

5 Avec votre première couleur, peignez une latte sur deux en évitant de baver sur les lattes voisines. Respectez scrupuleusement les faux joints pratiqués au ciseau à froid. Commencez avec un gros pinceau et finissez si nécessaire avec un petit pinceau d'artiste.

6 Passez la deuxième couleur en faisant attention aux joints. Comme vous avez commencé par une couche primaire, il suffit d'une couche de peinture finale si vous n'êtes pas trop exigeant. Si vous utilisez de la peinture-émulsion, protégez-la une fois sèche avec trois couches de vitrificateur.

JOINTS DE CALFATAGE

Dans l'exemple ci-dessus, on a laissé des fentes entre les lames. Si vous désirez imperméabiliser complètement votre plancher, bouchez toutes les fentes avec un produit de calfatage approprié. Appliquez-le au pistolet et lissez chaque joint avec une éponge humide avant séchage.

CHAMBRE D'ENFANTS

La peinture de parquet convient bien aux chambres d'enfants, car elle résiste à l'usure et ne s'abîme pas facilement (voir page 93). Amusez-vous à dessiner des motifs qui raviront vos enfants. Pour l'entretien, repassez une couche de peinture de temps en temps : cela vous permet de changer les motifs à un faible coût au fur et à mesure que les enfants grandissent.

LES FINITIONS DE LA POSE DE PARQUET

OUTILLAGE

Marteau
Chasse-clou
Masque antipoussière
Lunettes de protection
Boules Quiès
Ponceuse à parquet
Ponceuse à bande
Ponceuse d'angle
Balai
Chiffons
White-spirit
Pinceau

MATÉRIEL NÉCESSAIRE

Clous
Cire, teinture, vernis
transparent ou coloré

Le plancher nu et teinté offre un aspect très naturel qui met en valeur le mobilier en bois.

Au lieu de peindre le plancher, on peut aussi le poncer, puis le teindre avant de le vitrifier ou de le cirer. Pour cela, il est pratiquement indispensable de louer une ponceuse à parquet, éventuellement avec une ponceuse à bande et une ponceuse d'angle. C'est un travail salissant : obturez le tour des portes avec du ruban adhésif pour éviter que la poussière n'envahisse toute la maison. Ouvrez les fenêtres de la pièce concernée, portez un masque antipoussière, des lunettes de protection et des boules Quiès. Les ponceuses fonctionnent toutes sur le même principe : relisez le mode d'emploi du constructeur avant de commencer.

1 Avant de poncer, assurez-vous que toutes les lattes sont solidement en place et qu'aucune tête de clou ne dépasse ; enfoncez celles-ci avec un marteau et un chasse-clou (voir étape n° 1 page 208) ; ajoutez quelques clous si nécessaire, mais attention aux tuyaux et conducteurs électriques sous le plancher.

2 Passez la ponceuse à 45° du fil du bois dans un sens, puis à 45° dans l'autre. Finissez le long des plinthes dans le sens du bois. Réduisez le grain du papier de verre au fur et à mesure.

3 La grosse ponceuse à parquet s'arrête à quelques centimètres des plinthes : finissez le périmètre avec une ponceuse à bande spéciale. Accrochez-vous bien aux poignées car cette machine est sujette aux sursauts.

4 La ponceuse à bande n'atteint pas les coins. Prenez pour cela votre ponceuse d'angle en location, dont la tête va jusqu'au fond du coin.

5 Après ponçage, retirez la poussière d'un coup de balai, puis avec un tissu imprégné de white-spirit, en une ou plusieurs fois.

6 Si vous aviez l'intention de cirer, c'est le moment. Si vous préférez d'abord teindre le bois, comme c'est le cas ici, peignez chaque latte individuellement. Progressez en continu d'un bout à l'autre du travail, sans repasser sur un endroit déjà teint. Déplacez toujours le pinceau dans le sens du fil.

7 Une fois la teinture sèche, protégez-la avec du vernis : certains vernis à l'eau sont particulièrement efficaces et leur temps de séchage court permet de passer deux couches par jour.

CHOIX DE LA TEINTURE

La plupart des parquets sont en bois blanc, de couleur pâle. En les teignant, on donne l'impression qu'il s'agit de bois dur. Cette faculté est un élément de souplesse dans la création de la palette décorative de la pièce, qui permet d'harmoniser les différents éléments (voir page 29).

LES TISSUS D'AMEUBLEMENT PROJET PAR PROJET

LE MATÉRIEL DE COUTURE

VOIR PAGES 214 à 215

Présentation des outils, polyvalents ou spécialisés, nécessaires au travail des tissus d'ameublement.

LA MESURE DES RIDEAUX

DIFFICULTÉ : faible
DURÉE : une demi-heure
OUTILS SPÉCIAUX : aucun
VOIR PAGES 216 à 217

Il est indispensable de mesurer les rideaux pour être sûr d'avoir assez de tissu.

LES DOUBLES RIDEAUX NON DOUBLÉS

DIFFICULTÉ : faible à moyenne
DURÉE : une demi-journée
OUTILS SPÉCIAUX : aucun
VOIR PAGES 218 à 219

Il est rapide et facile de faire des rideaux légers sans doublure ; c'est la bonne solution si l'on n'a pas besoin d'une obscurité totale.

LES DOUBLES RIDEAUX À DOUBLURE FLOTTANTE

DIFFICULTÉ : moyenne
DURÉE : une demi-journée à un jour
OUTILS SPÉCIAUX : aucun
VOIR PAGES 220 à 221

La doublure lâche permet de la laver séparément de son rideau. On peut en outre réutiliser la doublure de vieux rideaux quand on en achète des neufs.

LES RIDEAUX DOUBLÉS

DIFFICULTÉ : moyenne
DURÉE : une demi-journée à un jour
OUTILS SPÉCIAUX : aucun
VOIR PAGES 222 à 223

Quand des rideaux ne sont pas lavables en machine, il n'y a guère d'intérêt à leur donner une doublure lâche. Avec une vraie doublure, le tomber sera meilleur et les techniques sont les mêmes que pour une doublure lâche.

LA TÊTE DE RIDEAU

DIFFICULTÉ : moyenne
DURÉE : une demi-journée
OUTILS SPÉCIAUX : aucun
VOIR PAGE 224

En général, on se contente de têtes de rideau à galon fronceur ; pour un résultat plus élégant, offrez-vous des plis français.

LES EMBRASSES

DIFFICULTÉ : faible à moyenne
DURÉE : une demi-journée
OUTILS SPÉCIAUX : aucun
VOIR PAGE 225

L'embrasse est le plus charmant accessoire du rideau, qu'elle écarte de la niche de la fenêtre.

SUSPENDRE DES RIDEAUX

DIFFICULTÉ : faible à moyenne
DURÉE : deux heures
OUTILS SPÉCIAUX : aucun
VOIR PAGES 226 à 227

En général, on accroche les rideaux à des barres ou à des tringles : dans les deux cas, il faut prendre les mesures avec grand soin.

LES STORES ENROULEURS

DIFFICULTÉ : faible à moyenne
DURÉE : une demi-journée
OUTILS SPÉCIAUX : aucun
VOIR PAGES 228 à 229

Voici une option facile à placer devant une fenêtre ou une

Mètre de couturière

Craie-tailleur

Crayon

Découvit

Ciseaux à papier

Ciseaux de couturière

Mini-scie à métaux

Vaporisateur d'apprêt

Clous de tapissier (semences)

Agrafes

Agrafeuse

Tire-sangle

Marteau de tapissier

niche pour tamiser la lumière ou cacher une petite alcôve.

LES STORES BATEAUX

DIFFICULTÉ : moyenne
DURÉE : une demi-journée
OUTILS SPÉCIAUX : aucun
VOIR PAGES 230 à 231

Le store bateau est un peu plus compliqué que le store enrouleur. Il comporte des baguettes en bois cousues dans la toile du store : celles-ci constituent un mécanisme de traction pour replier le store ou au contraire le laisser baissé.

LE COUSSIN CARRÉ

DIFFICULTÉ : faible à moyenne
DURÉE : deux heures
OUTILS SPÉCIAUX : aucun
VOIR PAGES 232 à 233

Le coussin est un accessoire décoratif courant, qui permet d'ajouter une tache de couleur. Le coussin carré simple à fermeture à glissière est un modèle peu coûteux

et efficace que l'on fait en deux heures.

LE COUSSIN DÉHOUSSABLE

DIFFICULTÉ : faible à moyenne
DURÉE : deux heures
OUTILS SPÉCIAUX : aucun
VOIR PAGE 234

Le coussin déhoussable n'a pas de fermeture à glissière : il ferme avec une bande Velcro, des crochets, des boutons, des boutons-pression ou un simple recouvrement de tissu.

LES PASSEPOILS DÉCORATIFS

DIFFICULTÉ : faible à moyenne
DURÉE : deux heures
OUTILS SPÉCIAUX : aucun
VOIR PAGE 235

Les coussins ont un aspect plus soigné une fois ceints de passepoils décoratifs, faciles à faire : vous pouvez les fixer à un coussin neuf ou envisager la rénovation de vos vieux coussins.

LE COUSSIN SUR MESURE

DIFFICULTÉ : moyenne
DURÉE : deux heures
OUTILS SPÉCIAUX : aiguille courbe, dé
VOIR PAGES 236 à 237

Le coussin sur mesure, aussi appelé galette, rend un siège confortable mais s'use plus vite que le siège lui-même. Il n'est pas difficile à remplacer dès lors que l'on prend correctement les mesures et que l'on dispose d'un bon modèle.

RÉNOVER L'ASSISE D'UN SIÈGE

DIFFICULTÉ : faible à moyenne
DURÉE : deux heures
OUTILS SPÉCIAUX : marteau de tapissier, bloc de bois, agrafeuse
VOIR PAGES 238 à 239

Une solution idéale pour redonner une touche d'élégance à un vieux siège ou le coordonner avec le reste de la pièce.

FAIRE UNE HOUSSE DE CHAISE

DIFFICULTÉ : moyenne à élevée
DURÉE : une demi-journée
OUTILS SPÉCIAUX : aucun
VOIR PAGES 240 à 241

Couvrir une chaise droite avec une housse lâche change indéniablement son aspect. Voici une méthode rapide et facile à réaliser pour harmoniser votre chaise avec la palette choisie pour la pièce. Le grand avantage est qu'il est facile d'enlever la housse pour la laver ou la remplacer.

LE JETÉ DE CANAPÉ

DIFFICULTÉ : élevée
DURÉE : un à deux jours
OUTILS SPÉCIAUX : aucun
VOIR PAGES 242 à 245

Voici une bonne façon de changer complètement l'allure ou le style de votre vieux canapé, avec un tissu de votre choix qu'il est facile de laver et d'entretenir régulièrement.

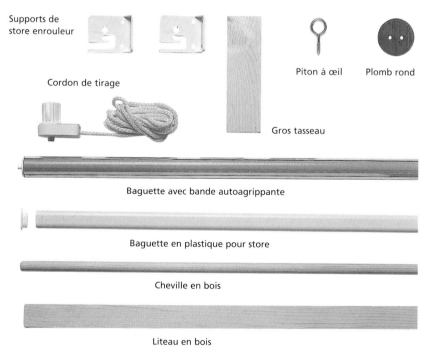

Supports de store enrouleur

Cordon de tirage

Gros tasseau

Piton à œil

Plomb rond

Baguette avec bande autoagrippante

Baguette en plastique pour store

Cheville en bois

Liteau en bois

Épingles et porte-épingles

Aiguilles

Aiguilles courbes

Passe-fil

Fer à repasser

Dé

LE MATÉRIEL DE COUTURE

Comme dans tout projet d'ameublement, il est important de découvrir, avant de s'attaquer aux tissus d'ameublement, le rôle des différents outils et matières premières. Voyons d'abord à quoi sert une machine à coudre et quels sont les principaux matériaux utilisés dans les projets de ce livre.

LA MACHINE À COUDRE

Comme c'est l'outil le plus cher à acquérir, prenez le temps pour faire votre choix : comprenez-en les détails et le mode de fonctionnement. Certes le principe de base reste le même, mais il existe des différences subtiles entre les modèles : sélection du point, façon d'enfiler le fil, etc. Lisez attentivement le mode d'emploi et n'hésitez pas à demander conseil à votre vendeur. Si vous préférez acheter une machine d'occasion,

vérifiez qu'elle a bien son manuel d'utilisation. Assurez-vous qu'elle fait au moins les quelques points de base : droit, arrière et zigzag. Il faut qu'elle vous soit livrée avec quelques accessoires indispensables : un pied-de-biche ordinaire, un pied zigzag, un pied pour fermeture à glissière et quelques cannettes de rechange. Voyez ci-dessous les principaux organes d'une machine à coudre classique.

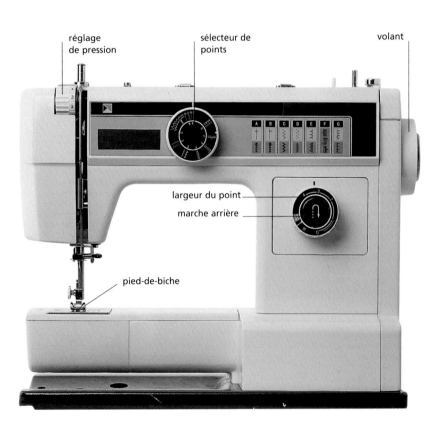

réglage de pression — sélecteur de points — volant — largeur du point — marche arrière — pied-de-biche

RIDEAUX ET STORES

Peu d'outils spéciaux sont nécessaires pour les rideaux et stores ; il faut un mètre de couturière, des ciseaux, des épingles, des aiguilles, une craie-tailleur et quelques fournitures : galons fronceurs, crochets, bandes Velcro, bandes de renfort et fils.

◄ CROCHETS EN POINTE
Plantés dans le haut du rideau, ils traversent celui-ci ainsi que la bande de renfort et le galon fronceur sans qu'on les voie de devant. Ils sont accrochés aux anneaux de la barre ou aux suspendeurs de la tringle.

◄ CROCHETS À RIDEAUX EN PLASTIQUE
Ils se glissent dans les passants du galon fronceur ; légers et bon marché, ils portent la tête de rideau.

◄ CROCHETS À RIDEAUX EN ZINC
Les crochets en métal sont plus solides que ceux en plastique et se glissent dans les passants du galon fronceur. Si les rideaux ont tendance à sortir des suspendeurs, on les serre à la pince pour éviter qu'ils ne se décrochent.

◄ ANNEAUX DE RIDEAUX EN LAITON
On les coud aux embrasses pour les suspendre à un crochet dans le mur.

◄ ŒILLETS
Ces petits anneaux de plastique servent à guider le cordon de tirage ; mieux vaut les coudre à la main.

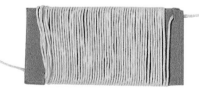

▲ CORDON DE TIRAGE
On en trouve de différentes épaisseurs selon la taille du store ; si le cordon n'est pas suspendu à un crochet dans le mur, mieux vaut prévoir un tambour pour l'enrouler proprement.

◀ FIL À COUDRE

Choisissez une couleur aussi proche que possible de celle du tissu à coudre ; à défaut d'avoir la même couleur, mieux vaut choisir un fil plus foncé : il se verra moins qu'un fil trop clair. Choisissez du fil synthétique pour du tissu synthétique, du fil coton pour du tissu 100 % coton. Autrement, le fil risque de ne pas se rétrécir comme le tissu. Utilisez du fil de soie pour coudre la soie, et du fil à repriser pour coudre à la main ou pour une tapisserie lourde. Le fil de fort denier se coud aussi à la machine, à condition de modifier la tension. Consultez le mode d'emploi.

▲ BANDE DE RENFORT

Elle sert de raidisseur : on la coud ou on la fixe sur le tissu d'un coup de fer à repasser pour raidir la tête de rideau ou le tissu des embrasses. On la trouve en rouleaux de différentes longueurs, et elle se coupe très facilement à la bonne taille.

▲ GALON FRONCEUR

Il existe du galon fronceur de différentes largeurs ; on le coud en haut du rideau et, quand on tire sur les cordons de tirage, on voit se former des plis de la taille d'un crayon. Ceux-ci ont la même hauteur que la largeur du galon fronceur utilisée. En cousant un galon fronceur moins large (2,5 à 5 cm) un peu en dessous du haut du rideau, on obtient des plis plus lâches.

▲ GALON FRONCEUR DE DOUBLURE FLOTTANTE

Ce type de galon fronceur permet de rassembler une doublure flottante et de la fixer au rideau avec le même crochet que les rideaux. Ainsi, rideau et doublure peuvent être accrochés ensemble.

▲ BANDE VELCRO

Les crochets de l'une des bandes agrippent les frisettes de l'autre ; il existe des Velcro à coller et des Velcro à coudre.

SIÈGES ET COUSSINS

Il faut un certain nombre de matériaux, dont la ouate, la toile à sangle et la mousse, ainsi que d'autres matières de rembourrage. Pour couvrir à neuf l'assise d'un siège, il faut parfois remplacer la bourre et les sangles, et pas seulement le tissu.

▶ MOUSSE DÉCHIQUETÉE

Il existe des mousses de différentes densités : la déchiquetée est l'une des plus fermes. Pour une assise de faible épaisseur, le meilleur confort s'obtient avec une mousse ferme.

▶ DOUBLURE EN POLYESTER

On la place entre la mousse et le tissu pour rendre le siège plus moelleux ; elle évite à la mousse de frotter contre le tissu, qui dure plus longtemps. Cette couche d'interposition est particulièrement nécessaire avec des tissus de type velours : sans elle, la mousse accroche l'envers du tissu et tire le velours à travers la trame.

▶ REMBOURRAGE DE COUSSIN

Il existe des coussinets tout faits, de différentes tailles et densités. Au moment de choisir le rembourrage, il faut choisir entre le ferme et le matelassé, plus mou. La bourre peut être en polyester ou en duvet par exemple.

▶ PAPIER KRAFT

Le matériau idéal pour faire un patron : assemblez les éléments avec du galon adhésif pour faire les plus grands.

▲ FERMETURE À GLISSIÈRE

Elle s'achète toute prête pour les petites longueurs et en rouleau pour les grandes.

▲ GANSES

Il existe différentes épaisseurs, que l'on recouvre avec son propre tissu. Il faut acheter long, en prévision des raccords. Si on la choisit prétraitée, on n'aura pas de rétrécissement après lavage.

▲ SANGLES

La toile à sangle permet de réaliser la base d'un siège. Il existe également des sangles en caoutchouc, qui se posent de façon légèrement différente.

LA MESURE DES RIDEAUX

Pour calculer la longueur de tissu à acheter pour des rideaux, il faut auparavant connaître la largeur du tissu et la taille du motif, c'est-à-dire la hauteur du dessin complet qui se répète régulièrement sur toute la longueur du tissu. Quand on choisit un tissu à motifs, il faut tenir compte de la contrainte des raccords à respecter pour que l'ensemble soit assorti.

Mesurez la fenêtre (voir la méthode utilisée ci-contre) et vérifiez soigneusement vos calculs afin d'éviter des erreurs coûteuses. Déterminez la hauteur qui vous paraît convenir le mieux pour choisir le style de vos rideaux : à l'allège, au radiateur ou au sol. Tenez compte de l'effet qu'ils doivent rendre quand ils sont ouverts. Après achat du tissu, vérifiez que vous en avez suffisamment avant de commencer à couper : après, il sera trop tard !

TRUCS ET ASTUCES

Dans les projets qui suivent, certaines coutures doivent être faites à la main à points glissés, par exemple pour terminer un coussin ou un ourlet de rideau. Ainsi resteront cachées la plupart des coutures. Plantez l'aiguille par-dessous dans le pli, faites-la ressortir à travers le haut du pli de l'autre côté, juste en face de l'endroit où elle sort du premier pli. Replantez l'aiguille sous le premier pli 4 mm plus loin environ et tirez l'aiguille pour réunir les deux morceaux de tissu. Continuez jusqu'au bout.

MESURES

1 Longueur de la tringle

C'est cette longueur qui fixe le nombre de largeurs de tissu nécessaires à chaque rideau. Dans l'idéal, chaque rideau doit avoir au moins la largeur de toute la tringle : une fois les deux rideaux en place et ouverts, la largeur totale du tissu est le double de la longueur de la tringle. Par exemple, si la tringle mesure 206 cm et le tissu 137 cm de large, chaque rideau demande une largeur et demie de tissu.

2 Largeur de la niche de fenêtre

La tringle doit se prolonger d'au moins 15 cm de chaque côté de la niche de la fenêtre, ce qui permet au rideau de s'écarter complètement de la baie pour laisser entrer la lumière. Si l'on installe une barre, ses supports doivent être à 15 cm au moins de la niche. La distance du support par rapport à la niche varie suivant le poids et l'épaisseur des rideaux. Plus les rideaux sont lourds, plus le support doit être loin de la niche. Plus les rideaux sont légers, moins ils prennent de place une fois ouverts. Dans le dessin ci-contre, la partie continue de la ligne 2 est la largeur de la niche, et la partie pointillée donne la distance – variable – à laquelle on doit poser le support de la barre ou de la tringle.

3 Hauteur de la niche

Parfois, la hauteur de la niche est la même que celle des rideaux. Évitez dans la mesure du possible, car la pièce sera moins claire si l'on ne peut jamais écarter complètement le tissu de la baie. Quand les rideaux sont suspendus à l'intérieur de la niche de la fenêtre, on peut visser ou fixer les tringles sur le cadre de la fenêtre elle-même, si celui-ci est en bois. Si l'huisserie est en PVC, il faut fixer la tringle autrement, car on ne pose pas de vis dans du PVC. La tringle peut être fixée à des supports dans l'épaisseur du mur, en haut de la niche. On peut aussi poser des barres sans embouts, avec des supports spéciaux pour niche. Cette mesure de la fenêtre sera également nécessaire si on suspend un store dans la niche.

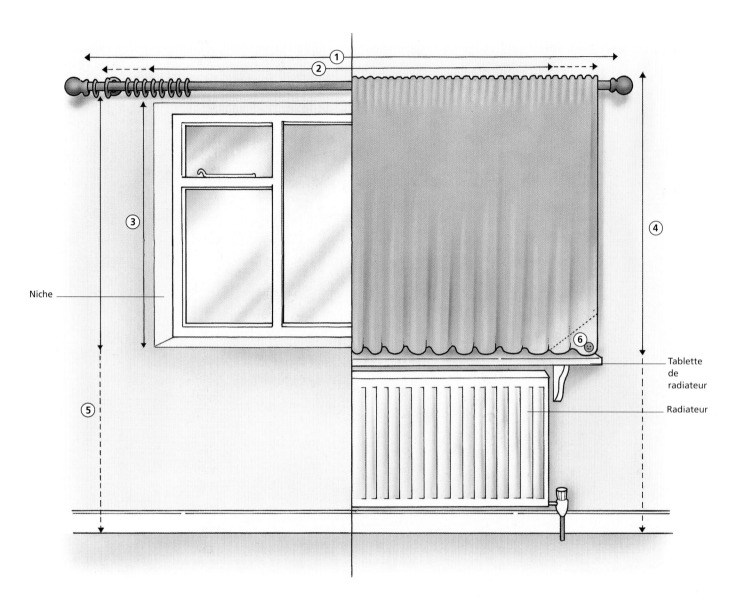

Niche

Tablette
de
radiateur

Radiateur

4 Hauteur totale du rideau

La hauteur du rideau dépend également du fait que vous vouliez ou non masquer la barre ou la tringle. Avec une barre, il n'est pas laid de suspendre le rideau dessous, en revanche, il vaut mieux cacher la tringle. S'il y a un radiateur sous la fenêtre, l'ourlet inférieur doit se trouver entre le haut du radiateur et l'appui de la fenêtre. S'il existe une tablette au-dessus du radiateur, le bas du rideau doit s'arrêter à son niveau. S'il n'y a pas d'obstacle particulier, le rideau peut descendre jusqu'au sol, ce qui produit un effet luxueux. La tendance actuelle est de donner une longueur plus généreuse encore, afin que le rideau traîne somptueusement par terre.

5 Longueur du crochet à l'ourlet

Mesurez la distance du crochet suspendu à l'anneau de la barre, ou à la tringle, jusqu'à la hauteur souhaitée. Pour en reporter la mesure, placez un crochet sur le galon fronceur à l'endroit que celui-ci doit occuper, et mesurez la largeur de tissu restant au-dessus. Ajoutez ce chiffre à la distance du crochet à l'ourlet : c'est la longueur totale (voir 4).

6 Position des plombs ronds

Pour placer des plombs ronds dans un ourlet sans doublure, voir étape n° 6 page 219. Sur des rideaux doublés, il ne faut pas lester le coin, mais l'extrémité inférieure de la couture réunissant le rideau et sa doublure.

LES DOUBLES RIDEAUX NON DOUBLÉS

OUTILLAGE

Mètre de couturière
Ciseaux de couturière
Ciseaux à cranter
Épingles
Fer à repasser
Machine à coudre
Aiguille
Craie-tailleur

MATÉRIEL NÉCESSAIRE

Tissu
Fil
Galon fronceur
Plombs ronds

VOIR AUSSI

Le matériel de couture,
pages 214 à 215
La mesure des rideaux,
pages 216 à 217

Dans une pièce ensoleillée, si vous avez besoin de lumière le jour et d'intimité la nuit, il suffit de poser de simples rideaux sans doublure.

Les rideaux sans doublure sont la façon la plus simple de décorer les fenêtres et portes-fenêtres, une façon aussi de se faire la main avant de passer aux rideaux à doublure. Si leur tissu est lavable, ils conviennent à merveille aux salles de bains et cuisines, où ils subiront une forte condensation. S'ils occupent l'intérieur d'une alcôve, ils conviennent mieux que des rideaux doublés : on peut les ouvrir plus grand afin de faire entrer davantage de lumière. Pour calculer la longueur de tissu nécessaire, voir pages 216 à 217 ; ajoutez 15 cm dans la hauteur pour l'ourlet et les coutures.

1 Coupez le tissu. Si celui-ci est à mailles lâches, tirez d'abord un fil ; pratiquez une entaille dans la lisière puis coupez le long du sillon laissé par le fil. Réunissez les éléments avec un point droit de longueur moyenne. Coupez les bords avec des ciseaux à cranter et ouvrez la couture d'un coup de fer.

2 Retournez 1,25 à 2 cm à l'envers du tissu le long des côtés et marquez le pli au fer. Puis pliez de nouveau pour former un ourlet double de 2,5 cm. Repassez et bloquez l'ourlet transversalement avec des épingles.

3 Pour coudre les ourlets, utilisez le pied-de-biche normal avec une aiguille assez grosse pour le tissu : une n° 16 devrait faire l'affaire. Choisissez un point droit de longueur moyenne et cousez sur toute la longueur des deux côtés de l'ourlet.

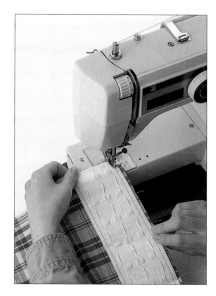

4 À l'envers du tissu, tracez à la craie-tailleur une ligne à 2,5 cm du haut du tissu. Pliez selon la ligne et fixez avec des épingles. Placez le haut du galon fronceur à 5 mm sous le bord replié et immobilisez-le avec des épingles. Cousez les deux bords du galon sur toute la longueur, mais arrangez les coins en biseau.

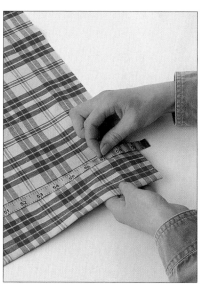

5 Posez le rideau endroit vers vous. Mesurez depuis le haut la hauteur totale du rideau, et marquez avec une aiguille. Marquez les plis de l'ourlet. Le deuxième ourlet doit tomber à 9 cm environ de la première épingle, en laissant 5 cm pour le premier pli de l'ourlet.

6 Les poids se placent dans l'ourlet inférieur ou les ourlets des bords voisins, pour améliorer le tomber du rideau. Cousez les poids dans l'ourlet du bas, juste en dessous de la ligne d'épingles marquant le premier pli de l'ourlet. La couture sera cachée quand on verra les rideaux de l'intérieur de la pièce.

7 Faites le pli de l'ourlet en suivant les épingles (voir étape n° 5). Fixez d'abord les deux côtés pour que les ourlets tombent en face, alignez la couture centrale à chaque raccord de tissu. Tenez les ourlets des côtés et tirez pour les tendre : il sera plus facile de plier et de bloquer avec des épingles le reste de l'ourlet.

8 Si votre machine à coudre peut travailler en marche arrière, cousez les ourlets des tissus à motifs, sinon cousez-les à la main. Sur des tissus unis, mieux vaut coudre à la main de toute façon. Cousez à points glissés (voir page 216) le long du côté de l'ourlet, puis le long des bords du haut du rideau.

LES DOUBLES RIDEAUX À DOUBLURE FLOTTANTE

OUTILLAGE

Mètre de couturière
Ciseaux de couturière
Fer à repasser
Épingles
Craie-tailleur
Machine à coudre

MATÉRIEL NÉCESSAIRE

Doublure à rideau
Fil
Galon fronceur pour
rideaux à doublure
flottante
Crochets

VOIR AUSSI

Le matériel de couture,
pages 214 à 215
La mesure des rideaux,
pages 216 à 217

Le fait de doubler les rideaux augmente leur longévité. Même s'ils ne sont pas en plein soleil, la lumière les décolore et abîme le tissu. En général, la doublure permet d'obtenir un tomber plus élégant et plus soigné. En outre, le fait de placer un tissu de plus devant la fenêtre améliore l'isolation.

Les doublures flottantes sont faciles à faire et à poser ; on les fixe au dos du rideau avec des crochets, on les retire facilement. On peut également les garder et les faire passer de rideau en rideau chaque fois que l'on en pose de nouveaux. Certaines doublures sont assez opaques pour arrêter la lumière, ce qui est utile dans les chambres qui donnent à l'est. Elles sont recommandées surtout dans les chambres d'enfants, dont la lumière du soleil gêne le sommeil. Pour calculer le métrage nécessaire, voir pages 216 à 217.

La doublure amovible améliore le tomber du rideau. Elle permet de changer ou de laver facilement les rideaux.

1 Découpez la doublure en prévoyant les ourlets, de façon que sa taille finale soit inférieure à celle du rideau à plat. La doublure en coton se déchire facilement dans le sens du fil : il suffit de faire une entaille dans la lisière et, d'une main ferme, de déchirer d'un geste vif. Donnez un coup de fer pour aplatir les bords.

2 Pliez le tissu de l'ourlet latéral et bloquez avec des épingles (voir étape n° 2, page 218). Comme il n'y a pas de motif, on mesure et on marque à la craie-tailleur ou avec des épingles avant de tout bloquer avec des épingles pour s'assurer que l'ourlet sera rectiligne. Cousez au point droit le long de l'ourlet avec le pied-de-biche normal.

3 Glissez le galon fronceur sur la lisière de la doublure de façon que le bord qui risque de s'effilocher soit protégé. Épinglez. Repliez en dessous les extrémités du galon avant de coudre. Faites une couture en travers des cordelettes à l'extrémité du galon, là où les deux rideaux se rencontreront quand on les fermera.

4 Mesurez, des crochets à l'ourlet, la hauteur du rideau qui doit être doublé. La doublure doit être plus courte de 2,5 cm, afin de ne pas dépasser en dessous du rideau. Prévoyez 5 cm pour la couture, avec un pli à l'intérieur de l'ourlet.

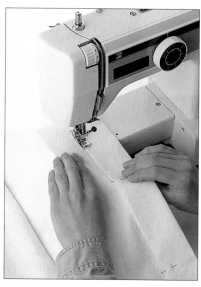

5 L'ourlet inférieur peut être cousu à la machine car il est derrière le rideau, donc non visible. Cousez le côté de l'ourlet le long du haut et redescendez de l'autre côté, avec un point droit de longueur moyenne. Faites quelques points en marche arrière au début et à la fin de votre couture.

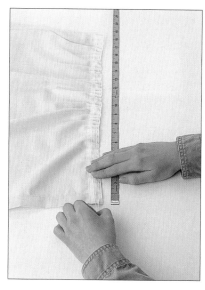

6 Repassez la doublure. Tirez les cordons du galon fronceur par le bout qui n'a pas été cousu en 3. Prévoyez pour la doublure une largeur inférieure de 5 cm à celle du rideau : elle doit rester derrière, sans qu'on la voie. Faites un nœud aux cordons pour les arrêter.

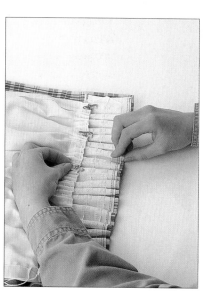

7 La doublure est suspendue aux mêmes crochets que le rideau. Glissez chaque crochet dans un trou du galon de la doublure, puis dans celui du rideau. Une fois les crochets en place, on peut suspendre ensemble le rideau et sa doublure sur les mêmes suspendeurs ou anneaux.

DOUBLURES PRATIQUES

Les rideaux à doublure flottante sont bien pratiques en cuisine, car on les lave plus souvent que dans les autres pièces. On peut laver la doublure et le rideau séparément sans craindre de problèmes de rétrécissement. Quand les rideaux traînent par terre, ils offrent une isolation thermique supplémentaire.

LES RIDEAUX DOUBLÉS

OUTILLAGE

Mètre de couturière
Ciseaux de couturière
Épingles
Fer à repasser
Craie-tailleur
Machine à coudre
Aiguille

MATÉRIEL NÉCESSAIRE

Tissu à rideau
Tissu à doublure de rideau
Fil
Plombs
Galon fronceur

VOIR AUSSI

Le matériel de couture,
pages 214 à 215
La mesure des rideaux,
pages 216 à 217

La doublure arrête mieux la lumière extérieure, ce qui est fort utile dans une chambre donnant à l'est. En outre elle améliore le tomber des rideaux.

Si le tissu des rideaux n'est pas lavable en machine, il n'y a guère d'intérêt à avoir une doublure flottante : autant fixer la doublure au rideau par des coutures latérales. La doublure est coupée moins large que le rideau, donc les coutures latérales resteront cachées derrière le rideau une fois celui-ci terminé. Le rideau et sa doublure sont cousus ensemble au galon fronceur. Les doubles ourlets doivent être épinglés et cousus aussi bien pour le tissu du rideau que pour celui de la doublure. Pour calculer la longueur de tissu, voir pages 216 à 217.

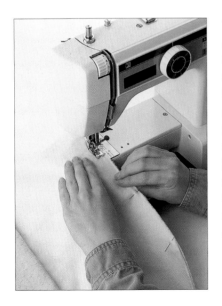

1 Coupez la doublure avec 10 cm de moins en largeur et 2,5 cm en hauteur. Réunissez l'endroit des deux tissus, épinglez la doublure au rideau le long d'un côté à 1,25 cm du bord, en joignant bien les coins supérieurs ensemble. Cousez l'ourlet latéral en partant du haut et arrêtez à 30 cm du bas, pour laisser la place de l'ourlet.

2 Recommencez de l'autre côté du rideau, puis repassez les coutures latérales et retournez les tissus. En tenant le haut, pliez les coutures latérales à l'endroit où la doublure et le rideau sont cousus. Tenez ensemble les coutures latérales et pliez en deux de telle sorte que les coins supérieurs des coutures latérales coïncident.

3 Avec une craie-tailleur, marquez bien les plis centraux, celui de la doublure étant à 5 cm environ à l'intérieur de celui du rideau.

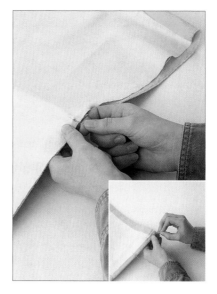

4 Ouvrez le rideau à plat et épinglez les deux marques centrales. Marquez 2,5 cm vers le bas en partant du haut de la doublure. Retournez le rideau et la doublure jusqu'aux marques, et épinglez en gardant les marques centrales alignées. Aux deux angles supérieurs, repliez 1,25 cm de tissu selon la diagonale.

5 Cousez le galon fronceur (voir étape n° 4, page 219). À l'endroit du tissu, marquez la hauteur totale et la largeur de l'ourlet, puis cousez les poids à l'intérieur (voir étape n° 6, page 219). Repliez les bords de l'ourlet inférieur pour façonner le coin en biseau. Le coin supérieur de l'ourlet doit être au même niveau que la couture.

6 Mesurez la hauteur de la doublure et marquez sur l'extrémité inférieure : elle doit être plus courte que le rideau de 2,5 cm. Marquez 5 cm pour le premier pli de l'ourlet et 6 cm pour le second (voir étape n° 2, page 218). Cousez l'ourlet de la doublure (voir étape n° 5, page 221).

7 Cousez à points glissés les coins du rideau là où ils sont épinglés et faites l'ourlet. Là où les coins du rideau et de la doublure sont au même niveau, épinglez-les à angle droit et cousez à points glissés le long de la couture en continuant sur 2,5 cm de l'autre côté du coin, à l'extrémité inférieure, pour l'immobiliser.

8 Mesurez la longueur de la tringle et divisez par deux. Tirez les cordons fronceurs à partir de l'extrémité non cousue, en serrant les plis au maximum. Mesurez le cordon et faites un nœud à la demi-longueur de la tringle. Corrigez le tomber afin que les plis soient égaux : les rideaux sont prêts à être accrochés.

LA TÊTE DE RIDEAU

OUTILLAGE

Mètre de couturière
Ciseaux de couturière
Craie-tailleur et épingles
Fer à repasser

MATÉRIEL NÉCESSAIRE

Tissu
Bande de renfort
Fil

VOIR AUSSI

Le matériel de couture,
pages 214 à 215

Différents types de têtes de rideau peuvent être utilisés : le plus facile est le galon fronceur, mais les plis plats sont plus jolis, surtout avec du tissu uni. On trouve du galon fronceur à plis plats tout fait. Mais, quand on les fait soi-même, les plis sont plus nets. Au lieu d'un galon fronceur, on fixe au tissu une bande de renfort – l'idéal est une largeur de 10 cm – et on fait ensuite les plis avec la bande de renfort et le tissu. Pour calculer la quantité de tissu des rideaux, il faut laisser un minimum de double largeur (voir pages 216 à 217) car chaque pli prend 12 cm de tissu.

L'espace entre chaque pli doit être de 12 cm environ. Chaque rideau doit avoir un pli à son extrémité extérieure et un espace sans pli à son extrémité intérieure pour que les rideaux se recouvrent comme il faut.

1 Exécutez telles quelles les étapes n° 1, n° 2 et n° 3 des pages 218 et 219. Ne retournez pas le haut. Alignez l'extrémité supérieure du rideau avec le bord supérieur de l'envers de la bande de renfort. Cousez ensemble la bande de renfort et le tissu avec une couture au point zigzag tout en haut.

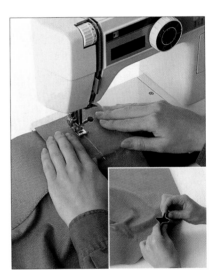

2 Repliez la bande de renfort et le tissu ; épinglez. Faites une couture droite au-dessus de la couture zigzag. Sur l'endroit du rideau, marquez à la craie-tailleur, à angle droit du haut, les lignes selon lesquelles les plis doivent être cousus. Épinglez et cousez selon ces lignes. Écartez et pliez selon chaque pli (détails ci-contre).

3 Marquez chaque pli sur toute la largeur de la bande de renfort. Pour les bloquer, faites une couture transversale juste en dessous de la bande de renfort ; vérifiez que l'aiguille traverse les six couches du tissu (douze s'il y a une doublure) ou cousez les plis à la main. Glissez des crochets en pointe à l'envers des plis, pour accrocher les rideaux.

TRUCS ET ASTUCES

Pour marquer les plis, partez du bord extérieur du rideau et marquez la première ligne à 12 cm vers l'intérieur. Laissez un intervalle et marquez le pli suivant. Les intervalles entre les plis doivent être identiques sur toute la largeur du rideau. Continuez à marquer les lignes d'un bout à l'autre du rideau. Épinglez les lignes de chaque pli afin qu'elles soient les mêmes à l'endroit et à l'envers, en gardant le tissu bien perpendiculaire en haut. L'intervalle entre les bords des rideaux qui se recouvrent doit avoir la taille d'un demi-intervalle, de façon que les plis soient réguliers quand les rideaux sont tirés.

LES EMBRASSES

OUTILLAGE
Craie-tailleur
Ciseaux de couturière
Épingles
Machine à coudre
Fer à repasser
Aiguille

MATÉRIEL NÉCESSAIRE
Bande de renfort de 10 cm
Tissu
Fil
Anneaux de laiton

Les embrasses donnent un air soigné aux rideaux : non seulement elles sont décoratives, mais elles laissent entrer plus de lumière. Mesurez le tour du rideau à la hauteur où vous souhaitez placer l'embrasse. Découpez la bande de renfort dans sa longueur et faites une coupe curviligne dans le sens de la longueur. Utilisez un patron.

L'embrasse peut être faite dans le tissu du rideau, ou avec un tissu uni complémentaire de la couleur du rideau et de celle de la pièce.

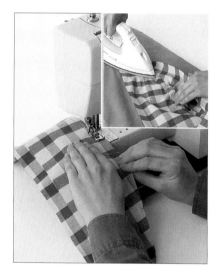

1 Avec un gabarit en bande de renfort, tracez et coupez deux morceaux de tissu, en laissant 1,25 cm pour la couture du bas et des côtés, et 4 cm pour celle du haut. Épinglez et cousez ensemble l'endroit des bords curvilignes en laissant 1 cm libre à chaque extrémité. Marquez le pli au fer.

2 Placez la bande de renfort de façon que tout le tissu laissé pour la couture soit au dos. Pliez le haut du tissu de devant par-dessus le haut de la bande de renfort et rentrez le tissu en trop pour avoir un bord net. Épinglez. Rentrez les extrémités en veillant à ce que tout le tissu soit derrière la bande de renfort. Épinglez.

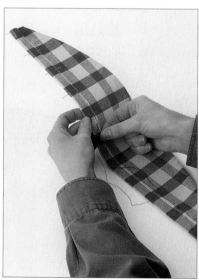

3 Finissez l'embrasse à la main à points glissés (voir trucs et astuces page 216), en veillant à ne pas prendre la bande de renfort dans la couture.

4 Cousez à la main un anneau à chaque extrémité de l'embrasse, avec du fil double. Ensuite, suspendez les anneaux à un crochet placé à la bonne hauteur.

SUSPENDRE DES RIDEAUX

OUTILLAGE

Crayon
Mètre de couturière
Niveau à bulles
Perceuse et forets
Tournevis

MATÉRIEL NÉCESSAIRE

Tringle ou barre et
accessoires

Les rideaux sont en général accrochés à des tringles ou à des barres. Bien qu'ayant le même résultat, les deux méthodes ne sont pas tout à fait identiques. Le choix de barres est vaste, la plupart étant en métal ou en différentes sortes de bois. En général, les barres sont fixées au mur avec des supports spéciaux. Pour la plupart des fenêtres, deux supports suffisent, mais il en faut trois ou davantage si les fenêtres sont larges ou les rideaux lourds.

Les tringles sont plutôt en plastique, plus légères et maniables. Elles s'accrochent à un nombre important de petits supports fixés au mur ; à la différence des barres, elles permettent aux rideaux de circuler sur toute leur longueur. Avec les barres en revanche, les rideaux sont arrêtés par les supports, qui doivent être placés de façon à ne pas gêner.

Quel que soit le mode de suspension choisi, il faut commencer par tracer sur le mur une ligne horizontale à la bonne hauteur. Une fois cette première étape franchie, les méthodes de fixation diffèrent légèrement selon que vous avez opté pour une barre ou pour une tringle. Tenez compte du fait que les supports des barres doivent être placés plus loin de la niche de la fenêtre : cela permettra aux rideaux d'être complètement écartés de la fenêtre quand ils sont ouverts.

Dans la plupart des cas – et notamment dans notre exemple –, il suffit de fixations à vis pour placer les tringles ou les barres. Cependant, si les rideaux sont très lourds ou si le mur vous paraît fragile, il est nécessaire de renforcer les points de fixation. Cela peut se faire en injectant de la résine époxy dans les trous percés pour les supports. Mettez ensuite les supports en place et laissez la résine polymériser avant de poser la tringle ou la barre.

TRACÉS JUSTES

1 Quand la tringle est à l'extérieur de la niche, il faut la poser de 5 à 8 cm au-dessus. Avec un mètre ruban, reportez cette mesure au-dessus d'un coin de la niche.

2 Avec un niveau à bulles, tracez un trait de crayon au-dessus de la niche. Prolongez le trait des deux côtés car la tringle ou la barre seront plus longues que la largeur de la niche (voir pages 216 à 217).

POSER UNE TRINGLE

1 En tenant compte de la partie dépassant des deux côtés de la niche, marquez à intervalles égaux la position des supports, tous les 25 cm environ.

2 À chaque marque, percez un trou et placez un support. Vissez-le solidement, en vérifiant qu'il est à l'endroit. En principe, les vis et les plaques de fixation sont fournies avec la tringle.

3 Normalement, la tringle se clique à l'avant des supports. Il faut parfois régler ensuite les vis des supports. Et placer les arrêts à chaque extrémité de telle sorte que, une fois les rideaux accrochés, ils ne puissent plus glisser par le bout.

POSER UNE BARRE

1 Les supports de barre doivent se fixer sur la ligne tracée au crayon mais plus loin de la fenêtre. Vissez d'abord le berceau destiné au support proprement dit dans le mur, puis vissez la base du support sur le filetage de la plaque métallique jusqu'à ce que l'arrière du support affleure la surface du mur.

2 Vérifiez que le support est solidement en place, mais ne serrez pas trop. Glissez le second élément du support dans le premier, comme un anneau à travers lequel la barre est filetée. Une fois l'anneau en place, bloquez-le en enserrant une vis par le haut de la première moitié du support et bloquez.

3 Posez l'autre support et enfilez la barre dans les anneaux des supports. Quant aux anneaux portant les rideaux, laissez-en un à chaque bout, à l'extérieur du support : ils porteront le bout des rideaux quand ceux-ci sont tirés. Enfilez un embout à chaque extrémité de la barre.

LES STORES ENROULEURS

OUTILLAGE

Mètre de couturière
Mini-scie à métaux
Ciseaux de couturière
Papier de verre moyen
Machine à coudre
Pâte adhésive

MATÉRIEL NÉCESSAIRE

Accessoires pour volets
enrouleurs
Tissu
Vaporisateur d'apprêt
Fil

Un store enrouleur tient facilement dans la niche d'une fenêtre, mais on peut également le mettre à l'extérieur.

Le store le plus simple est le store enrouleur ; on peut l'acheter tout fait ou le faire sur mesure, en utilisant un kit. Pour calculer la quantité de tissu nécessaire, mesurez la largeur et la hauteur de la niche (voir pages 213 à 217). Ajoutez 10 % pour le rétrécissement qui se produit inévitablement quand on pulvérise l'apprêt ; ajoutez 30 cm d'enroulement autour de l'enrouleur et de la latte de lestage.

1 Coupez l'enrouleur selon le mode d'emploi du fabricant : en principe, l'enrouleur n'est pas exactement de la taille de la fenêtre, et il faut laisser la place des supports de chaque côté. Faites les découpes avec une mini-scie à métaux.

2 Coupez le tissu du store en laissant 10 % pour le rétrécissement et 30 cm pour la latte et l'enrouleur. Vaporisez l'apprêt dans une pièce bien aérée en suivant le mode d'emploi. Laissez sécher.

3 Quand le tissu est sec et raide, mesurez la taille exacte qu'il vous faut et marquez-la avec une craie-tailleur, bien à angle droit. Coupez le tissu sans le chiffonner ; pour le déplacer, roulez-le.

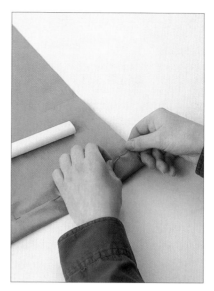

4 Mesurez la circonférence de la latte. Reportez cette mesure pour épingler l'ourlet à l'envers du tissu, afin d'y glisser la latte. Avant de coudre les côtés de l'ourlet, glissez la latte pour vérifier sa longueur. S'il faut couper, marquez le bon endroit et coupez avec une mini-scie à métaux. Ébarbez au papier de verre.

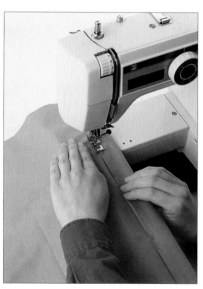

5 Cousez l'ourlet avec un point droit, non sans avoir déposé la latte. Prenez du fil de même couleur que le tissu, sinon la couture se verra sur l'avant du store, en bas. Surtout, veillez à ne pas chiffonner le tissu empesé en cousant l'ourlet.

6 Retirez le papier de protection de la partie adhésive de l'enrouleur. Posez le tissu dessus, bien perpendiculaire, et frottez pour assurer une adhérence parfaite. Enroulez le tissu sur l'enrouleur après avoir bloqué l'autre extrémité du tissu avec une pâte adhésive.

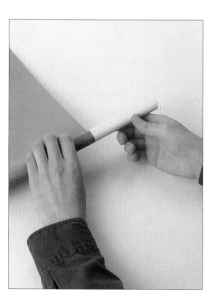

7 Glissez la latte dans l'ourlet du bas et placez les embouts. Suspendez le store à ses supports. Déroulez et enroulez plusieurs fois pour être sûr qu'il tombe bien droit.

STORES EN KIT

● Certains kits comportent un enrouleur en bois – et non en métal comme ici. Sur le bois, on peut fixer le tissu avec la même bande adhésive qu'ici, mais on peut aussi assurer une meilleure tenue avec quelques agrafes.

● Certains enrouleurs sont en carton : ils manquent de solidité. Ils s'affaissent avec le temps, surtout dans les cuisines et salles de bains où la condensation rend le carton humide. Optez de préférence pour des enrouleurs en métal ou en bois.

LES STORES BATEAUX

OUTILLAGE

Mètre de couturière
Craie-tailleur
Épingles
Machine à coudre
Aiguille
Scie
Papier de verre

MATÉRIEL NÉCESSAIRE

Tissu
Fil
Bande Velcro
(de la largeur du store)
Baguettes en bois
Lattes de bois
Œillets
Cordon de tirage
Pitons à œil

Le store bateau est une version perfectionnée du store enrouleur ; il tombe à plat contre la fenêtre, mais possède des plis horizontaux qui se superposent quand on monte le store. Il se fixe à une latte au-dessus de la fenêtre. Les cordons de tirage passent dans des œillets à l'arrière du store de façon à former les plis entre les baguettes de bois qui sont cousues dans des tubes à l'arrière du store. La taille des plis varie selon le nombre de baguettes : plus il y a de baguettes, plus les plis sont petits.

Le store bateau demande plus de tissu que le store enrouleur, car il faut envelopper chaque baguette et il y a des ourlets sur les côtés. Calculez la longueur de tissu nécessaire en mesurant la surface totale à couvrir et en ajoutant les ourlets du haut, du bas et des côtés, plus un ourlet par baguette. Si nécessaire, cousez les lés de tissu au point zigzag le long de chaque bord, puis avec un point droit. Repassez les coutures pour les ouvrir.

Le store bateau ajoute une touche d'élégance qui complète les murs, les meubles et le sol.

1 Mesurez et marquez les ourlets latéraux. Épinglez et cousez (voir étapes n° 2 et n° 3, pages 218 à 219). Repliez le haut comme pour le galon fronceur des rideaux (voir étape n° 4, page 219). Cousez la face bouclée de la bande Velcro au dos du haut du store, là où vous avez épinglé, en prenant tous les bords du galon.

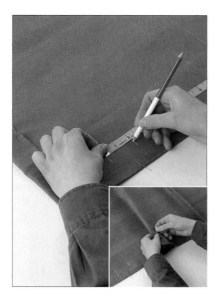

2 Mesurez et marquez avec une épingle l'emplacement de chaque baguette. Mesurez le pourtour de la baguette pour calculer la taille du tube de tissu. Pour chaque tube, marquez la demi-circonférence plus un peu de jeu de chaque côté des épingles. Pincez ensemble les lignes marquées et épinglez-les avec les tubes à l'envers du tissu.

3 Cousez au point droit le long des lignes épinglées pour former les tubes des baguettes. À l'envers du store, cousez un ourlet assez large pour la latte de bois à y glisser.

4 Cousez les œillets de chaque tube, à égale distance des bords. Les stores larges demanderont peut-être d'autres rangées d'œillets au milieu. Si nécessaire, ajoutez une autre rangée d'œillets et un cordon de tirage. Si les baguettes semblent ployer une fois en place, il n'est pas trop tard pour ajouter œillets et cordons.

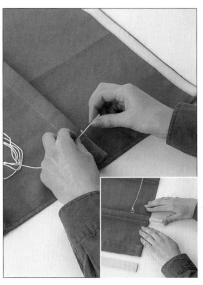

5 Passez un cordon dans chaque rangée d'œillets et attachez à l'œillet du bas. Laissez une longueur suffisante pour traverser le store jusqu'au point d'où les cordons seront tirés. Coupez les baguettes et la latte de l'ourlet à bonne longueur, soit un peu moins que la largeur du store. Ébarbez les extrémités et mettez en place.

6 Vissez un piton à œil sur le chant inférieur de la latte posée au-dessus de la fenêtre, à l'aplomb de chaque rangée d'œillets. Fixez la face agrippante de la bande Velcro sur la latte ; retirez le papier de protection. Si le store est lourd, assurez la tenue de la bande Velcro avec quelques agrafes.

7 Fixez ensemble les deux éléments de la bande Velcro au-dessus de la fenêtre. Faites passer les cordons de tirage dans les pitons à œil sous la latte. Tirez tous les cordons et tournez-les sur un taquet dans le mur.

UN ÉLÉMENT DÉCORATIF

Dans cette ancienne école, le store bateau permet à toute la lumière d'entrer dans la pièce pendant le jour, et constitue un élément décoratif intéressant une fois baissé. Assurez-vous que la fenêtre est assez grande pour supporter le poids de tissu formé de tous les plis quand le store est relevé, le jour.

LE COUSSIN CARRÉ

OUTILLAGE

Mètre de couturière
Craie-tailleur
Ciseaux de couturière
Épingles

MATÉRIEL NÉCESSAIRE

Tissu
Fermeture à glissière
(de la largeur du coussin)
Machine à coudre
Fil
Coussin tout fait ou autre
produit de rembourrage

Les coussins peuvent constituer un élément décoratif de première qualité grâce à leur texture, aux dessins et à la couleur du tissu.

Fabriquer des coussins, c'est facile et cela donne un aspect soigné et pittoresque à une pièce. Le choix des formes et des tailles est considérable, mais le plus simple est de commencer par un carré ; tous les tissus conviennent ou presque. Si l'on veut un coussin particulièrement solide, il faut prendre un tissu qui le soit. Le rembourrage peut être en duvet, en kapok, en mousse, en fibre synthétique ou en billes de polystyrène. On trouve des coussins tout faits, de toutes sortes de tailles, couverts avec de la toile à matelas ou du calicot. Pour faire un coussin, il faut deux carrés de tissu mesurant 3 cm de plus que la taille voulue pour le coussin.

1 Mesurez et marquez sur le tissu les carrés qui seront le dessus et le dessous du coussin. Ajoutez 2 cm à la largeur pour les coutures, et 3 cm à la longueur pour les coutures et la fermeture à glissière. Si vous faites plusieurs coussins avec un tissu à motifs, essayez de faire des coussins tous pareils. Découpez les deux morceaux de tissu.

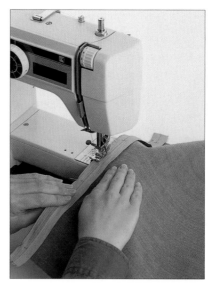

2 Placez un morceau de tissu à l'endroit et épinglez la fermeture à glissière le long d'un bord, les dents de la fermeture tournées vers le tissu. Avec un point zigzag, cousez les deux épaisseurs. Cela évite que le tissu ne s'effiloche et que les fils ne viennent bloquer la glissière une fois le coussin terminé.

3 Retournez le tissu et, le long de la fermeture à glissière, marquez une ligne à 3 mm vers l'intérieur. Retournez la fermeture en suivant cette ligne et épinglez. Ce repli cachera la glissière une fois le coussin terminé. Vérifiez que le pli est épinglé à plat contre la fermeture à glissière à l'endroit du tissu avant de coudre.

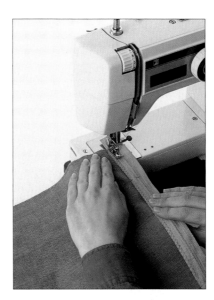

4 Avec un pied zigzag, faites une couture à côté des dents de la fermeture à glissière. Répétez les étapes n° 2 et n° 3 pour fixer l'autre partie à l'autre tissu. Pour les fermetures à curseur, faites un arrêt avec l'aiguille en cousant ensemble tissu et fermeture. Déplacez le curseur de l'autre côté de l'aiguille et continuez.

5 Si vous utilisez de la fermeture à glissière en rouleau, ajoutez le curseur avant d'épingler ensemble les bords du tissu à l'endroit de la couture, en vérifiant que les coins du haut sont carrés et que les plis du tissu qui couvrent la fermeture sont à leur place, juste contre les dents de la glissière.

6 Cousez ensemble les coutures, avec un point droit et un pied normal. Une fois que les coutures sont cousues, cousez autour des bords de la couture avec un point zigzag, pour éviter l'effilochage ; changez le pied de la machine à coudre si nécessaire.

7 Remettez le tissu à l'endroit. Glissez le coussin tout fait à l'intérieur et fermez la glissière. Si le tissu n'est pas lavable, pulvérisez un produit de protection antitache pour qu'il reste propre.

FORTE INFLUENCE

Les coussins sont très importants en décoration. Dans un intérieur dépouillé, un coussin unique de texture intéressante ajoute une touche de chaleur significative. Autrement, les coussins adoucissent les lignes anguleuses des meubles ; des coussins en ikat apportent une note exotique dans une petite salle de séjour moderne (voir page 29).

LE COUSSIN DÉHOUSSABLE

OUTILLAGE

Ciseaux de couturière
Craie-tailleur
Mètre de couturière
Épingles
Machine à coudre

MATÉRIEL NÉCESSAIRE

Tissu
Bande Velcro
(de la largeur du coussin)
Fil

L'ouverture d'un coussin déhoussable ne doit pas nécessairement se présenter le long d'un bord. Une simple bande Velcro peut être placée au milieu du dos du coussin. C'est une fermeture idéale si votre machine à coudre n'a pas de pied zigzag. Si vous désirez confectionner un coussin dont le dos s'ouvre au milieu, prévoyez un peu plus de tissu que pour l'ouverture latérale car le dos du coussin se compose de deux morceaux de tissu et non d'un comme le coussin carré des pages 232 à 233.

L'AUTRE FAÇON DE FERMER

● Si vous ne voulez pas de Velcro, vous avez le choix entre les crochets et œillets, les boutons-pression (achetés à l'unité ou montés sur bande), les rubans et les boutons.

● Une simple fermeture par recouvrement suffit, sans aucun autre dispositif. Laissez simplement 2,5 cm en trop pour chaque élément du dos. Placez le recouvrement avant de coudre les côtés. Puis coupez les points de bâti et retournez la taie à l'endroit.

1 Mesurez et marquez sur le tissu le morceau du dessus, en laissant 1 cm de plus autour. Mesurez et marquez les deux éléments du dos avec la même largeur que le devant, mais en deux éléments auxquels vous ajouterez 2 cm plus la largeur de l'ourlet et celle de la bande Velcro.

2 Sur chaque morceau du dos, du côté de la bande Velcro, marquez l'ourlet à l'envers du tissu. Épinglez les ourlets et cousez avec un point droit. Placez les deux morceaux côte à côte, les ourlets l'un sur l'autre, et assurez-vous que leur longueur totale est la même que celle du devant.

3 Coupez le Velcro un peu plus court que la largeur du coussin. Séparez-le en deux éléments. Cousez le premier le long de l'ourlet à l'envers d'un morceau du dos. Cousez le second le long de l'ourlet à l'endroit de l'autre morceau.

4 Réunissez les deux éléments du Velcro. Avec les endroits réunis, épinglez le devant et le derrière du coussin, puis cousez au point droit. Faites une couture zigzag le long des bords pour empêcher l'effilochage. Séparez les deux éléments du Velcro et retournez le coussin à l'endroit.

LES PASSEPOILS DÉCORATIFS

OUTILLAGE

Fer à repasser
Craie-tailleur
Mètre de couturière
Ciseaux de couturière
Épingles
Machine à coudre

MATÉRIEL NÉCESSAIRE

Tissu
Fil
Ganse (choisissez une
largeur convenant à la
taille du coussin)

En ornant de passepoil le rebord d'un coussin, on lui donne une touche d'élégance. Si le passepoil fait le tour des coins, il faut le faire dans du tissu en biais. Pour couper les bandes de tissu en biais, mesurez à partir de l'angle la même distance en hauteur et en largeur, puis tracez une diagonale réunissant les deux points ; à partir de cette base, tracez à la craie-tailleur des bandes de largeur égale suffisantes pour couvrir le passepoil et laisser un excédent pour la couture.

Le passepoil peut être du même tissu que le coussin, mais ce n'est pas obligatoire.

1 Découpez les bandes. Pour les réunir, épinglez-en deux endroit sur endroit en faisant correspondre les lignes de couture, pour obtenir un V. Cousez. Continuez à coudre des bandes jusqu'à obtenir une longueur suffisante pour faire le tour du coussin, avec un excédent pour le raccord.

2 Pliez les bandes autour de la ganse et cousez tout le long afin de la bloquer à sa place ; on peut se servir aussi bien d'un pied pour fermeture à glissière que d'un pied-de-biche pour la confection de ganse.

3 Pour coudre le passepoil sur le coussin, commencez par le fixer d'un côté. Placez le passepoil à l'endroit du tissu de façon que les bords s'alignent, cousez le long de la ligne tracée à l'étape n° 2. Commencez au dos du coussin : ainsi le raccord des extrémités sera invisible.

4 À chaque coin, ouvrez d'un coup de ciseau l'excédent de tissu laissé pour la couture. Pour le raccord, coupez la ganse puis rabattez le tissu. Cousez transversalement. Assemblez les deux morceaux de tissu endroit contre endroit. Terminez comme aux étapes n° 6 et n° 7 page 233.

LE COUSSIN SUR MESURE

OUTILLAGE

Papier kraft
Papier
Ciseaux à papier
Ciseaux de couturière
Mètre de couturière
Craie-tailleur
Épingles
Machine à coudre
Aiguille courbe
Dé

MATÉRIEL NÉCESSAIRE

Mousse (de l'épaisseur
de votre choix)
Matériau de rembourrage
Tissu
Fil

Un coussin sur mesure rembourré en mousse rend à un vieux fauteuil défoncé toute sa fermeté.

Une profonde niche de fenêtre peut se transformer en siège encastré grâce à un coussin sur mesure ; un coffre de rangement peut devenir une ottomane une fois recouvert d'un coussin. Pour tous les coussins, la façon de prendre les mesures et de les confectionner est la même. Mais il faut que le tissu soit assez solide pour être solidement tendu sur une mousse dure de qualité tapisserie, et ignifugée conformément à la loi.

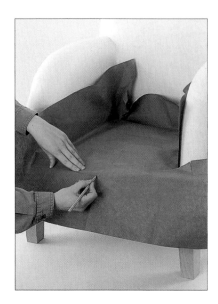

1 Posez une feuille de papier kraft sur le fauteuil. Au crayon, marquez les bords où le coussin doit s'arrêter. Là où le papier n'est pas à plat le long des angles, coupez-le aux dimensions voulues. Découpez suivant le trait de crayon et utilisez ce patron pour couper la mousse et le rembourrage. On peut utiliser comme modèle l'ancien coussin.

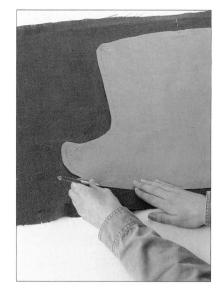

2 Faire un second patron en dessinant autour du premier et ajoutant 1 cm tout autour. Posez ce second patron sur le tissu et reportez-en le contour à la craie-tailleur. Faites de même avec un deuxième morceau de tissu. Marquez les centres et les angles du patron et du tissu, puis découpez les deux morceaux de tissu.

3 Mesurez le dessus, le dessous et les côtés le long de la couture sur le second patron. Servez-vous de ces mesures pour tracer sur le tissu les côtés de la housse (voir trucs et astuces). Leur largeur dépend de l'épaisseur de la mousse. Laissez 1 cm de plus tout autour pour les coutures.

4 Épinglez les morceaux ensemble pour faire une bande continue, entièrement à l'endroit. Cousez les morceaux en commençant chaque fois à 1 cm du bord. Quand la bande est entière, pliez le morceau de devant en deux et alignez les coutures. Marquez le pli central à la craie. Recommencez avec l'arrière.

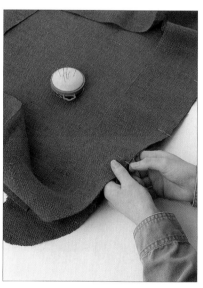

5 Épinglez le côté droit de la bande latérale avec celui du panneau supérieur, en alignant les coins et les centres et en épinglant aux marques correspondantes. Placez d'autres épingles au besoin. Cousez le tour. Recommencez avec le panneau inférieur, mais sans coudre l'arrière. Doublez les coutures au point zigzag.

6 Retournez la housse à l'endroit à travers l'ouverture. Recouvrez la mousse avec du rembourrage et rentrez le tout dans la housse, en ajustant bien les coins. Épinglez la dernière couture à faire, en laissant 1 cm pour la couture. Suivez autant que possible le tissage ou le dessin.

7 Avec une aiguille courbe, cousez à points glissés la dernière couture (voir trucs et astuces page 216). La courbure de l'aiguille permet d'entrer et de sortir du tissu à chaque coup d'aiguille, bien que l'on n'ait pas accès à l'envers du tissu. Si celui-ci est épais, prenez un dé.

TRUCS ET ASTUCES

● Marquez les centres et les coins du patron et du tissu, en les centrant avec les dessins du tissu.

● Si le tissu a un dessin, alignez le centre de la partie avant avec le centre de la partie du dessus.

● Pour confectionner la bande latérale, commencez la couture à 1 cm des bords : cela facilitera la couture avec le panneau supérieur dans les coins.

RÉNOVER L'ASSISE D'UN SIÈGE

OUTILLAGE

Marteau de tapissier
Petit bloc de bois
Ciseaux de tailleur
Mètre de couturière
Craie-tailleur
Agrafeuse

MATÉRIEL NÉCESSAIRE

Toile à sangle (si nécessaire)
Semences
Mousse déchiquetée ferme
Bourre de polyester
Tissu
Toile bisonne

Les amateurs feront leurs débuts en tapisserie en rénovant une chaise de salle à manger : changer l'assise d'un siège est à la fois facile et instructif.

Pour couvrir l'assise d'un siège, il ne faut guère de tissu, et c'est facile. C'est donc une option intéressante à garder à l'esprit quand vous êtes démangé par une envie de changement de décor. On peut même confectionner des assises de rechange pour les remplacer en fonction de la pièce où l'on met la chaise.

Calculez la quantité de tissu voulue en mesurant la largeur du siège plus l'épaisseur de chaque côté, plus 2,5 cm de chaque côté pour rentrer le tissu en dedans ; faites de même pour la profondeur du siège. La base du siège, quant à elle, est couverte avec de la toile bisonne qui cache les sangles et le rembourrage. Il existe des mousses de différentes densités : il est conseillé dans ce cas d'en choisir une ferme. Une astuce utile pour clouer les sangles : commencez par planter trois clous alignés, puis repliez la sangle et plantez deux autres clous dans les intervalles des trois premiers.

1 Détachez l'assise d'une tape sur la semelle, retirez le tissu ; si les sangles sont usées, retirez également la housse, les sangles et le rembourrage. Calculez le nombre de sangles nécessaires, en les espaçant.

2 Marquez sur le cadre le centre de chaque sangle. Clouez l'extrémité de la sangle à l'une des marques. De l'autre côté, bloquez la sangle autour d'un bloc de bois pour bien la tendre au moment de la clouer. Coupez la sangle en laissant un excédent à rabattre.

3 Placez d'abord des sangles dans un sens, puis placez des sangles perpendiculaires en les entrecroisant avec les premières. Repliez l'excédent de chaque sangle et clouez-le avec deux clous placés dans les intervalles des trois premiers.

4 Découpez la mousse en utilisant le cadre comme patron. Posez la mousse sur les sangles. Découpez un morceau de bourre assez grand pour couvrir le dessus de la mousse et ses côtés mais pas le cadre.

5 Découpez le tissu de la housse afin qu'il puisse se replier le long des côtés de la housse et du cadre, plus 2,5 cm de recouvrement sur le cadre à l'avant, à l'arrière et au point le plus large. Tracez un trait à 2,5 cm du bord arrière du cadre. Agrafez le tissu le long de cette ligne en partant du centre et en allant vers les bords.

6 Tendez le tissu à partir du milieu de l'avant du cadre, et agrafez. Partez du centre et tendez de la même façon d'arrière en avant un peu en biais en direction des côtés ; posez une agrafe de chaque côté jusqu'à 2,5 cm du coin. Agrafez les côtés de la même façon en veillant à garder le dessin bien droit de l'avant vers l'arrière.

7 Dans les coins, tirez le tissu vers le centre et agrafez-le avec une agrafe selon la bissectrice de l'angle. Pliez et agrafez le tissu en trop en l'aplatissant le mieux possible : le nombre de plis varie suivant l'épaisseur du tissu. Une fois le tissu en place, enlevez l'excédent des angles, sans couper trop près des agrafes.

8 Découpez un morceau de toile bisonne noire à la taille du cadre. Pliez les bords vers l'intérieur et agrafez au cadre. Les agrafes n'ont pas besoin d'être serrées car ce tissu n'est pas tendu : son seul but est de cacher le reste.

FAIRE UNE HOUSSE DE CHAISE

OUTILLAGE

Mètre de couturière
Papier
Craie-tailleur
Ciseaux de couturière
Épingles
Machine à coudre
Fer à repasser

MATÉRIEL NÉCESSAIRE

Tissu
Fil

VOIR AUSSI

Le matériel de couture,
pages 214 à 215

Une façon radicale de changer l'aspect d'une chaise de bureau ou de salle à manger, c'est de lui coudre une housse amovible. Ce n'est pas très compliqué, car il n'y a ni bras ni coussin, et c'est extraordinairement facile à enlever pour le lavage ou le nettoyage à sec.

Cette housse amovible se compose de cinq pièces de tissu : le dossier et l'arrière de la jupe, l'assise, et les trois autres pièces de la jupe. Le dossier et l'arrière de la jupe sont d'un seul tenant, plié par-dessus le haut du dossier. La quantité de tissu nécessaire se calcule en mesurant toutes les dimensions du siège et en traçant un patron (voir page 243). N'oubliez pas le tissu nécessaire pour les plis de la jupe (voir étape n° 1 ci-dessous).

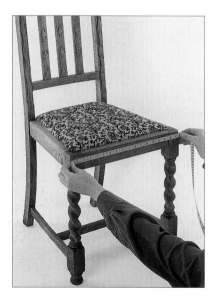

1 Mesurez : la hauteur et la largeur du dossier et des pieds arrière ; la longueur et la largeur de l'assise ; la hauteur et la largeur de la jupe, plus 32 cm pour chacun des deux plis. Laissez 1 cm pour toutes les coutures. Si une largeur de tissu ne suffit pas, laissez un excédent supplémentaire pour les raccords. Découpez les pièces.

2 Posez la pièce de l'arrière à cheval sur le dossier, envers visible, et épinglez les côtés. Laissez du tissu pour la couture là où le dossier rejoindra l'assise, et pour l'ourlet au niveau du sol. Rabattez vers l'intérieur chaque angle supérieur (détail ci-contre) et tracez une ligne marquant le pli du haut. On obtiendra un coin au tomber net après couture.

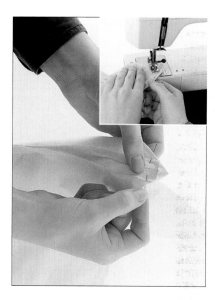

3 Retirez la pièce de la chaise, faites les coutures latérales comme elles ont été épinglées et repassez les coutures en position ouverte. Pliez l'angle supérieur pour aligner le centre du pli et la couture latérale. Épinglez le long de la couture, en vérifiant qu'elle est à plat. Retournez et cousez le long de la couture marquée à l'étape n° 2.

4 Marquez le centre de la pièce destinée à la jupe. En mesurant à partir du centre, marquez l'emplacement du coin. Pour le pli de l'angle, mesurez et marquez quatre distances égales de 4 cm. Pliez à chaque marque pour que les deux marques extérieures affleurent l'endroit du tissu. Épinglez et recommencez avec le second coin avant.

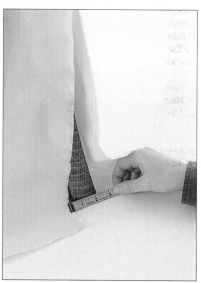

5 Épinglez la jupe à la pièce d'assise. Cousez ensemble en laissant la place des coutures. Posez la housse sur la chaise. Mesurez les pièces à insérer à la jonction de la jupe et de la pièce arrière. Si les pieds forment un angle, cette pièce sera plus large au niveau du sol. Découpez les pièces, épinglez endroit sur endroit et cousez.

6 Reposez sur le siège le dossier et l'assise, envers visible, pour vérifier l'ajustement. Épinglez ensemble le bas du dossier et l'arrière de l'assise. Retirez la housse et cousez.

7 Remettez la housse sur la chaise, à l'endroit cette fois. Épinglez la jupe avec le dossier. Au niveau du sol, épinglez l'ourlet. Retirez la housse, retournez-la, épinglez et cousez les ourlets. Cousez les attaches (voir trucs et astuces) sur les côtés de la jupe et sur le panneau arrière, de telle sorte qu'on puisse les nouer.

TRUCS ET ASTUCES

● Les attaches peuvent être en ruban de coton ou dans le tissu de la housse. Pour les confectionner, cousez de petits tubes avec le tissu à l'envers puis retournez-les à l'endroit, rabattez les extrémités à l'intérieur et fermez-les à points glissés (voir page 216).

● On peut également fermer avec des œillets et crochets ou de la bande Velcro. Avec celle-ci, prévoir un excédent de tissu pour les ourlets afin que ceux-ci recouvrent les deux côtés du Velcro.

LE JETÉ DE CANAPÉ

OUTILLAGE

Crayon
Papier millimétré
Mètre de couturière
Ciseaux de couturière
Épingles
Craie-tailleur
Machine à coudre
Bande Velcro

MATÉRIEL NÉCESSAIRE

Tissu
Fil

VOIR AUSSI

Le matériel de couture,
pages 214 à 215

*Un jeté peut redonner
une vie nouvelle à un canapé
confortable mais usé.*

Pour calculer la longueur du tissu, la meilleure solution consiste à dessiner chaque pièce de tissu sur du papier kraft pour faire un patron (voir page ci-contre). On pose ensuite sur le canapé les pièces de tissu que l'on aura ainsi découpées – envers visible – et on les épingle pour marquer les coutures. Vous pouvez aussi utiliser votre précédent jeté de canapé comme guide : il suffit de suivre le trajet des coutures anciennes.

FAIRE UN JETÉ DE CANAPÉ

1 Découpez approximativement toutes les pièces de tissu. Marquez à l'envers si le tissu est le même à l'endroit et à l'envers. Calculez le centre et marquez-le avec une épingle en haut du dossier.

2 Prenez la pièce tissu du dos du dossier, mesurez et marquez-en le centre. Épinglez le centre de cette pièce avec celui du dossier du canapé, envers visible. Épinglez le tissu à sa place sur le dossier du canapé.

suite page 244

PRISE DES MESURES

Pour prendre les mesures d'un jeté, il faut être précis ; prenez toutes les mesures du siège selon le schéma ci-dessous. Ces mesures sont celles des pièces de tissu nécessaires. Ajoutez 4 cm pour les coutures tout autour de chaque pièce. Les pièces peuvent être ensuite dessinées sur un gabarit (voir ci-dessous). Si le tissu a de grands motifs, prévoyez un excédent de tissu pour raccorder les motifs.

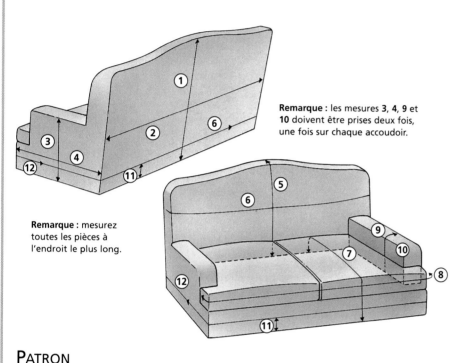

Remarque : les mesures **3, 4, 9** et **10** doivent être prises deux fois, une fois sur chaque accoudoir.

Remarque : mesurez toutes les pièces à l'endroit le plus long.

1 Hauteur du dossier

2 Largeur du dossier

3 Hauteur de l'accoudoir

4 Largeur de l'accoudoir

5 Hauteur intérieure du dossier plus du tissu pour « border » (au moins de l'épaisseur du coussin)

6 Largeur du dossier plus deux fois l'épaisseur

7 Profondeur de l'assise plus distance au sol plus épaisseur du coussin

8 Largeur de l'assise plus deux retours à l'accoudoir

9 Hauteur intérieure de l'accoudoir plus largeur

10 Longueur développée de l'accoudoir

11 Hauteur de la jupe

12 Longueur de la jupe

PATRON

Avant de couper le tissu, tracez les dimensions de chaque pièce qui a été mesurée (y compris les coutures) à l'échelle sur du papier millimétré pour faire un gabarit. Si une pièce est plus large que le tissu, il faut ajouter des pièces de taille égale de chaque côté de cette pièce ou fabriquer la pièce avec deux pièces en les cousant dans l'axe du canapé.

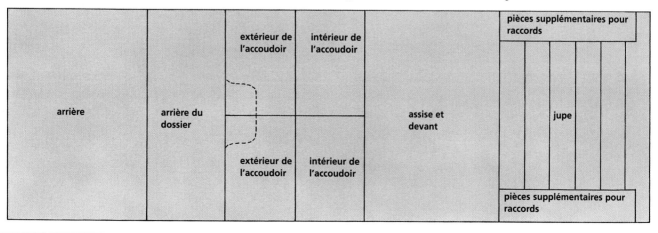

LE JETÉ DE CANAPÉ (SUITE)

3 Ôtez les coussins. Marquez le centre du dossier et alignez-le avec le centre du panneau arrière déjà épinglé sur le canapé. Épinglez les deux pièces ensemble. En pinçant l'excédent, marquez la couture avec une craie-tailleur sur les deux pièces.

4 Partout où le canapé n'est pas carré, il y aura un excédent de tissu à l'endroit où les pièces sont épinglées. Retirez l'excédent en laissant au moins 1 cm pour la couture.

5 Réunissez les pièces intérieures et extérieures de l'accoudoir de la même façon que pour le dossier. Marquez la couture sur le dossier et l'intérieur de l'accoudoir là où ils rejoignent l'assise. Épinglez et cousez là où l'accoudoir et le dossier se rejoignent.

6 Remettez les coussins en place et ajustez la pièce de tissu de l'assise, envers visible, en laissant la place du « bordé » à l'arrière et sur les côtés des coussins. Épinglez et cousez les bordures de l'assise au dossier et à l'intérieur des accoudoirs, en suivant la marque prévue pour les coutures.

7 Cousez les lisières externes à l'avant du dossier avec les lisières latérales des accoudoirs. Recommencez de l'autre côté. Retournez le jeté à l'endroit et installez-le sur le canapé en bordant comme il faut l'arrière et les côtés des coussins à leur place.

8 Pliez et épinglez des ourlets de 1,25 et 2,5 cm sur la pièce de tissu arrière et sur les pièces extérieures des accoudoirs de telle sorte qu'on ne puisse les voir depuis l'avant du canapé. Les ourlets doivent être suffisamment larges pour que l'on puisse coudre dessus les bandes Velcro.

9 Épinglez le Velcro à sa place, à l'endroit de l'ourlet sur la pièce extérieure de l'accoudoir et à l'intérieur de l'ourlet sur la pièce arrière. Vérifiez que la fermeture se fait correctement.

10 Retirez le jeté et cousez les bandes Velcro. Attention : l'aiguille doit traverser le Velcro et trois épaisseurs de tissu !

11 Remettez le jeté sur le canapé et vérifiez la position de la jupe pour être sûr qu'elle est proportionnée à la taille générale du meuble. La jupe doit avoir un excédent de tissu de 1 cm pour la couture du haut et un ourlet en bas.

12 Bâtissez suffisamment de pièces de tissu pour la jupe : il vous faut trois fois le tour du canapé plus les ourlets de lisière de chaque côté de l'arrière. Marquez les plis avec des épingles (voir photo), chaque pli de 2,5 cm absorbant 7,5 cm de tissu.

13 À l'endroit du jeté, tracez une ligne à la craie-tailleur ou avec des épingles à 1 cm de l'endroit où la jupe doit être cousue. Placez la jupe à l'endroit sur le jeté, le haut de la jupe affleurant la ligne marquée et le reste se trouvant au-dessus de la ligne. Cousez la jupe en laissant 1 cm d'excédent.

14 Retournez la jupe dans le bon sens et repassez la couture. Retournez-la, épinglez et cousez l'ourlet de la jupe. Quand le jeté est fini, retournez-le à l'endroit. Avec la machine à coudre, faites une couture zigzag le long de toutes les coutures pour éviter qu'elles ne s'effilochent.

GLOSSAIRE

A

ABOUTER
Réunir deux morceaux
de tissu côte à côte
ou bout à bout.

AIGUILLETÉ
Revêtement de sol
appelé aussi « tapis plat »
constitué de fibres
naturelles ou
synthétiques
agglomérées.

AJOURÉ
Décoration géométrique
répétitive formée de lignes
droites verticales et
horizontales.

ANGLÉSAGE
Méthode de pose de
tissu mural, agrafé par
l'intermédiaire de baguettes
permettant de masquer
les lignes d'agrafage.

ARASER
Action de couper un
revêtement (tissu, papier
peint, etc.) le long d'une
plinthe ou en suivant la
ligne de plafond.

B

BADIGEON
Peinture à base d'eau,
de chaux éteinte et
de pigments servant à
peindre les murs et les
plafonds en plâtre.

BAGUETTE
Moulure en demi-rond
ou de section plus
complexe, souvent
utilisée en bordure
ou en décoration.
Désigne aussi les
conduits électriques
protégeant les conducteurs.

BALUSTRADE
Barrière posée le long d'un
escalier ouvert ou sur un
palier ; elle se compose
de balustres, de noyaux
et d'une rampe.

BALUSTRE
Colonnette soutenant la
rampe le long d'un escalier
ouvert.

BANDE DE RENFORT
Épaisse toile de jute
amidonnée pour doubler
les cantonnières et les
embrasses.

BARBOTINE
Mortier très dilué que
l'on fait pénétrer entre
les carreaux d'un dallage
afin d'obtenir des joints
étanches.

BOIS DE BOUT
Pièce de bois qui est débitée
perpendiculairement au fil
du bois.

BOIS DUR
Bois provenant en général
d'arbres à feuilles caduques
comme le frêne, le hêtre
et le chêne.

BOÎTE À ONGLETS
Boîte de coupe qui, associée
à une scie à dos, permet
de réaliser des coupes
de baguettes à 45°.

BROCART
Tissu de soie à dessins
brochés, souvent enrichi
de fils d'or ou d'argent.

BROSSE
Nom donné par les
professionnels du bâtiment
aux pinceaux.

BROSSE À MAROUFLER
Brosse longue et mince
permettant de faire adhérer
au maximum un revêtement
collé sur un support.

C

CALEPINAGE
Composition décorative
associant des carreaux
(carrelage, vinyle, dalles de
bois) de couleurs, de décors
et/ou de dimensions et de
formes différents.

CALICOT
Bande de tissu de coton
blanc ou écru vendu en
rouleau. Il se place au fond
des fissures importantes.

CAMION
Grand seau de
forme cylindrique
ou quadrangulaire utilisé
pour stocker la peinture.

CANTONNIÈRE
Court rideau servant à
cacher une barre à rideaux.

CARRELETTE
Outil de coupe ressemblant
à un massicot qui permet de
tailler le carrelage.

CHANTOURNER
Scier selon une ligne
courbe ou sinueuse.

CHINTZ
Tissu de coton imprimé,
généralement satiné.

CIMENT-COLLE
Pâte adhésive utilisée pour
la fixation du carrelage.

CISEAU À FROID
Outil de découpe ayant
un biseau tranchant.

COLLE PVA
(acétate de polyvinyle)
Colle blanche et inodore

qui devient transparente
en séchant. Elle se mélange
à la peinture pour rendre
étanche la surface des
objets.

CONTREPLAQUÉ
Panneau de dérivé du bois
multiplis ou latté.
Les multiplis sont constitués
de minces feuilles de bois
(les plis) collées entre elles.
Les lattés sont composés de
deux feuilles de placage
extérieures qui contiennent
des lattes collées les unes
à côté des autres. Le latté
est considéré comme de
moins bonne qualité.

CORNICHE
Moulure décorative à l'angle
d'un mur et d'un plafond.

COUCHE D'ASSIETTE
Couche d'apprêt que l'on
passe avant d'appliquer les
feuilles de métal servant à la
dorure d'un meuble ou d'un
cadre.

COUCHE DE FINITION
La dernière couche
appliquée sur une surface.
Il en faut parfois plusieurs.

COUCHE DE FOND
Une ou plusieurs des couches
successives de peinture ou de
vernis passées entre la
peinture primaire et la
couche finale.

COUP-DE-GENOU
Outil spécifique servant à
fixer les moquettes tendues
le long des murs.

COUPE CARREAUX
Voir carrelette.

COUTEAU À ENDUIRE
Couteau à lame souple
et assez large qui permet
d'étaler les enduits.

CRAIE-TAILLEUR
Craie dont se servent les
couturières pour marquer
ou tracer des points
de repère ou des lignes
de coupe sur les tissus
ou les toiles à patron.

CRAQUELÉ
Réseau de craquelures
et de fissures qui marquent
avec le temps la surface
d'une peinture ou d'un
vernis. Cet effet peut être
recherché pour vieillir
artificiellement une surface.

CRÉPI
Couche d'enduit ou de
peinture épaisse, structurée
plus ou moins profondément,
appliquée sur un mur dans un
but décoratif.

D

DÉFONCEUSE
Machine à bois dotée d'une
fraise et servant à faire des
rainures, des moulures et
à défoncer des logements
pour, par exemple,
l'encastrement de
charnières invisibles.

DÉTREMPE
Peinture opaque primitive à
base de chaux en poudre ou
de craie dissoute dans l'eau
et liée avec de la colle
animale.

DÉCAPAGE
Action d'enlever une couche
de peinture ou de vernis
avec un produit chimique
ou avec de l'air chaud.

DÉCOLLEUSE
Appareil électrique ou à
gaz, dégageant de la vapeur
au niveau d'un plateau.
Appliqué sur un mur
tapissé, il permet de
ramollir la colle et le papier
pour arracher celui-ci.

DOSSIER
Couche textile ou de mousse
constituant le support
d'une moquette.

E

ÉGRENER
Rendre une surface
rugueuse, souvent par
ponçage, pour donner
une meilleure accroche
à de la peinture ou
de la colle.

EMBOUT
Décoration moulurée
ou sculptée placée à
l'extrémité d'une barre
à rideaux.

EMBRASSE
Élément de passementerie,
mais aussi parfois en tissu
ou support métallique
servant à maintenir
des doubles rideaux
ou des voilages de
chaque côté d'une
fenêtre ou d'une tête
de lit.

EMBRASEMENT
Renfoncement du mur
au niveau d'une porte
ou d'une fenêtre.

ENCADREMENT
Moulure qui encadre
une porte ou une fenêtre.

ENDUIT
Couche régulière
de mortier ou de plâtre
que l'on dépose à la surface
d'un mur pour offrir
une surface plane à de
la peinture, un crépi
ou un revêtement (papier
peint, par exemple).

F

FAUX MARBRE
Procédé de peinture visant
à reproduire l'aspect
du marbre.

FEUILLE DE MÉTAL
Feuille ultrafine utilisée
pour la dorure sur bois
ou sur d'autres matières.

FEUILLURE
Rainure pratiquée le long de
la rive d'une pièce, destinée
à recevoir une autre pièce.

FIL
Direction des fibres d'un
morceau de bois.

FINITION LUSTRÉE
Finition d'une peinture
intermédiaire entre le mat et
le brillant (aussi appelée
satinée).

FINITION MATE
Aspect non réfléchissant
d'une peinture ou d'un
carreau non vitrifié.

FORET
(appelé aussi mèche)
Outil de métal cylindrique
utilisé pour percer le bois, la
pierre, le mortier et le béton.

FRISETTES
Lames de bois à chant
rainuré d'un côté,
bouveté (languette) et
généralement mouluré
de l'autre, assemblées par
emboîtement, pour former
un revêtement mural
de type lambris.

G

GALON FRONCEUR
Bande prête à l'emploi,
cousue en haut d'un rideau,
doté de cordons de tirage
permettant de le froncer en
assurant la liaison avec les
crochets ou les anneaux de
la tringle.

GLACIS
Peinture spéciale qui est
travaillée avant séchage

complet (à la brosse par
exemple), afin d'obtenir
une texture particulière.
Également nom de la
technique de peinture.

I

IMPOSTE
Partie supérieure vitrée
fixe d'une fenêtre ou
d'une porte, solidaire
du dormant.

IMPRESSION
Première couche de
peinture, généralement
diluée, pour favoriser
l'accrochage et l'opacité
des suivantes.

J

JOINT D'ÉTANCHÉITÉ
Pâte adhésive à base
de silicone, utilisée pour
imperméabiliser le raccord
entre deux surfaces, par
exemple un carrelage,
une baignoire ou un bac
à douche.

JOINTOIEMENT
Action de remplir l'espace
compris entre deux panneaux
ou deux carreaux pour en
assurer l'étanchéité et habiller
le joint.

K

KILIM
Tapis en laine tissée
à dessins géométriques
du Moyen-Orient ou
d'Asie centrale.

L

LAMBRIS
Panneaux de bois formant
un revêtement mural.

LAMBREQUIN
Morceau de bois décoré ou
couvert de tissu servant à
cacher le haut d'un rideau
ou la glissière d'une porte
coulissante.

LÉ
Bande d'un revêtement
(papier peint, notamment),
présenté en rouleau.

LIÈGE
Écorce présentée en dalles,
en plaques ou en rouleaux
constitués de morceaux
de liège aggloméré ou
comprimé. Matériau naturel,
il sert de revêtement de sol
et mural. Les dalles pour
le sol de cuisine et de salle
de bains sont recouvertes
d'une couche de vinyle.

LIMON
Pièce de bois supportant
les marches d'un escalier.

LINTEAU
Pièce horizontale, en bois,
en béton ou en métal,
servant de poutre pour
fermer la partie supérieure
d'une ouverture (porte
ou fenêtre).

LITEAU
Long morceau de bois de
petite section (en général de
25 x 50 mm), utilisé comme
support de tablettes ou de
tuiles.

M

MAROUFLER
Application par forte
pression d'un revêtement
à l'aide d'une roulette ou
d'une brosse de tapissier.

MDF
(aussi appelé Médium)
Panneaux de fibres
compressées, servant à la
confection d'étagères ou de
petits meubles, également
pour la réfection des
parquets.

MÉLANGEUR
Outil rotatif qui se monte
sur une perceuse et qui

permet de rendre homogène
les peintures.

MOQUETTE
Revêtement de sol (pouvant
exceptionnellement
être placé au mur)
constitué d'un support
tissé ou en mousse sur
lequel sont nouées,
tricotées, piquées (tuftées)
ou tissées des touffes
de fibres, naturelles ou
synthétiques, dans une
trame. Suivant le traitement,
la moquette est bouclée,
rasée (velours) ou
à poils longs.

MOSAÏQUE
Revêtement de sol ou
mural composée d'éclats
(tesselles) de céramique,
de pierre ou de marbre,
assemblées par du
mortier.

MOULURE
Fine baguette de bois
ou d'autre matière, en
général décorative ; on
en trouve de différentes
sections pour les plinthes,
les barres d'appui et les
cimaises.

O

ONGLET
Assemblage entre deux
pièces biseautées à 45°,
pour former un angle à 90°
après assemblage.

P

PANNEAU DE FIBRES
Type de panneau fabriqué
par compression de fibres
de bois au grain fin.
Suivant leur densité,
on parle de panneau de
fibres mou ou de panneau
de fibres dur. Certains
sont perforés pour procurer
une isolation phonique.

PANNEAU DE PARTICULES
(appelé aussi aggloméré)
Panneaux constitués
de fines particules de bois
agglomérées à chaud et
sous forte pression.

PAPIER CACHE
Ruban adhésif, le plus
souvent en crépon, utilisé
pour protéger certains
endroits de la peinture.

PAPIER D'APPRÊT
Papier mince utilisé
autrefois pour fournir
une surface régulière avant
la pose du papier peint.

PAREMENT
Face décorative d'une pierre,
d'une brique ou d'un carreau.

PARQUET FLOTTANT
Lames ou dalles de parquet,
contrecollées ou non sur
un support, assemblées
par emboîtement (rainure
et languette), avec ou
sans apport de colle
(mais jamais avec des
clous), sans fixation
au sol ou sur solives.

PATINE
Effet que l'on obtient
par divers procédés pour
donner à un objet ou à un
meuble l'aspect de l'ancien.

PATRON
Feuille de papier, de carton,
de métal ou d'une autre
matière permettant de
reporter une forme d'un
endroit sur un autre.

PEINTURE
Revêtement constitué
d'un film opaque et coloré,
déposé sur un support
(bois, métal, maçonnerie,
etc.). En phase liquide, la
peinture est constituée de
pigments mélangés par

solution ou suspension à de
l'eau, de l'huile et à un
solvant.

PEINTURE-ÉMULSION
Peinture à l'eau, mate ou
lustrée, pour les murs et
plafonds intérieurs. Sèche
rapidement et se nettoie
facilement.

PERCEUSE
Machine électroportative
permettant de percer
des trous dans différents
matériaux à l'aide d'une
mèche. Seuls les modèles
à percussion autorisent le
percement des matériaux
de maçonnerie.

PILASTRE
Élément d'une balustrade ;
par exemple la colonnette la
plus robuste placée en haut
et en bas de l'escalier,
supportant la rampe.

PINCE À ROGNER
Outil servant à tailler
des carreaux de grès
ou de faïence. Elle sert pour
toutes les découpes qui ne
peuvent être faites
à la carrelette.

PLACAGE
Fine couche de bois de
qualité, appliquée sur
un bois moins noble.

PLINTHE
Moulure horizontale
courant à la base des murs,
contre le sol.

POCHOIR
Accessoire en carton épais
ou en plastique permettant
de reproduire des motifs sur
différents supports (murs,
sols, objets de décoration,
etc.). La peinture est mise
en œuvre à l'aide de brosses
spéciales.

PONCEUSE
Machine électroportative qui sert aux travaux de finition. Il existe des ponceuses à bande, pour les grandes surfaces, et des ponceuses orbitales pour les travaux plus fins. La ponceuse à parquet est une machine que l'on pousse devant soi et qui sert à abraser les lames de parquet.

PRIMAIRE
(ou couche de fond)
Il s'agit de la première couche de peinture (souvent diluée) que l'on applique sur un support. Désigne aussi plus généralement tout produit destiné à favoriser l'accrochage d'une peinture ou d'un autre produit sur un support.

PVC
(ou polychlorure de vinyle)
Matériau constituant les revêtements plastiques et les canalisations d'évacuation.

Q

QUEUE-DE-MORUE
Brosse plate dont on se sert pour peindre ou pour venir.

R

RAGRÉER
Application d'un mortier autolissant sur un sol irrégulier pour le rendre parfaitement plan.

RAINURE ET LANGUETTE
Assemblage de deux lames de bois – par exemple plancher ou frisettes – dont un chant possède une languette saillante et l'autre une fente ou rainure dans laquelle s'emboîte la languette de la lame suivante.

RAKU
Poterie japonaise obtenue par moulage, fabriquée depuis le XVe siècle.

RECHAMPIR
Technique de peinture consistant à mettre en valeur les moulures en les soulignant d'une teinte plus foncée.

ROULETTE À JOINT
Petite roulette, le plus souvent en plastique, qui sert à maroufler les joints des papiers peints.

S

SAVON NOIR
Liquide fortement alcalin utilisé pour lessiver les peintures et autres surfaces.

SCIE SAUTEUSE
Machine électroportative équipée d'une lame de scie à mouvement alternative et d'un plateau inclinable qui permet de faire toutes sortes de découpes, y compris en plein panneau.

SPALTER
Brosse plate dont on se sert pour faire des effets, notamment le faux bois.

SPATULE LISSE
Outil à lame droite utilisé pour le marouflage des revêtements plastiques ou de certains papiers peints lourds.

SPATULE CRANTÉE
Outil à lame crantée utilisé pour l'application de colle carrelage afin d'offrir un bon support d'accrochage au carrelage ou à tout autre revêtement lourd collé.

STUC
Mélange de plâtre et de colle pour former un mortier imitant le marbre, que l'on utilise pour former des moulures, des motifs décoratifs, des rosaces et pour enduire les murs.

T

TAMPON LAQUEUR
Petit outil dont on se sert pour appliquer les peintures, plus particulièrement les laques, ou les vernis. Il se compose d'un patin sur lequel se fixe un tampon en laine mohair ou en synthétique.

TASSEAU
Longue pièce de bois de section moyenne (50 à 60 mm de côté).

TERRE CUITE
Produit céramique dur non verni.

TERRE D'OMBRE
Pigment naturel d'une couleur brun verdâtre utilisé en peinture. Chauffée, elle devient la terre d'ombre brûlée, marron foncé.

THIBAUDE
Sous-couche en tissu, en chanvre ou en plastique qui se pose sous les moquettes non pourvues d'un double dossier et qui doivent être posées tendues. Elle permet d'augmenter l'isolation et le confort.

TOILE BISONNE
Tissu de coton placé sous l'assise des sièges et qui recouvre les sangles et les ressorts. On peut également en poser sous des coussins.

TOILE DE JOUY
Tissu de coton imprimé monochrome comportant des scènes de genre.

TOMBER DE RIDEAU
Longueur d'un rideau depuis le système de suspension jusqu'à l'extrémité inférieure.

TOURILLON
Cheville en bois de section ronde, parfois cannelée sur toute sa longueur. Utilisée pour boucher un trou ou pour permettre l'assemblage de deux morceaux de bois.

TROMPE-L'ŒIL
Style de peinture ou de décoration cherchant à imiter à la perfection la réalité.

V

VASISTAS
Petite fenêtre placée au-dessus d'une porte ou en toiture, articulée sur sa traverse inférieure ou supérieure.

VERNIS
Liquide transparent ou légèrement coloré que l'on passe sur le bois, où il durcit pour former un film protecteur.

VERT-DE-GRIS
Pigment vert bleuâtre obtenu en grattant la patine qui se forme sur le cuivre lorsqu'il est exposé à des vapeurs de vinaigre.

INDEX

Les numéros de page en *italique* se réfèrent à des légendes ou à des encadrés.

Remerciements

Crédits photographiques :

L'éditeur remercie les auteurs des photos suivantes d'en avoir autorisé la reproduction dans cet ouvrage.
h = haut, b = bas, c = centre, g = gauche, d = droite

Devant de jaquette : IPC Syndications ; 2 Tim Street-Porter ; 4-5 Peter Cook/View ; 6bg Ed Reeve/Living etc/IPC Syndication ; 6bd Chris Gascoigne/View ; 7bg Richard Glover ; 7bd Crowson Fabrics ; 8-9 IPC Syndications : 10hd and bg Elizabeth Whiting & Associates ; 11h Tim Beddow/The Interior Archive ; 11bg Elizabeth Whiting & Associates ; 12h Henry Wilson/The Interior Archive ; 12b Elizabeth Whiting & Associates ; 13h Camera Press ; 13b Gary Hamish/Arcaid ; 14h Simon Upton/The Interior Archive ; 14b Elizabeth Whiting & Associates ; 15h Camera Press ; 15b Tim Beddow/The Interior Archive ; 16h Lucinda Symons/Robert Harding Picture Library ; 16b Edina van der Wyck/The Interior Archive ; 16-17 Colin Poole ; 17h Henry Wilson/The Interior Archive ; 17b Camera Press ; 18h Elizabeth Whiting & Associates ; 18c IPC Syndications ; 18b Andrew Wood/The Interior Archive ; 19h Colin Poole ; 19b Chris Gascoigne/View ; 20h Henry Wilson/The Interior Archive ; 20b Tim Beddow/The Interior Archive ; 21h Colin Poole ; 21b Peter Cook/View ; 22g Tim Clinch ; 22d John Miller/Robert Harding Picture Library ; 22-23 Paul Ryan/International Interiors ; 23h Axel Springer/Camera Press ; 23b John Miller/Robert Harding Picture Library ; 24g Camera Press ; 24-25 Simon Upton/The Interior Archive ; 25d Nedra Westwater/Robert Harding Picture Library ; 25g Henry Wilson/The Interior Archive ; 26h Simon Upton/The Interior Archive ; 26b Clive Corless ; 27h Colin Poole ; 27b Tim Clinch ; 28g Tim Beddow/The Interior Archive ; 28-29 Camera Press ; 29hd Colin Poole ; 29b Camera Press ; 30h Wayne Vincent/The Interior Archive ; 30b Simon Upton/The Interior Archive ; 31h Denis Gilbert/View ; 31bg Tim Beddow/The Interior Archive ; 31cd Camera Press ; 32-33 Chris Gascoigne/View ; 37bd Paul 38c & bc IPC Syndications ; 42bg Camera Press ; 43bg Abode ; 43bd Abode ; 44bg Camera Press ; 45bg Camera Press ; 45bd Abode ; 46bg Camera Press ; 47bg Camera Press ; 47bd Tim Street-Porter/Abode ; 48bg Houses and Interiors ; 49bg Abode ; 49bd Abode ; 50hg Paul Ryan/International Interiors ; 50b Elizabeth Whiting & Associates ; 51cg Camera Press ; 51hd Robert Harding Picture Library ; 51bc Amtico Image Library ; 51cdb Fired Earth ; 52d Camera Press ; 52bg Robert Harris ; 53hg Elizabeth Whiting & Associates ; 53bg Paul Ryan/International Interiors ; 53cd & cdb Anna French ; 54cg Camera Press ; 54hd Houses and Interiors ; 54bd Journal Fur Die Frau ; 55cg Elizabeth Whiting & Associates ; 55bg Elizabeth Whiting & Associates ; 55cd Fired Earth ; 55bd Camera Press ; 56cg Elizabeth Whiting & Associates ; 56bc Andrew Wood/The Interior Archive ; 56-57 Camera Press ; 57hc Elizabeth Whiting & Associates ; 57hd Camera Press ; 57bc Peter Cook/View ; 58hd Houses and Interiors ; 58-59 Circus Architects 1999 ; 59hd Camera Press ; 59bc Camera Press ; 60hg GE Magazines Ltd/Robert Harding Syndication ; 60-61b Camera Press ; 60-61h Peter Cook/View ; 61b Chris Gascoigne/View ; 62h Simon Brown/The Interior Archive ; 62b Camera Press ; 63h Elizabeth Whiting & Associates ; 63b Peter Cook/View ; 64bg The Interior Archive ; 64-65 The Interior Archive ; 65hd Simon Upton/The Interior Archive ; 66hg Elizabeth Whiting & Associates ; 66bg Elizabeth Whiting & Associates ; 66-67 Camera Press ; 67hd Henry Wilson/The Interior Archive ; 67bd Elizabeth Whiting & Associates ; 68cg IPC Syndications ; 68c Robert Harding Picture Library ; 68bd Mosaic Workshop ; 69hg Elizabeth Whiting & Associates ; 69bc Elizabeth Whiting & Associates ; 70hd Camera Press ; 70bg Elizabeth Whiting & Associates ; 71hd, bg, cd Paul Ryan/International Interiors ; 72-73 Richard Glover ; 76 Paul Ryan/International Interiors ; 77hd Elizabeth Whiting & Associates ; 77cd Elizabeth Whiting & Associates ; 78c Tim Street-Porter ; 78-79 Robert Harding Picture Library ; 79hd Richard Glover ; 79cd Paul Ryan/International Interiors ; 80g Camera Press ; 80hd Camera Press ; 81hd Camargue PLC ; 81b Paul Ryan/International Interiors ; 82b Elizabeth Whiting & Associates ; 82-83 IPC Syndications ; 83c Camera Press ; 83b Elizabeth Whiting & Associates ; 84c Elizabeth Whiting & Associates ; 84gi,

iii, iv, v Andrew Sydenham ; 84gii Cucina Direct ; 84gvi HOUSE ; 84gvii, viii, ix, x Royal Doulton Plc ; 85bg Colin Poole ; 85hg Elizabeth Whiting & Associates ; 85hd Elizabeth Whiting & Associates ; 86 Tim Street-Porter ; 87hd Elizabeth Whiting & Associates ; 87cg Elizabeth Whiting & Associates ; 87bd Camera Press ; 88c Tim Beddow/The Interior Archive ; 88b Camera Press ; 88g Artisan Curtain Rails except (g) Clayton Munroe Ltd ; 89hg Tim Street-Porter ; 89bd Peter Cook/View ; 90bg Camera Press ; 90-91 Camera Press ; 91bg Elizabeth Whiting & Associates ; 91hd Simon Upton/The Interior Archive ; 92 Camera Press ; 93hg Paul Ryan/International Interiors ; 93hd Paul Ryan/International Interiors ; 93cb Elizabeth Whiting & Associates ; 93bd Elizabeth Whiting & Associates ; 94g a, c, f, g, Christopher Wray Lighting ; b HOUSE ; d, e, Andrew Sydenham ; 94d Elizabeth Whiting & Associates ; 95hg Elizabeth Whiting & Associates ; 95hd IPC Syndications ; 95b Camera Press ; 96h IPC Syndications ; 96bg Camera Press ; 96bd Elizabeth Whiting & Associates ; 97h IPC Syndications ; 97b IPC Syndications ; 98bg Paul Ryan/International Interiors ; 98-99h Camera Press ; 98-99b Elizabeth Whiting & Associates ; 99hd Elizabeth Whiting & Associates ; 99cd Henry Wilson/The Interior Archive ; 100 Camera Press ; 101hg Paul Ryan/International Interiors ; 101hd IPC Syndications ; 102g a, b Sottini ; c-g West One Bathrooms ; 102c Elizabeth Whiting & Associates ; 102bd Tim Street-Porter ; 103hg Tim Street-Porter ; 103bc Richard Glover ; 103cd GE Magazines Ltd/Robert Harding Syndication ; 104hd Camera Press ; 104b Camera Press ; 105h Colin Poole ; 105cd Camera Press ; 106g a-d, f, h, k, l, n Tim Ridley ; 106g e, g, i, j, m Turnstyle Designs ; 106bc Elizabeth Whiting & Associates ; 107hg Stephen Ward/The Amtico Co. Ltd ; 107bg Elizabeth Whiting & Associates ; 107hd Simon Brown/The Interior Archive ; 108 Abode ; 108hd Tom Leighton/Living etc/IPC Syndication ; 109bc Morgan River ; 110bc Colin Poole ; 111hg Russell Sadur/Robert Harding Picture Library ; 111bc Russell Sadur/Robert Harding Picture Library ; 111hd Elizabeth Whiting & Associates ; 112g all Cotswold Company ; 112c Elizabeth Whiting & Associates ; 112bd Steel-Lok ; 113h Elizabeth Whiting & Associates ; 113bd Elizabeth Whiting & Associates.

Toutes les photographies du chapitre 4 sont de Tim Ridley, sauf 114-115 Crowson Fabrics ; 130hc Lyn le Grice/International Interiors ; 132hc The Stencil Store ; 138hc 148hc Crowson Fabrics ; 150hc Crowson Fabrics ; 152hc Graham & Brown Wallpaper ; 154hc Fired Earth ; 155bd Colin Poole ; 156hc Steve Sparrow/Houses and Interiors ; 158hc Arcaid ; 160hc Mosaic Workshop ; 162hc Mosaic Workshop ; 166hc Nick Pope/Rosalind Burdett ; 168hc Elizabeth Whiting & Associates ; 166-185 Tim Ridley ; 170hc Steel-Lok ; 172hc IPC Syndications ; 176hc Key Communications ; 183bd Elizabeth Whiting & Associates ; 192hc Amtico Image Library ; 194hc International Stransky Thompson PR ; 196hc Victoria Carpets Ltd ; 198hc Victoria Carpets Ltd ; 199bd Elizabeth Whiting & Associates ; 200hc Amorim UK Ltd ; 202hc Fired Earth ; 204hc Stonell Ltd ; 206hc Kahrs Ash Stockholm ; 208hc Paul Ryan/International Interiors ; 190-211 Tim Ridley ; 210hc Ducal of Somerset ; 209bd Paul Ryan/International Interiors ; 211bd Colin Poole ; 218h Next Plc ; 220hd Fired Earth ; 221bd Elizabeth Whiting & Associates ; 222h Harlequin Fabrics & Wallcoverings Ltd ; 225hd Crowson Fabrics ; 228h Eclectics ; 230hd Eclectics ; 231bd Tim Beddow/The Interior Archive ; 232h Next Plc ; 233bd Camera Press ; 235hd Andrew Martin/Halpern Associates ; 236h Kährs Birch, Glasgow ; 240hc Paul Ryan/International Interiors ; 242hc Elizabeth Whiting & Associates

Les illustrations des pages 34-35, 36-37, 41, 74-75, 77, 101 et 109 sont de Patrick Mulrey ; 122-123, 147, 191, 217 et 243 de Chris Forsey ; 40, 42-43, 44-45, 46-47 et 48-49 de Hytex. Page 39 : Nicholas Springman.

Remerciements :
L'éditeur remercie pour leur aide les sociétés et personnes suivantes :
Miles Hardware 57 Glenthorne Ave, Yeovil, Somerset, BA21 4PN (01935 421281) ; **B.J. White** 4 Vale Road, Pen Mill Trading Estate, Yeovil, Somerset BA21 5HL (01935 382400) ; **Magnet Limited** Royd Ings Ave, Keighley, West Yorkshire BD21 4BY (0800 9171696) ; **Hewden Plant Hire** Station Road, Bruton, Somerset BA10 0EH (01749 812267) ; **Travis Perkins Trading Company Limited** Mill Street, Wincanton, Somerset BA9 9AP (01963 33881) ; **The Stencil Store** 20-21 Heronsgate Road, Chorleywood, Herts WD3 5BN (01923 285577/88) ; **The English Stamp Company** Worth Matravers ; Dorset BH19 3JP (01929 439117) ; **Amorim Ltd** Amorim House, Star Road, Partridge Green, Horsham, West Sussex RH13 8RA (01403 710970) ; Dovecote Gallery 16 High Street, Bruton, Somerset BA10 0AA ; B J Haigh-Lumby 1 High Street, Castle Cary, Somerset BA7 7AN (01963 351259) ; Bruton Classic Furniture Co. Limited Unit 1 Riverside, Station Road Industrial Estate, Bruton, Somerset BA10 0EH (01749 813266) ; MGR Exports Station Road, Bruton, Somerset BA10 0EH (01749 812460) ; Polyvine Limited Vine House, Rockhampton, Berkeley GL13 9DT (01454 261276) ; The Fabric Barn Clock House, Yeovil, Somerset BA22 7NB (01935 851025) ; Aristocast Originals 14A Ongreave House ; Dore House, Industrial Estate, Sheffield, S13 9NP (0114 2690900) ; Tile Wise Limited 12-14 Enterprise Mews, Sea King Road, Lynx Trading Estate, Yeovil, Somerset BA20 2NZ (01935 412220) ; The Amtico Company Limited (0800 667766) ; Dulux Decorator Centres Altrincham, Cheshire, WA14 5PG (0161 9683000) ; Kahrs (UK) Limited ; Unit 2 West, 68 Bognor Road, Chichester, West Sussex PO19 2NS (01243 778747) ; Claire Minter-Kemp Tom Dickins Fine Art, The Pump Room, Lower Mill Street, Ludlow, Shropshire (01584 879000) ; Mr S. Weatherhead, London House, 12 High Street, Wincanton, Somerset.

Merci également à :
Ann Argent, Tom and Hennie Buckley, Susan Clothier, Bill Dove, John Fives, Steve Green, George Hearn, David House, Richard Lane, June Parham, Michael et Sue Read, Ann Squires.

Enfin un merci tout particulier à ceux qui nous ont aidés à réaliser cet ouvrage : Peter Adams, Antonia Cunningham, Susie Behar, Alison Bolus, Dorothy Frame, Thomas Keenes, Theresa Lane, Maggie McCormick, Katrina Moore, Tim Ridley.